吉林省矿产资源潜力评价系列成果，
是所有在白山松水间
辛勤耕耘的几代地质工作者
集体智慧的结晶。

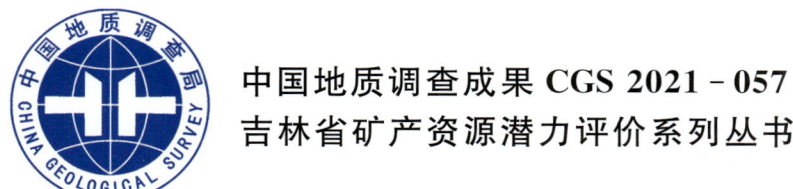

中国地质调查成果 CGS 2021-057

吉林省矿产资源潜力评价系列丛书

吉林省矿产资源潜力评价遥感资料应用研究

JILIN SHENG KUANGCHAN ZIYUAN QIANLI PINGJIA
YAOGAN ZILIAO YINGYONG YANJIU

张廷秀 袁 平 张红红 李 楠 等编著

图书在版编目(CIP)数据

吉林省矿产资源潜力评价遥感资料应用研究/张廷秀等编著. —武汉:中国地质大学出版社,2021.7
(吉林省矿产资源潜力评价系列丛书)
ISBN 978-7-5625-5000-6

Ⅰ.①吉…
Ⅱ.①张…
Ⅲ.①遥感技术-应用-矿产资源-资源潜力-资源评价-研究-吉林
Ⅳ.①F426.1

中国版本图书馆 CIP 数据核字(2021)第 136339 号

吉林省矿产资源潜力评价遥感资料应用研究	张廷秀 袁 平 张红红 李 楠 等编著
责任编辑:王 敏　　　　选题策划:毕克成 段 勇 张 旭	责任校对:周 旭

出版发行:中国地质大学出版社(武汉市洪山区鲁磨路388号)	邮编:430074
电　　话:(027)67883511　　　传　　真:(027)67883580	E-mail:cbb@cug.edu.cn
经　　销:全国新华书店	http://cugp.cug.edu.cn
开本:880 毫米×1230 毫米　1/16	字数:350 千字　　印张:11
版次:2021 年 7 月第 1 版	印次:2021 年 7 月第 1 次印刷
印刷:武汉中远印务有限公司	
ISBN 978-7-5625-5000-6	定价:198.00 元

如有印装质量问题请与印刷厂联系调换

吉林省矿产资源潜力评价系列丛书编委会

主　任：林绍宇
副主任：李国栋
主　编：松权衡
委　员：赵　志　赵　明　松权衡　邵建波　王永胜
　　　　于　城　周晓东　吴克平　刘颖鑫　闫喜海

《吉林省矿产资源潜力评价遥感资料应用研究》

主　编：张廷秀
委　员：袁　平　张红红　李　楠　白　卉　李　青
　　　　李任时　庄毓敏　曲洪晔　王晓志　陈　雷
　　　　杨正萌　殷大分　张泽南　薛昊日　王福亮

前　言

遥感探测的信息主要为地表物质的光谱信息，同时具有多时相、多光谱段、多空间分辨率等技术优势。所成图像真实、形象、直观地展现了地壳运动的构造行迹和空间格架，为区域构造地质研究提供了多层次、多比例尺和多信息源的构造景观图像。一些谱段可对地表矿化蚀变信息进行甄别。遥感数据记录下来的各种地质信息包括岩性、构造、矿化蚀变等。通过综合分析研究这些地区信息，进而引导有针对性的地质找矿工作。2006年，中国地质调查局部署的全国矿产资源潜力评价项目把遥感地质调查作为重要的手段之一，首次进行全国、大区和省级3个层次的遥感调查工作。

省级层面遥感调查工作主要进行全省1∶50万地质构造解译、1∶25万标准分幅、1∶5万单矿种预测工作区及1∶1万典型矿床所在地区的遥感矿产地质特征解译工作以及相应比例尺的遥感异常蚀变提取工作，同时在预测工作区进行了相应矿种的遥感成矿预测。

在上述工作的基础上，本专著按吉林省成矿区(带)对吉林省矿产资源潜力评价遥感专题工作进行了系统总结，在进一步查明矿床与地质构造的空间关系，总结Ⅳ、Ⅴ级成矿带遥感地质特征的基础上，在Ⅴ级成矿带(找矿远景区)中进行遥感综合找矿预测。

本专著是对吉林省矿产资源潜力评价遥感专题成果的归纳总结，取得如下主要成果：

（1）编制的吉林省1∶50万遥感构造解译图，解译出巨型断裂带1条，大型断裂带7条，中型断裂带33条，脆韧性变形构造带4条，环形构造1310个，客观真实地反映了吉林省大地构造格架及环形构造分布特点，为吉林省大地构造研究及成矿规律分析提供了科学的依据。

（2）编制的全省1∶50万遥感异常密度等值线图，总结了异常分布规律并对异常成因进行了初步分析，为吉林省区域成矿规律研究及成矿预测提供了重要线索。

（3）对吉林省26个典型矿床(铁矿4个，金矿8个，铜矿3个，铅锌矿3个，银矿2个，铜镍矿、锑矿、铬铁矿、硫铁矿、钼矿、萤石矿各1个)进行了遥感地质特征分析，为各矿种成矿预测提供遥感依据。

（4）对吉林省38个找矿远景区进行遥感地质特征综合分析，圈出了168个最小找矿预测区，为吉林省成矿预测提供翔实的遥感依据。

本专著共分为7章，主要由张廷秀、袁平、张红红、李楠、白卉、李青、李任时等编写。其中第一章、第二章由袁平、白卉编写；第三章由张红红编写；第四章、第六章、第七章由张廷秀、张红红编写；第五章由张廷秀、李楠编写。李任时、王晓志、李青、庄毓敏、陈雷、杨正萌、薛昊日、王福亮、殷大分、张泽南等同志分别参加了潜力评价项目中的资料收集整理、图像处理、数据库建设以及图件整饰工作。

项目在实施过程中，始终得到中国地质调查局发展中心、沈阳地质调查中心、吉林省自然资源厅有关领导的关心和帮助，特别是于学政研究员、陈江研究员、郝长河主任在工作中给予的技术支持和帮助，在此深表感谢！

编著者
2020年10月

目 录

第一章 概 述 ……………………………………………………………………………………… (1)
  第一节 吉林省自然资源概况 …………………………………………………………………… (1)
  第二节 以往工作程度 …………………………………………………………………………… (4)

第二章 区域地质矿产概况 ………………………………………………………………………… (6)
  第一节 区域地质概况 …………………………………………………………………………… (6)
  第二节 区域矿产概况 …………………………………………………………………………… (17)

第三章 吉林省遥感影像特征 ……………………………………………………………………… (29)
  第一节 遥感数据处理 …………………………………………………………………………… (29)
  第二节 遥感影像特征 …………………………………………………………………………… (32)

第四章 吉林省遥感地质构造特征 ………………………………………………………………… (34)
  第一节 线性构造遥感解译 ……………………………………………………………………… (34)
  第二节 环形构造遥感解译 ……………………………………………………………………… (41)

第五章 吉林省遥感蚀变异常特征 ………………………………………………………………… (44)
  第一节 数据处理 ………………………………………………………………………………… (44)
  第二节 编制遥感异常图件 ……………………………………………………………………… (47)
  第三节 遥感异常分布特征 ……………………………………………………………………… (49)

第六章 典型矿床遥感地质特征 …………………………………………………………………… (51)
  第一节 铁矿种遥感地质特征 …………………………………………………………………… (51)
  第二节 金矿种遥感地质特征 …………………………………………………………………… (56)
  第三节 铜矿种遥感地质特征 …………………………………………………………………… (66)
  第四节 铅锌矿种遥感地质特征 ………………………………………………………………… (69)
  第五节 铜(镍)矿种遥感地质特征 ……………………………………………………………… (72)
  第六节 锑矿种遥感地质特征 …………………………………………………………………… (73)
  第七节 铬铁矿种遥感地质特征 ………………………………………………………………… (74)
  第八节 硫铁矿种遥感地质特征 ………………………………………………………………… (75)
  第九节 钼矿种遥感地质特征 …………………………………………………………………… (76)
  第十节 银矿种遥感地质特征 …………………………………………………………………… (77)
  第十一节 萤石矿种遥感地质特征 ……………………………………………………………… (79)

第七章 吉林省矿产资源遥感找矿预测 …………………………………………………………… (81)
  第一节 小兴安岭-张广才岭铁、铅锌、铜、钼、钨成矿带 …………………………………… (81)
  第二节 吉中-延边钼、金、砷、铜、锌、铁、镍成矿带 ……………………………………… (93)
  第三节 佳木斯-兴凯铁、金、磷、石墨、夕线石成矿带 ……………………………………… (120)
  第四节 辽东铁、铜、铅锌、金、铀、硼、菱镁矿、滑石、石墨、金刚石成矿带 …………… (127)

主要参考文献 ……………………………………………………………………………………… (163)

第一章 概 述

第一节 吉林省自然资源概况

一、自然地理概况

吉林省位于中国东北地区的中部、日本海的西侧,南、北分别与辽宁省和黑龙江省毗邻,西与内蒙古自治区相接,东部与朝鲜、俄罗斯滨海接壤。地域范围为 N40°51′—N46°17′,E121°54′—E131°18′。吉林省呈北西-南东向延伸,呈东南部宽、西北窄的楔形,总面积 187 400 km²。全省共辖长春、吉林、四平、辽源、通化、白山、松原、白城 8 市及延边朝鲜族自治州,省会为长春市。

(一)地形地貌

吉林省地势东南高而西北低,起伏变化较大。在地形上自东南向西北排列,基本上可分为山地、丘陵和平原三大部分,最西部极少数地区属于大兴安岭东坡丘陵地带。

东部山地位于舒兰市—桦甸市—柳河市以东,由长白山脉及其支脉组成的一系列北东-南西走向的平行山脉和宽广的谷地所构成,包括张广才岭、龙岗山脉、老岭山脉、南岗山脉。海拔多在 1000 m 以上,并有大面积的玄武岩覆盖其上,组成熔岩高原。最高处为长白山十六峰(国内 14 座)之白云峰,海拔 2691 m。长白山天池(白头山天池)为一典型的火口湖,面积 9.2 km²,湖面海拔 2155 m、水深 312.7 m,是我国著名的活火山,公元 1597 年、1668 年及 1702 年还有活动。东部山地区是中国六大林区之一,素有"长白林海"之称,分布有大面积的针叶林、针叶阔叶混交林及经济价值较高的野生植物。

张广才岭—龙岗山脉一线以西到四平、长春、榆树以东为中部丘陵,海拔一般在 300~600 m 之间,相对高差在 100~200 m 之间。山势平缓,沟谷开阔,多已开垦为耕地,是吉林省的主要粮食产区,主要农作物为玉米、大豆等。沿河流两侧水田较多,盛产水稻,该地区是吉林省优质大米产区。

西部为平原区,属于松辽大平原的中部地段,自长春—公主岭经长岭一线坡度和缓的松辽分水岭,海拔多在 200 m 左右,相对高度 50~100 m。分水岭之北为松嫩平原,海拔降至 100~150 m,分水岭之南为辽河平原的一部分。在平原西北隅前郭、大安、白城、开通等地区,受风沙堆积的影响,形成沙丘,由于沙丘的分割,其间的积水洼地形成大片的盐碱地。平原区东部被称为高平原台地,是吉林省最重要的粮食产区,也是全国玉米主产区。平原区西部草原面积辽阔,部分开垦为农田,主要粮食作物为花生、绿豆、小豆、黑豆、向日葵等杂粮,近年来水稻种植面积逐渐扩大。平原区几乎全为草原植物群落,有利于畜牧业的发展,同时发育大量湖泊湿地。

(二)气象水文

吉林省处于我国北温带的最北部,接近亚寒带。东部距黄海、日本海较近,气候湿润多雨;西部远离海洋而接近干燥的蒙古高原,气候干燥。全省形成了显著的温带大陆性季风气候特点,四季分明,雨热同季。有明显的四季更替,春季干燥风大,夏季高温多雨,秋季天高气爽,冬季寒冷漫长。全省大部分地区年平均气温为 2~6℃。其中 1 月全省平均气温在-11℃以下;7 月全省平原平均气温在 23℃以上,东部山地在 20℃以下,长白山天池(白头山天池)一带为 8℃。全省极端最高气温为 34~38℃,最高的城市气温为 40.6℃(1965 年)。中部的长春极端最低气温为-36.5℃,1970 年桦甸的极端最低气温为-45℃。全年日照 2259~3016h,年活动积温平均为 2700~3200℃,可以满足一季作物生长的需要。吉林省各地年降水量一般为 400~1300mm,自东部向西部有明显的湿润、半湿润和半干旱的差异,东南部降水多,西部平原降水少。长白山天池(白头山天池)的年降水量最多,为 1349mm;镇赉年降水量最少,为 389mm。全省年降水量一般为 400~900mm。全省无霜期中部以西 150 天左右,东部山区 130 天左右。

吉林省河流众多,主要为五大水系。东部延边朝鲜族自治州主要为图们江水系,包括布尔哈通河、嘎呀河、海兰江和珲春河等;东南部为鸭绿江水系,浑江流经白山和通化;西南部四平—辽源一带为辽河水系,主要为东辽河和西辽河;延边州汪清和敦化一小部分是绥芬河水系;其余均为松花江水系,支流有辉发河、伊通河、牡丹江、拉林河、饮马河、洮儿河、嫩江等。吉林省河流和湖泊水面 26.55×10^{4}hm^2,省内流域面积在 20km^2 以上的大小河流有 1648 条。主要的湖泊有长白山天池(白头山天池)、松花湖、雁鸣湖、查干湖和月亮泡。

(三)交通经济

吉林省公路四通八达。截至 2019 年末,吉林省公路总里程 10.67×10^{4}km,其中,等级公路总里程 10.20×10^{4}km,占公路总里程的 95.6%;高速公路 3 583.54km,占公路总里程的 3.4%。

吉林省的铁路网大体可分为西北-东南和西南-东北两个走向。全国主要铁路干线京哈线贯穿吉林省南北。从吉林省内可直达哈尔滨、沈阳、大连、北京、天津、西安、石家庄、武汉、济南、南京、广州、上海等全国主要城市。

吉林省铁路以长春为中心,以吉林、四平、白城、梅河口等为主要枢纽,以京哈线、长图线、长白线、平齐线、沈吉线、四梅线、梅集线等线路为干线,形成连接吉林省各市、州及广大城乡的铁路网。

截至 2019 年末,吉林省铁路营业里程为 4 876.75km。吉林省已运营的高速铁路有哈大高速铁路(扶余—四平段)、长珲城际铁路和长白快速铁路。吉林省航空以长春为中心,以延吉、白山为补充,可直达北京、上海、广州、海口、宁波、大连、昆明、香港、深圳、韩国首尔、日本仙台等地,主要有长春龙嘉国际机场、延吉朝阳川国际机场、通化三源浦机场、白山长白山机场、白城长安机场、松原查干湖机场等。

长春龙嘉国际机场是东北四大国际机场之一、中国干线机场之一,于 2005 年竣工使用,是东北一座与高铁无缝衔接的大型机场。

吉林省经济发展迅速,经过中华人民共和国成立以来数十年的发展,已经成为汽车、轨道交通制造、石油、钢铁、制药、化工、建材、轻工、电子等门类比较齐全,结构和布局日趋合理的工业体系,是全国主要的汽车和轨道交通制造、石油化工的重要基地。已经建成长春市汽车和轨道交通制造,吉林市的石油化工,松原市的石油开采,白城市的发电,四平市、辽源市的轻工,通化市的钢铁和制药,白山市的矿产,延吉市的卷烟等各具特色的工业基地。近年来,吉林省根据社会经济发展所处阶段的特点和任务,在区域经济发展上各地先后提出了相应的发展思路,综合经济实力显著增强,经济结构不断优化,成为全国经济发展最具活力的省份之一。2019年,吉林省实现地区生产总值11 726.82亿元,按可比价格计算,比2018年增长3.0%。其中,第一产业增加值1 287.32亿元,增长2.5%;第二产业增加值4 134.82亿元,增长2.6%;第三产业增加值6 304.68亿元,增长3.3%。第一产业增加值占地区生产总值的比重为11.0%,第二产业增加值比重为35.2%,第三产业增加值比重为53.8%。

2019年,吉林省居民消费价格比2018年上涨3.0%。农业生产资料价格上涨8.3%。农产品生产者价格上涨8.7%。工业生产者出厂价格下降1.1%。工业生产者购进价格下降0.8%。固定资产投资价格上涨2.6%。

二、资源概况

(一)土壤植被

吉林省东部山区以山地棕色森林土、生草灰化土和沼泽土为主;中部地区多为淋溶黑钙土;西部土壤种类较多,有典型黑钙土、碳酸盐黑钙土、栗钙土、盐磷土和沙土等。

吉林省沼泽在山地、平原均广泛分布。在山地中,沼泽多分布于沟谷或熔岩台地上,泥炭化程度较强,泥炭层厚度一般在0.5m左右,长白山区最厚达到1m。在平原中,沼泽主要分布于旧河道、平浅洼地和湖滨,它们的表层泥炭积累薄而有盐渍化现象。

针叶林主要树种有红松、长白落叶松、獐子松、云杉、冷杉等;阔叶林主要有柞、黄菠萝、水曲柳、胡桃秋、槭、椴、榆、杨、桦等;林下有人参、细辛、天麻、黄芪等珍贵药材。野生动物也很多,有野猪、熊、虎、豹、狼、紫貂、狐狸、麝、狍、梅花鹿等。

(二)矿产

吉林省矿产资源较丰富,能源、黑色金属、有色金属、非金属及水气矿产等均有分布。截至2009年底,已勘查发现各类矿产158种,其中查明资源储量的115种(包括亚矿种),能源矿产、金属矿产、非金属矿产、稀有稀散矿产及水气矿产均有发现。储量排名在全国前11位的有70种,排名在全国前5位的有38种,排名全国第一位的有12种,特别是油页岩、矿泉水、火山渣、陶粒页岩、硅灰石、硅藻土、冰洲石、浮石、饰面用玄武岩、耐酸碱安山岩、饰面用辉长岩,其中油页岩、矿泉水、火山渣、陶粒页岩是吉林省绝对优势矿产。在已经开发的矿产中,金、镍、铁、石油、天然气、冶镁白云岩、矿泉水及二氧化碳气等在吉林省矿业经济中占有重要地位。

吉林省矿产资源区域特色明显。延边地区主要有金、铜、钨、钼、铁和煤炭等,白山地区主要有金、铁、镁、铅锌、矿泉水、硅藻土等,通化地区主要有金、铜、石墨、石膏等,吉林地区主要有金、钼、硅灰石、橄榄石、蓝宝石等,长春地区主要有油页岩、膨润土、沸石等,松原地区主要有油页岩、石油等,白城地区主要有玻璃用砂、油砂等,四平地区主要有天然气等,辽源地区主要有煤炭等。此外,地热资源主要分布在长白山区及伊舒地堑内。

第二节 以往工作程度

一、基础地质工作

20世纪60年代完成吉林省1∶100万地质调查编图;自国土资源大调查以来,完成1∶25万区域地质调查13个图幅,面积13.5×10^{4}km^2;完成1∶20万区域地质调查32个图幅,面积约13×10^{4}km^2;1∶5万区域地质调查工作开始于20世纪60年代,大部分部署于重要成矿区(带)上,累计完成面积约6.5×10^{4}km^2。

二、矿产勘查工作

吉林省矿产勘查研究的历史较长,开发利用较早。截至2008年底,吉林省提交矿产勘查地质报告3000余份,已发现各种矿(化)点2000余处,矿产地1000余处。发现矿种158种(包括亚矿种),查明资源储量的矿种115种,其中主要有铁矿床38个,总储量7.23×10^{8}t;铜矿床43个,总储量81.69×10^{4}t;铅锌矿床45个,总储量151.49×10^{4}t;镍矿床24个,总储量44.87×10^{4}t;钼矿床20个,总储量200.7×10^{4}t;金矿床152个,总储量379.2t;银矿床32个,总储量2300t。

三、遥感地质工作

目前,吉林省遥感调查工作主要有"应用遥感技术对吉林省南部金-多金属成矿规律的初步研究"、"吉林省东部山区贵金属及有色金属矿产预测"项目中的遥感图像地质解译、"吉林省国土资源遥感调查"、"吉林省ETM遥感图像制作"4项内容(表1-2-1,图1-2-1)。省内以往亦以不同目的进行了一些其他方面的遥感解译工作,如在1∶20万、1∶25万及1∶5万区域地质调查工作中进行的小面积遥感地质解译。

表1-2-1 吉林省遥感地质工作研究程度一览表

名称	完成单位	工作范围	完成时间
应用遥感技术对吉林省南部金-多金属成矿规律的初步研究	吉林省地质遥感中心	吉林省N42°以南	1990年
吉林省东部山区贵金属及有色金属矿产预测	吉林省地质矿产局	吉林省东部山区	1992年
吉林省国土资源遥感调查	吉林省计划委员会	吉林省全省	1998年
吉林省ETM遥感图像制作	吉林省地质调查院	吉林省全省	2005年

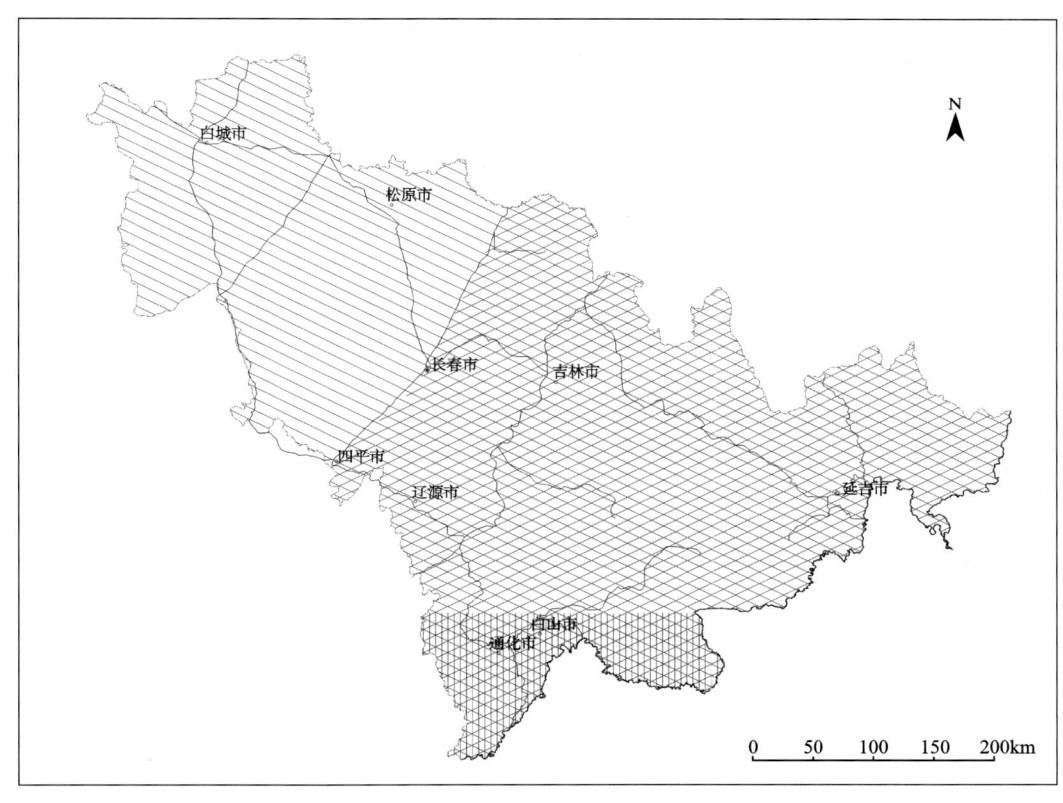

图例 ◢1 ◢2 ▥3

图 1-2-1 吉林省遥感地质工作研究程度图

1.吉林省国土资源遥感综合调查(2006年)ETM遥感图像制作范围;2.吉林省东部山区贵金属及有色金属矿产预测地质解译;3.应用遥感技术对吉林省南部金-多金属成矿规律的初步研究

第二章 区域地质矿产概况

第一节 区域地质概况

吉林省大地构造位置处于华北古陆块（龙岗地块）和西伯利亚古陆块（佳木斯-兴凯地块）及其陆缘增生构造带内。由于多次裂解、碰撞、拼贴、增生，岩浆活动、火山作用、沉积作用、变形变质作用异常强烈，形成若干稳定地球化学块体和地球物理异常区，相对应出现若干大型—巨型成矿区（带），它们共同控制着吉林省重要的贵金属、有色金属、黑色金属、能源、非金属和水气等不同矿产的成矿、矿种种类、矿床规模和分布。

吉林省内出露有自太古宙—新生代各时代多种类型的地质体，地质演化过程较为复杂，经历了太古宙陆块形成阶段、古元古代陆内裂谷（坳陷）阶段、新元古代—古生代古亚洲洋构造域多幕陆缘造山阶段、中新生代滨太平洋构造域阶段的地质演化过程。

一、地层

吉林省与成矿有关的地层发育，其分布和时间演化主要受古亚洲洋与太平洋两大构造体制的制约。总体上前中生代属于古亚洲洋东段南北分异，近东西向的古构造格局；中生代以来，由于受洋-陆两大构造体系相互作用，在前中生代构造格架之上叠加形成了大致平行的北东—北北东向盆、隆相间的构造带，形成了中国东部东西向和北北东向两组主干构造交叉叠置的格局。

（一）太古宇

太古宙火山沉积岩分布于吉南龙岗复合地块边缘，由中太古代变质表壳岩和新太古代变质表壳岩组成，残存于太古宙 TTG 岩系中，含铁、金和磷等矿产。中太古代龙岗岩群四道砬子河岩组由斜长角闪岩、黑云斜长片麻岩、浅色麻粒岩、黑云变粒岩夹磁铁石英岩组成，原岩为基性火山岩-硅铁质沉积，是吉林省铁、铜矿产的主要赋存层位之一；杨家店岩组岩性为斜长角闪岩、黑云片麻岩、黑云斜长片麻岩、二云片麻岩、石榴石黑云变粒岩和磁铁石英岩，原岩为基性火山岩-碎屑-火山硅铁质沉积，是吉林省铁、铜矿产的主要赋存层位之一；新太古代老牛沟岩组由黑色斜长角闪岩、黑云变粒岩组成，原岩为中基性—酸性火山（碎屑）岩、硅铁质沉积岩，是吉林省铁、金、铜矿产的重要赋存层位之一；三道沟岩组由绢云石英片岩、磁铁石英岩、绢云绿泥片岩、斜长角闪岩组成，原岩为火山质含硅铁质沉积，是吉林省铁、金、铜矿产的重要赋存层位之一。

(二)元古宇

古元古界主要分布于集安—珍珠门—八道沟一带。集安(岩)群主要由一套以含硼、含墨、多硅高铝和含铁为特征的火山-沉积变质岩系组成。赋存的矿产主要有硼、磷、石棉、云母、滑石、铁、金、银、铜、铅锌、硫铁矿、稀土矿等;老岭(岩)群主要为一套海相碎屑-碳酸盐岩,以变质程度较浅为特征。该群主要赋存的矿产有铁、磷、硫铁矿、金、铜、钴、铅锌、滑石、石棉等。

新元古界在吉林省分布较普遍。新元古界在吉南地区主要分布于样子哨盆地和浑江凹陷南、北两岸,主要岩石地层单位为青白口系和震旦系的一套碎屑岩-泥灰岩-碎屑岩建造;新元古界在吉中—延边地区主要分布于龙岗断块的北部边缘及造山带内,主要岩石地层单位为色洛河(岩)群、塔东(岩)群、机房沟(岩)群、西宝安(岩)群和青龙村(岩)群的一套变质火山岩、碎屑岩及碳酸盐岩建造,由于受岩体侵入和后期构造改造影响,该套地层完整性差,多呈零星分布。

(三)古生界

1.下古生界

寒武系—奥陶系主要分布于吉林省南部辽东(吉)地层分区,在北部陆缘带则零星见于锡林浩特-磐石地层分区。辽东(吉)地层分区内沉积属于陆表海演化阶段形成的以碳酸盐岩为主的台地型沉积;锡林浩特-磐石地层分区的火山沉积层属于岛弧增生阶段形成的堆积体。

寒武系—奥陶系主要分布于吉林省南部及吉中地区,吉南地区有水洞组、昌平组、碱厂组、馒头组、张夏组、崮山组、炒米店组及冶里组、亮甲山组、马家沟组,延边地区有五道沟群的马滴达组、杨金沟组、香房子组,主要岩性为各种灰岩夹粉砂岩、粉砂质页岩和页岩,底部为砾岩、含砾砂岩,属于陆表海演化阶段形成的以碳酸盐岩为主的台地型沉积,赋存的矿产主要有石膏、锑、钼、铜、铅锌、银等;吉中地区有头道岩组,下二台(岩)群的盘岭(岩)组、黄顶子(岩)组、烧锅屯(岩)组、放牛沟火山岩,呼兰(岩)群的黄莺屯(岩)组,小三个顶子组,主要岩性为变质砂板岩、斜长阳起石岩、黑云变粒岩、角闪变粒岩、二云石英片岩、黑云石英片岩、角闪石英片岩等夹大理岩、变安山岩,属于岛弧增生阶段形成的堆积体,与硫铁矿、金、铜、银、铅锌、钼、锑等成矿有较密切的关系。

志留系—泥盆系主要分布在南北古陆之间的陆缘带,是在古亚洲洋扩张阶段,造山后伸展期形成的。吉中地区有桃山组、石缝组、弯月组、椅山组、张家屯段、二道沟段和王家街组,主要岩性为变质砂岩、细砂岩、粉砂岩、条带状结晶灰岩、厚层灰岩、生物屑灰岩、含燧石结晶灰岩、流纹岩、流纹凝灰熔岩、中酸性熔岩、红柱石板岩、千枚状板岩、角闪石英片岩、角闪片岩、红柱石二云石英片岩、黑云角闪石英片岩,夹砾岩、含砾砂岩。此套地层与金矿成矿关系比较密切,赋存的矿产主要有金、铅锌、铜、钨及萤石。

2.上古生界

吉林省上古生界十分发育,主要分布于吉南地区浑江盆地、吉中地区磐双裂陷内及延边地区,由石炭系和二叠系构成,为一套复陆屑建造、有机岩建造及红色建造,以及滨浅海相复陆屑沉积、碳酸盐岩、火山岩及碎屑岩沉积建造。

吉中地区的石炭系有通气沟组、余富屯组、鹿圈屯组、磨盘山组、石嘴子组、窝瓜地组;延边地区的有天宝山组、山秀岭组;吉南地区的有本溪组、山西组。主要岩性为中砂岩、细砂岩、石英角斑岩、细碧岩、角斑质凝灰岩、砂屑灰岩(或鲕粒灰岩)、结晶灰岩、亮晶灰岩、泥晶灰岩、硅质岩、英安岩,英安质火山角砾岩及凝灰岩、流纹岩、角岩化钙质粉砂岩、角岩化页岩等,与金矿成矿关系比较密切。赋存的矿产主要有金、银、铜、铅锌、钼、铁。

吉中地区二叠系主要为范家屯组、哲斯组、杨家沟组（林西组）、影壁山组；延边地区主要为庙岭组、解放村组、开山屯组；吉南地区主要为石盒子组、孙家沟组。主要岩性为砾岩、含砾杂砂岩、砂岩、长石石英砂岩、粉砂岩、板岩、厚层生物屑灰岩透镜体和凝灰质砂岩。赋存的矿产主要有金、银、铜、铅锌、钨、锑、萤石、铝土矿、石膏。

（四）中生界

三叠纪欧亚大陆拼合后（造山期后）形成后造山断陷或坳陷盆地，沉积了河流-湖泊-湖泊三角洲相（含煤岩系）和沿断裂带的火山作用。晚三叠世本区受控于滨太平洋北东向构造带影响，区内形成一系列北东向火山盆地及沉积盆地；同时由于受该构造域各种应力场复合、叠加，区内形成不同方向的火山-沉积盆地。

吉南地区三叠系有小河口组、长白组，延边地区有大兴沟群的托盘沟组、马鹿沟组、天桥岭组，吉中地区有卢家屯组、大酱缸组、四合屯组。其岩石组合为以中酸性火山岩为主以及火山喷发间歇期沉积的河湖相砾岩、砂砾岩、砂岩、粉砂岩、泥岩、板岩夹薄煤层。该地区与金、铁、钨矿成矿关系比较密切。

侏罗系在吉林省均有分布，有吉南地区的义和组、小东沟组、果松组、鹰嘴砬子组、林子头组、石人组，延边地区的屯田营组，吉中地区的南楼山组、久大组、安民组、长安组，松辽盆地的红旗组、万宝组、沙河子组等。其岩性以河流-沼泽相含煤碎屑沉积及中酸性火山岩为主，主要岩性有砾岩、含砾砂岩、泥质粉砂岩、页岩、安山岩、安山质凝灰质砾岩、凝灰岩、凝灰熔岩夹碳质页岩及薄煤层。赋存的矿产主要有金、铜、铅锌、锑等。

白垩系在吉林省分布较广泛，有吉南地区的小南沟组，延边地区的长财组、大拉子组，吉中地区的金家屯组，松辽盆地的营城组。其岩石组合为以河流-湖泊相的砾岩、砂岩、页岩、泥岩、煤层等组成的含煤岩系；吉中地区为一套中酸性火山岩夹火山碎屑岩及薄煤层；松辽盆地是由火山喷发和湖盆陆源堆积两种作用同时形成的火山-沉积建造。

（五）新生界

吉林省古近系主要分布在东部山区的依兰-伊通地堑、密山-抚顺地堑中段。图们-鸭绿江断裂北侧，多呈北东-南西向展布，多被第四系掩盖。古近系为含煤或油页岩碎屑沉积。新近系松辽盆地发育河湖相沉积。东部山区则有大面积玄武岩喷出，同时有硅藻土碎屑岩沉积。第四系主要为河流、湖泊、沼泽、冰积及风积层，东部山区有大面积基性火山活动和白头山碱性火山喷发。

二、火山岩

吉林省火山活动频繁，按其喷发时代、喷发类型、喷发产物、构造环境等特征，自太古宙至新生代，共有6期火山喷发旋回，自老至新为阜平期、中条期、加里东期、海西期、印支晚期—燕山期、喜马拉雅期火山喷发旋回。

1.阜平期火山喷发旋回

阜平期火山喷发旋回主要发育在胶辽古陆块，由四道砬子、杨家店、老牛沟和三道沟期喷发的基性和中酸性火山岩类组成。这套火山岩经过多期变质、变形，形成麻粒岩（局部）相、角闪岩相的变质岩石，以表壳岩特征分布。原岩以拉斑玄武岩为主，间或有科马提岩，在吉林省浑江、桦甸、抚松、通化、靖宇等广大"陆块区"均有出露。该期火山岩与铁、金、铜、磷等成矿关系比较密切。

2. 中条期火山喷发旋回

大陆边缘岛弧增生阶段形成的火山产物，为钙碱性系列的玄武岩-安山岩-流纹岩组合。将该期火山活动初步划分为两个火山幕，第Ⅰ幕仅见于胶辽古陆北缘色洛河一带，第Ⅱ幕见于南部陆缘区西保安一带，还出露于松佳兴地块北缘机房沟和塔东一带。变质后呈斜长角闪岩、蚀变安山岩、片理化流纹岩。该期火山岩与铁、金、铜、铅锌等成矿关系比较密切。

3. 加里东期火山喷发旋回

加里东期火山喷发作用仅见于华北陆块北缘弧盆系中，可划分为3个火山幕。第Ⅰ幕为头道沟基性、中性火山喷发，第Ⅱ幕为盘岭火山活动，时代为奥陶系，第Ⅲ幕火山喷发活动强烈，有弯月安山岩类和巨厚的放牛沟安山岩-英安岩及其凝灰岩组成的多次喷发旋回。主要岩石类型是钙碱性系列的中性—酸性火山岩，并经广泛的区域变质作用，成为低角闪岩相—绿片岩相的变质岩，但由于变质较浅，普遍保留了原火山结构特征。该期火山岩与金、银、铜、铅锌、硫等成矿关系比较密切。

4. 海西期火山喷发旋回

海西期火山喷发作用分布较广，在华北陆块北缘、松佳拼贴地块南缘及小兴安岭-锡林浩特弧盆系中均有出露。泥盆纪省内无火山活动，自石炭纪至二叠纪火山活动可划分为3个火山幕。第Ⅰ幕为石炭纪早中期发生的余富屯细碧岩系和石头口门细碧角斑岩系和安山岩类；第Ⅱ幕为南部陆缘带的窝瓜地英安质火山岩系，火山活动较弱；第Ⅲ幕发生于二叠纪中晚期，分布在中间岛弧和弧陆拼合造山带。除五道岭英安岩和流纹岩外，主要以英安质凝灰岩夹在碎屑岩系中。分布于松佳拼贴地块南缘的满河安山岩及其凝灰岩属一套钙碱性火山岩。该期火山岩与金、银、铜、铅锌、铁、萤石等成矿关系比较密切。

5. 印支晚期—燕山期火山喷发旋回

中生代始，本区已上升为陆地，成为欧亚大陆板块的东缘部分。在太平洋板块的北西方向俯冲作用下，出现了一系列近北东走向的断裂与褶皱，形成一系列的隆坳带，伴随以裂隙式、中心式为特点的火山活动，其产物为以钙碱性系列的安山岩、英安岩、流纹岩及其火山碎屑岩等过渡类型岩石为特征的玄武安山岩-安山岩-流纹岩组合，广泛分布在洮安、长春、舒兰、蛟河、延边等地。本旋回火山岩可划分为4个火山幕；第Ⅰ幕，发生于晚三叠世—早侏罗世早期，分布于张广才岭-哈达岭火山盆地和太平岭-老岭火山盆地，长白中—酸性火山岩、天桥岭酸性火山岩、托盘沟安山岩和四合屯、玉兴屯英安岩类属第Ⅰ幕的火山产物；第Ⅱ幕，中—晚侏罗世火山岩，包括付家洼子、火石岭德仁、屯田营和果松安山岩及其凝灰岩类等；第Ⅲ幕，发生于晚侏罗世晚期到早白垩世，分布于吉林省晚中生代盆地，主要岩性为酸性及英安质火山岩及其凝灰岩；第Ⅳ幕，发生在晚白垩世至古新世，仅分布于松辽盆地、大黑山火山盆地和太平岭-老岭火山盆地，主要岩性为中、基性火山岩。该期火山岩与金、银、铜、铅锌、钨、锑、硫等成矿关系比较密切。

6. 喜马拉雅期火山喷发旋回

新生代（喜马拉雅期）时，是继中生代构造格架进一步活化期，省内形成一系列近北东向平行分布的深大断裂以及相伴而发生的火山喷发活动。这个时期的火山活动进入了又一次高峰期，为陆内叠加造山阶段。该时期无论是火山喷发强度，还是火山活动的频率都是前所未有的，形成闻名省内乃至全国的环太平洋长白山火山（熔岩台地）群和龙岗火山群等众多的火山群。新生代火山构造岩浆旋回包含古近纪和新近纪两个火山构造岩浆亚旋回。

吉林省古近纪火山构造岩浆亚旋回不太发育，仅发生一次火山喷发活动，分别在双辽（七星山）火山群和大屯（范家屯）火山群形成始新世构造岩系富峰山期基性火山岩，地貌上多形成孤立的火山锥。在老爷岭（敦化）火山（熔岩台地）群形成始新世构造岩系磨盘山期基性火山岩，地貌上形成熔岩台地。

三、侵入岩

吉林省自太古宙至新生代侵入岩浆活动强烈，自老至新可分为阜平期、中条期、加里东期、海西期、印支晚期—燕山期，尤以海西期、印支期、燕山期岩浆活动最为强烈，形成了多个基性—超基性岩体群及大面积的中酸性侵入岩。

1.阜平期岩浆活动

阜平期岩浆活动主要分布于新太古代裂谷及辽吉地块上壳岩中，岩性为英云闪长岩-奥长花岗岩。该期岩浆活动成矿作用不太明显，仅在夹皮沟矿田中显示了对矿源层改造，使金、铜等初步富集。

2.中条期岩浆活动

中条期侵入岩浆活动比较发育，主要分布在华北陆块区龙岗山脉及和龙一带，各类岩体产出的规模不等。基性—超基性岩体主要分布在华北陆块区，主要分布在凉水河子、夹皮沟、露水河、赤柏松、快大茂子等地，为多次侵入复合岩体，具深源液态分离及良好的就地分异特征，赋矿岩体类型主要有辉绿辉长岩-橄榄苏长辉长岩-二辉橄榄岩细粒苏长岩型、辉长玢岩型等，与铜、镍成矿关系密切。中酸性花岗岩主要对产于绿岩中的金成矿有一定影响。该期花岗岩主要提供热源，对矿源层进行改造，使成矿物质活化、富集成矿。

3.加里东期岩浆活动

本期基性—超基性侵入岩较少。随着区域变质作用的发生，发育了中酸性岩浆侵入活动，并形成了过渡性地壳同熔型花岗岩。基性—超基性岩体沿着陆缘北缘有发育较少的一部分，主要分布在吉林中部杨木林子、敦化江源、万宝大蒲柴河、和龙长仁—獐项、柳水平等地区，均展布于古洞河深大断裂以北，呈北西向带状展布，可划分3种类型，即单期单相岩体、单期多相岩体和多期多相岩体；按岩石组合及分异特征，可分4种类型，即辉石橄榄岩型、辉石岩型、辉石-橄榄岩型和橄榄岩-辉石岩-辉长岩-闪长岩杂岩型。其中单期多相、多期多相，并有一定规模的辉石岩相分异良好的岩体，与铜镍成矿关系密切，以铜、镍、铂、钯成矿作用为主，岩体的边缘多受混合岩化。该期中酸性岩浆活动成矿作用不太明显。

4.海西期岩浆活动

海西期侵入岩分早、中、晚3期，主要有基性—超基性侵入岩及大面积的中酸性侵入岩。本期的基性—超基性侵入岩主要发育在早期和晚期，早期基性—超基性岩体一般呈脉状、岩墙状，具有东西向成带、北西向结群的分布特点，主要分布在吉林中部红旗岭、漂河川、一座营子、黄泥河子、额穆、细枝、唐大营、土顶子、蛟河、石峰、延边地区江源、天桥岭等地。该期基性—超基性侵入岩为铜、镍矿床的形成奠定了基础。晚泥盆世超基性岩——橄榄岩、含辉橄榄岩，具蛇纹石化，赋存铬铁矿。本期的中酸性侵入岩岩石类型主要为花岗岩、花岗闪长岩、闪长岩等，与金、银、硫铁矿等矿床的形成有密切关系，主要提供热源（包括热液），改造矿源层，使金、银等成矿物质进一步富集，为以后成矿提供成矿物质；中二叠世闪长岩是钨矿的直接围岩之一。

5.印支期岩浆活动

印支期侵入岩主要分布在吉林中部、延边、通化等地，岩石类型由基性岩到酸性岩，以酸性岩为主。

基性—超基性侵入岩主要分布在吉林中部侵入岩区,岩石类型以橄榄岩、辉长岩等为主,岩体一般呈脉状、岩墙状,具有东西向成带、北西向结群的分布特点,与海西期基性—超基性岩构成多个基性岩群,主要有红旗岭、呼兰镇、漂河川、富太、放牛沟橄榄岩岩体,一座营子、黄泥河子、额穆、细枝、唐大营、土顶子、蛟河、石峰、放牛沟、溪河等辉长岩岩体;延边侵入岩区常见的岩石类型有江源橄榄岩、天桥岭辉长岩、老牛沟辉长岩。该期基性—超基性侵入岩与铜、镍矿成矿有密切关系,为铜、镍矿床的主要赋矿岩体,如红旗岭铜镍矿、漂河川铜镍矿等。

本期的中—酸性侵入岩岩石类型主要为闪长岩、石英闪长岩、花岗闪长岩、斜长花岗岩、二长岩等,与金、银、铁、钨、硫等矿床的形成有密切关系;该期中—酸性侵入岩侵入到古生代地层常形成矽卡岩型铁矿;四平山门地区靠道子闪长岩体是山门银矿成矿母岩;珲春杨金沟地区晚三叠世花岗闪长岩是杨金沟钨矿的直接围岩之一。

6.燕山期岩浆活动

燕山期岩浆侵入活动十分频繁,侵入岩分布广泛,岩石类型复杂多样,基性—超基性、中基性、中酸性、酸性及碱性岩类均有出露,其中以花岗岩类分布最为广泛,沿某些断裂带见有少量的超基性、基性及碱性岩类出现。该期侵入岩形成的构造环境多样,构造岩石组合亦复杂多样,每期活动基本上都可划分出反映3种不同构造环境下相应出现的3类岩石组合,即在拉张作用中产生的"裂谷型"构造岩石组合、在走滑断裂强烈走滑时期形成的"走滑型"花岗岩构造岩石组合、在陆内(缘)造山过程中出现的"板片俯冲型"的构造岩石组合。

该期侵入岩与吉林省内生矿产关系密切,绝大部分矿床周围均有燕山期中—酸性侵入岩,具有多期成矿之特征,但主要成矿期为燕山期,显示了滨太平洋构造域的成矿特征。有些类型矿床成矿物质以地层来源为主,而燕山期岩浆侵入活动主要提供热源(包括热液)及部分成矿物质,岩浆活动加热古大气降水,两者汇合并在流动过程中摄取围岩中成矿物质,富集成矿;另外,一些火山岩型矿床的成矿物质来源于中生代火山喷发作用,可见燕山期岩浆活动控制成矿。该期有些侵入体本身即为赋矿岩体,如海沟金矿赋存于二长花岗岩中;西林河银矿、百里坪银矿赋存于钾长(二长)花岗岩中;大黑山、季德屯等大型钼矿床赋存于该期中—酸性岩体中;二密铜矿产于石英闪长岩、花岗斑岩中;天合兴铜矿产于石英斑岩、花岗斑岩中等。

四、变质岩

以辉发河-古洞河深大断裂为界,南北两区的变质作用、变质岩石特征截然不同。南部为华北陆块区,广泛发育前古元古代深变质岩;北部为天山-兴蒙造山系,发育一套中元古代—古生代浅变质岩。根据吉林省内存在的几期重要的地壳运动及其所产生的变质作用特征,将吉林省变质岩划分为迁西期、阜平期、五台期、兴凯期、加里东期、海西期6个主要变质作用时期。

1.迁西期、阜平期变质岩

太古宙变质岩原岩以中酸性、基性火山岩及其碎屑岩为主,而沉积碎屑岩和超镁铁质岩次之,有着超基性→基性→中酸性的岩浆成分演化趋势。

1)变质岩特征

迁西期变质岩:主要分布于华北陆块龙岗陆核区,在通化地区最发育,延边地区有少量出露。迁西期变质作用是吉林省最早的区域热事件,发育于南部陆核区,使中太古代岩石发生变质作用,形成一套深变质岩石并伴有强烈混合岩化作用。变质地层包括四道砬子河岩组及杨家店岩组,岩石组合主要有麻粒岩类、片麻岩类、变粒岩类、斜长角闪岩类、超镁铁质岩类，是吉林省铁、铜矿产的主要赋存层位之一，主要赋存有鞍山式铁矿。

阜平期变质岩：阜平期变质作用发育在吉林省内南部原陆块区，使新太古代的岩石变质形成一套深变质岩，包括老牛沟岩组、三道沟岩组所构成的新太古代绿岩带。岩石组合主要有细粒片麻岩类、细粒斜长角闪岩、磁铁石英岩、片岩类，是吉林省铁、金、铜矿产的重要赋存层位之一，主要赋存有鞍山式铁矿、夹皮沟式金矿。

2)岩石变质作用及变形构造特征

变质作用特征：区内中、新太古代变质地层分别经历了角闪岩相、麻粒岩相和绿片岩相变质作用，变质作用的演化规律反映在不同时期及阶段形成的变质岩石类型、矿物共生组合、相互包裹及改造关系等方面，并依据岩相学、岩石化学、变质温度压力等相关数据综合分析，本区中、新太古代变质作用可划分为角闪岩相进变质作用、麻粒岩期进变质作用、绿片岩相退变质作用3种变质作用类型。由此可大体判定古、中太古代变质作用类型应属区域热动力变质作用。

变形构造特征：杨家店岩组、四道砬子河岩组可识别出两期变形，第一期在地壳深部中—高温变质作用条件下，受区域构造运动影响，形成区域性片理；第二期变形使先期片理形成褶皱构造。

2.五台期变质岩

五台期变质作用发育在吉林省南部，这期变质作用使古元古界变质形成一套极其复杂的变质岩石，包括集安(岩)群蚂蚁河(岩)组、荒岔沟(岩)组、大东岔岩组，老岭(岩)群新农村岩组、板房沟岩组、珍珠门岩组、花山岩组、临江岩组、大栗子(岩)组。

1)变质岩特征

集安(岩)群变质岩：区域变质岩石类型有片岩类、片麻岩类、变粒岩类、斜长角闪岩类、石英岩类、大理岩类。集安(岩)群下部原岩以基性火山岩、中酸性火山岩、陆源碎屑岩为主，夹少量泥质、砂质及镁质碳酸盐岩，其硼元素含量较高，局部地段富集成硼矿床，为潟湖相含硼蒸发盐、双峰式火山岩建造。上部由中基性火山岩、中—酸性火山碎屑岩、正常沉积碎屑岩和碳酸盐岩组成，为浅海相非稳定型含碎屑岩、碳酸盐岩、基性火山岩建造。综合上述特点，集安(岩)群形成于活动陆缘的裂谷环境。赋存的矿产主要有金、银、铜、铅锌、硫铁矿、硼、石墨及滑石、石棉、云母、稀土矿等。

老岭(岩)群变质岩：区域变质岩石类型有板岩类、千枚岩类、片岩类、变粒岩类、大理岩、石英岩类。老岭(岩)群原岩底部为一套碎屑岩，中部为碳酸盐岩，上部为碎屑岩夹碳酸盐岩，构成了完整的沉积旋回，为裂谷晚期滨海-浅海相碎屑岩-碳酸盐岩沉积建造。赋存的矿产主要有铁、金、铜、钴、铅锌、硫铁矿、磷、滑石、石棉等。

2)岩石变质作用及变形构造特征

岩石变质作用：集安(岩)群普遍发生高角闪岩相变质作用，局部发生低角闪岩相变质作用，属低压变质作用。老岭(岩)群变质岩系主要经受了高绿片岩相变质作用，局部(花山岩组)可达低角闪岩相变质作用。

变形构造特征：根据集安(岩)群中发育的面理(片理、片麻理)、线理、褶皱以及韧性变形的交切和叠加关系，推断该时代至少存在3期变形：第Ⅰ期变形作用表现为透入性片麻理和长英质条带形成，为塑性剪切机制；第Ⅱ期变形作用表现为长英质条带与片麻理同时发生褶皱并伴有构造置换现象，形成新的片麻理、钩状褶皱、无根褶皱等；第Ⅲ期变质变形作用表现为早期形成的长英质条带与片麻理同时发生褶皱，形成新的宽缓褶皱。老岭(岩)群变质岩发生两期变形改造，早期变形表现为透入性片理、片麻理，晚期变形使早期片理、片麻理发生褶皱及原始层理被置换。

3.兴凯期变质岩

兴凯期变质作用主要发育在吉林省北部造山系中，变质作用使新元古代岩石变质形成一套区域变质岩石,包括青龙村(岩)群新东村岩组、长仁大理岩,张广才岭岩群红光岩组、新兴岩组,机房沟岩群达连沟岩组,塔东(岩)群拉拉沟(岩)组、朱敦店(岩)组,五道沟群马滴达组、杨金沟组、香房子组。

1)变质岩特征

区域变质岩石类型有板岩类、千枚岩类、变质砂岩类、片岩类、片麻岩类、变粒岩类、斜长角闪岩类、大理岩类、石英岩类。兴凯期变质岩原岩可以构成一个较完整的火山喷发旋回,下部以基性火山喷发开始,上部则以出现一套中酸性火山喷发而告终,晚期则出现一套沉积岩石组合。赋存的矿产主要有铁、金、铜、钨、锰、磷等。火山岩是从拉斑系列演化到钙碱系列。青龙村(岩)群的黑云斜长片麻岩全岩K-Ar年龄为669.5Ma。

2)岩石变质作用及变形构造特征

岩石变质作用:兴凯期变质作用特征是属低压条件下的低角闪岩相—绿片岩相变质作用。

变形构造特征:该期可能遭受两期以上变形改造。

4.加里东期变质岩

加里东期变质作用发育在吉林省北部造山系中,该期变质作用使下古生界变质形成一套区域变质岩石。在吉林地区称呼兰(岩)群黄莺屯(岩)组、小三个顶子组、北岔屯组及头道岩组。四平地区为下二台(岩)群的盘岭(岩)组、黄顶子(岩)组,下志留统石缝组、桃山组、弯月组。

岩石类型:主要变质岩石类型有变质砂岩类、板岩类、千枚岩、片岩类、变粒岩类、大理岩类,原岩为一套海相中酸性火山岩-碎屑沉积及碳酸盐岩建造。赋存的矿产主要有金、铜、银、铅锌、硫铁矿等。

岩石变质作用:经历了绿片岩相变质作用。

5.海西期变质岩

海西期变质作用主要发育在吉中—延边一带,该期变质作用使上古生界,尤其是二叠系发生浅变质作用。

岩石类型:主要变质岩石类型有板岩类、片岩类,原岩建造类型为浅海相碎屑岩建造。赋存的矿产主要有金、铜、银、铅锌、钼、锑、铁、萤石等。

岩石变质作用:本期变质作用最高达到高绿片岩相。

五、地质构造环境及其历史演化

(一)吉林省大地构造特征及其历史演化

吉林省大地构造位置处于华北古陆块(龙岗地块)和西伯利亚古陆块(佳木斯-兴凯地块)及其陆缘增生构造带内。由于多次裂解、碰撞、拼贴、增生,岩浆活动、火山作用、沉积作用、变形变质作用异常强烈,形成若干稳定地球化学块体和地球物理异常区,相对应出现若干大型—巨型成矿区(带),它们共同控制着吉林省重要的贵金属、有色金属、黑色金属、能源、非金属和水气等不同矿产的成矿、矿种种类、矿床规模和分布。

吉林省内出露有自太古宙—新生代各时代多种类型的地质体,地质演化过程较为复杂,经历了太古宙陆核形成阶段、古元古代陆内裂谷(坳陷)阶段、新元古代—古生代古亚洲洋构造域多幕陆缘造山阶段、中新生代滨太平洋构造域阶段的地质演化过程。

1.太古宙陆核形成阶段

吉南地区位于华北板块的东北部龙岗地块中,地质演化始于太古宙,近年来研究发现原龙岗地块是由多个陆块在新太古代末拼贴而成,包括夹皮沟地块、白山地块、清原(柳河)地块、板石沟地块、和龙地块等。这些地块普遍形成于新太古代并于新太古代末期拼合在一起。这些地块表壳岩都为一套基性火山-硅铁质建造,以含铁、金为特征;变质深成侵入体以石英闪长质片麻岩-英云闪长质片麻岩-奥长花岗质片麻岩、变质二长花岗岩为主。成矿以铁、金、铜为主,代表性矿床有夹皮沟金矿、老牛沟铁矿、板石沟铁矿、鸡南铁矿、官地铁矿、金城洞金矿等。

2.古元古代陆内裂谷(坳陷)演化阶段

新太古代末期的构造拼合作用使得吉南地区形成统一的龙岗复合陆块,在古元古代早期以赤柏松岩体群侵位为标志,开始裂解形成裂谷,并伴有铜、镍矿化,形成赤柏松铜镍矿床。裂谷主体即为所谓的"辽吉裂谷带",裂谷早期沉积物为一套蒸发岩-基性火山岩建造,以含铁、硼为特征,代表性的矿床有集安高台沟硼矿床、清河铁矿点;裂谷中期沉积物为一套硬砂岩、钙质硬砂岩夹基性火山岩、碳酸盐岩建造,以含铅锌为特点,代表性的矿床为正岔铅锌矿;上部为一套高铝复理石建造,以含金为特点,代表性的矿床为活龙盖金矿。古元古代中期裂谷闭合,伴有辽吉花岗岩侵入,完成了区域地壳的二次克拉通化。古元古代晚期已形成的克拉通地壳发生坳陷,形成坳陷盆地,其早期沉积物为一套石英砂岩建造;中期沉积物为一套富镁碳酸岩建造,以含镁、金、铅锌为特点,代表性的矿床有荒沟山铅锌矿、南岔金矿、遥林滑石矿、花山镁矿等;晚期沉积物为一套页岩-石英砂岩建造,富含金、铁,代表性的矿床有大横路铜钴矿、大栗子铁矿。古元古代末期盆地闭合,见有巨斑状花岗岩侵入。

古元古代早期在延边松江地区沉积了一套变粒岩、浅粒岩、石英岩、大理岩组合,以往地质填图一般将之与吉南地区集安(岩)群、老岭(岩)群对比,因多数地质体被新生代火山岩覆盖,出露极不连续,研究程度极低。

3.新元古代—晚古生代古亚洲构造域多幕陆缘造山阶段

新元古代—古生代吉南地区构造环境为稳定的克拉通盆地环境,其沉积物为典型的盖层沉积,其中新元古代地层下部为一套河流红色复陆屑碎屑建造;中部为一套单陆屑碎屑建造夹页岩建造,以含金、铁为特点,代表性矿床有板庙子(白山)金矿、青沟子铁矿;上部为一套台地碳酸盐岩-藻礁碳酸盐岩-礁后盆地黑色页岩建造组合。早古生代地层下部为一套红色页岩建造,红色页岩夹浅海碳酸盐岩建造,以含磷、石膏为特征,代表性矿床有东热石膏矿、水洞磷矿等;上部为台地碳酸盐岩建造,大多可作为水泥用灰岩利用。晚古生代地层早期为含煤单陆屑建造,构成了浑江煤田的主体,晚期为一套河流相红色多陆屑建造。

在吉黑造山带上晚前寒武世末期至早寒武世,吉中地区处于华北板块稳定大陆边缘的中亚-蒙古洋扩张中脊形成阶段,早寒武世在九台的机房沟、四平的下二台一带具有拉张过渡壳特征,主要形成了一套大洋底基性火山喷发,夹有碎屑岩、少量碳酸盐岩和含铁、锰沉积,构成一套完整的火山沉积旋回。

延边地区的海沟地区、万宝地区的粉砂岩及板岩,和龙白石洞地区的大理岩均见有具刺疑源类或波罗的刺球藻等化石,敦化地区的塔东(岩)群一般认为也可与黑龙江的张广才岭群对比,时代为新元古代晚期。塔东(岩)群成矿以铁、钒、钛、磷为主,代表性矿床为塔东铁矿。加里东期侵入岩以铜、镍、铂、钯成矿作用为主,代表性矿床有仁和洞铜镍矿。

晚石炭世—早二叠世地层主要为一套碳酸盐岩建造,中二叠世地层为一套海相陆源碎屑岩夹火山岩建造,晚二叠世—早三叠世地层为陆相磨拉石建造。海西早期形成两条花岗岩带,一条为和龙百里坪-敦化六棵松二叠纪花岗岩带,为一套钙碱性—碱性花岗岩组合;另一条为延吉依兰-敦化官地二叠纪花岗岩带,同样为一套钙碱性系列花岗岩。同时,可见有超铁镁岩侵入,见有铬矿化,代表性的矿床有龙井彩秀洞铬铁矿点。海西晚期在所谓的槽台边界构造带内形成一条东起龙井江域经和龙长仁、海沟直至桦甸色洛河的几千米至十几千米宽的构造岩片堆叠带,带内堆叠了不同时代、不同性质的构造岩片,以富含金为特点。

古亚洲多幕造山运动结束于三叠纪，其侵入岩标志为长仁-獐项镁铁质—超镁铁质岩体群的就位，在区域上构造了长仁-漂河川-红旗岭镁铁质—超镁铁质岩浆岩带，以铜、镍成矿作用为主，代表性的矿床有长仁铜镍矿。而同期沉积作用的标志为白水滩拉分盆地的陆相含煤碎屑岩建造。

4.中新生代滨太平洋构造域演化阶段

晚三叠世以来，吉林省进入滨太平洋构造域的演化阶段，受太平洋板块向欧亚板块的俯冲作用的影响。

在吉南地区浑江小河口、抚松小营子等地形成断陷含煤盆地，同时，在长白地区发育有长白组火山岩，在通化龙头村等地见有石英闪长岩-花岗闪长岩-二长花岗岩侵入。早侏罗世的构造活动基本延续晚三叠世的活动特征，其中主要沉积物为一套陆相含煤建造，代表性的盆地有临江的义和盆地、辉南杉松岗盆地等，但火山岩不发育；侵入岩为一套石英闪长岩-花岗闪长岩-二长花岗岩-白云母花岗岩组合。中侏罗世—早白垩世受太平洋板块斜俯冲作用的影响，区内形成一系列北东向走滑拉分盆地，沉积一系列火山-陆源碎屑岩，其中中侏罗世为一套红色细碎屑岩，晚侏罗世为一套钙碱性火山岩，早白垩世为一套钙碱性—偏碱性火山岩夹陆源碎屑岩，局部夹煤（如石人盆地），与火山岩相伴出现一套岩石地球化学相当的侵入岩，局部地段见有碱性花岗岩侵入。

晚三叠世早期，在吉黑造山带上，沿两江构造而形成安图两江-汪清天桥岭幔源侵入岩带，主要出露在安图两江、三岔、青林子、亮兵、汪清天桥岭等地，大致沿两江断裂带的北段呈小岩株状出露，岩性为一套碱性辉长岩、角闪正长岩、石英正长岩、碱长花岗岩组合。该时期以铁、钒、钛、磷成矿作用为主，代表性的矿床有三岔铁矿点、南土城子铁矿点。晚三叠世中晚期形成钙碱性岩系，构成了和龙三合-珲春-东宁老黑山晚三叠世花岗岩带，岩性为闪长岩-石英闪长岩-花岗闪长岩-二长花岗岩组合。该时期以金、铜、钨成矿作用为主，代表性的矿床有小西南岔金铜矿、杨金沟钨矿。与此同时，伴生有大量火山喷发，形成一系列火山盆地，代表性的盆地有天宝山盆地、天桥岭盆地等，两者共同构成了滨西太平洋的晚三叠世岩浆弧，与之相关的次火山岩具有多金属成矿作用，代表性的矿床有天宝山多金属矿。

早侏罗世—中侏罗世基本上继承了晚三叠世岩浆弧的特点，但火山作用不明显，未见有火山岩及沉积岩层，而钙碱性侵入岩较发育，有两条侵入岩带：一条为和龙崇善-汪清春阳早侏罗世花岗岩带，岩性为闪长岩-石英闪长岩-花岗闪长岩-二长花岗岩-碱长花岗岩组合；另一条为大蒲柴河中侏罗世花岗岩带，岩性为花岗闪长岩-似斑状花岗闪长岩-二云母花岗岩组合。

晚侏罗世岩浆作用以火山喷发为主，形成一套钙碱性火山岩系（屯田营组），侵入岩仅在火山盆地周边局部发育，具有次火山岩的特点。至早白垩世随着欧亚板块的向外增生，受太平洋板块俯冲的远距离效应的影响，地壳明显处于拉分作用的状态，具有向裂谷系方向演化的特点，形成一系列断陷盆地，沉积了一系列陆相含煤建造（长财组）、偏碱性火山岩建造（泉水村组）及含油建造（大拉子组），同时伴生有碱性花岗岩侵入（和龙仙景台岩体）。

晚白垩世盆地的裂谷性质已趋成熟，其中罗子沟等盆地发现有覆盖在大拉子组之上的一套安山玄武岩-流纹岩组合，具有双峰式火山岩的特点，而龙井组可能代表了该时期的类磨拉石建造。

晚侏罗世—白垩纪是吉黑造山带的一个重要成矿期，成矿以金、铜为主，矿产地众多，代表性的有五凤金矿、刺猬沟金矿、九三沟金矿等。

新生代火山作用加剧，火山喷发物为大陆拉斑玄武岩-碱性玄武岩-粗面岩-碱流岩组合。

新生代地质体主要分布在长白山地区，为一套裂谷型大陆拉斑玄武岩-碱性玄武岩-碱流岩组合，以及少量河湖相砂砾岩夹硅藻土，另外在敦密构造带见有少量古近纪辉长岩侵入，同位素年龄为32Ma左右。

(二)大型变形构造

吉林省自太古宙以来,经历了多次地壳运动,在各地质历史阶段都形成了一套相应的断裂系统,包括地体拼贴带、走滑断裂、大断裂、推覆-滑脱构造——韧性剪切带等。

1.辉发河-古洞河地体拼贴带

该拼贴带横贯吉林省东南部东丰至和龙一带,两端分别进入辽宁省和朝鲜,规模巨大,它是海西晚期辽吉台块与吉林-延边古生代增生褶皱带的拼贴带。由西向东可分3段,即和平—山城镇段、柳树河子—大蒲柴河段、古洞河—白金段。该拼贴带两侧的岩石强烈片理化,形成剪切带,航磁异常、卫片影像反映都很明显,显示平行、密集的线性构造特征。两侧具有地质发展历史截然不同的两个大地构造单元,也反映出不同的地球物理场和地球化学场。北侧是吉林-延边古生代增生褶皱带,为以海相火山-碎屑岩及陆源碎屑岩、碳酸盐岩为主的火山-沉积岩系;南侧前寒武系广泛分布,基底为太古宙、古元古代的中深变质岩系,盖层为新元古代—古生代稳定浅海相沉积岩系,反映出两侧具有完全不同的地壳演化历史。

2.伊舒断裂带

伊舒断裂带是一条地体拼贴带,即在早志留世末,华北板块与吉林古生代增生褶皱带相拼接。它位于吉林省二龙山水库—伊通—双阳—舒兰一线,呈北东方向延伸,过黑龙江省依兰—佳木斯—罗北进入俄罗斯境内。该断裂带在吉林省内由南东、北西两条相互平行的北东向断裂带组成,长达260km,具左行扭动性质。该断裂带两侧地质构造性质明显不同,南东侧重力高,航磁为北东向正负交替异常,西侧重力低,航磁为稀疏负异常;两侧的地层发育特征、岩性、含矿性等截然不同。从辽北到吉林,该断裂带两侧晚期断裂方向明显不一致,东南侧以北东向断裂为主,北西侧以北北东向断层为主,北西侧北北东向断裂与华北板块和西伯利亚板块间的缝合线展布方向一致,反映为继承古生代基底构造线特征;南东侧的北东向断裂是与库拉、太平洋板块向北俯冲有关。这说明在吉林省内,早古生代伊舒断裂带两侧属于性质不同的两个大地构造单元,西部属于华北板块,东部总体上为被动大陆边缘。它经历了早志留世末华北板块与吉黑古生代增生褶皱带发生对接的走滑拼贴阶段、新生代库拉-太平洋板块向亚洲大陆俯冲的活化阶段,至第三纪(古近纪+新近纪)—第四纪初亚洲大陆应力场转向,使伊舒断裂带接受了强烈的挤压作用,导致两侧基底向槽地推覆并形成了外倾对冲式冲断层构造带的挤压。

3.敦化-密山走滑断裂带

该断裂带是我国东部一条重要的走滑构造带,它对大地构造单元划分及金、有色金属成矿具有重要的意义。它经辉南、桦甸、敦化等地进入黑龙江省,在吉林省内长达360km,宽10~20km,习惯称之为辉发河断裂带。该断裂带活动时间较长,沿该断裂带岩浆活动强烈,自早侏罗世形成以来,其演化具明显的阶段性,可分为中生代早期左旋平移走滑阶段、侏罗纪造山阶段、晚白垩世—古近纪裂谷阶段、新近纪—第四纪逆冲推覆阶段。

左旋平移走滑阶段:海西晚期,在辽吉台块北移定位后,在早侏罗世水平剪切应力作用下,该断裂带发生大规模左行剪切滑动,造成了辽吉台块北缘的辉发河-古洞河地体拼贴带活化,早古生代地层发生左行平移错断,在断裂带两侧形成大量牵引构造。

造山阶段:侏罗纪晚期以后,吉林省处于欧亚板块边缘地带,亦属环太平洋构造岩浆活动带的一部分。在太平洋板块向欧亚大陆板块的俯冲作用影响下,该断裂带复活,沿带出现大规模火山岩浆喷发,形成晚侏罗世—早白垩世的火山沉积作用。

裂谷阶段(或称盆岭阶段):早白垩世晚期—新生代早期,在太平洋板块俯冲作用影响下,该断裂带地壳处于伸展阶段，形成明显的盆岭式构造。新近纪末期，地壳收缩，裂谷回返。

逆冲推覆阶段：新近纪—第四纪，由于太平洋板块俯冲方向由北北西转向北西西，板块俯冲方向的调整使挤压作用增强，故这一时期断裂带出现了短暂的逆冲推覆作用，形成了两条平行的对冲逆断层，分别称为东支断裂和西支断裂，总体为外倾对冲，倾角 30°～80°，沿断裂多处见有太古宙地层逆冲到中新生代地层之上，并发育有一定规模的剪切作用。

4.鸭绿江走滑断裂带

该断裂带是吉林省规模较大的北东向断裂之一，由辽宁省沿鸭绿江进入吉林省集安经安图两江至汪清天桥岭进入黑龙江省，在吉林省内长达 510km，断裂带宽 30～50km，纵贯辽吉台块和吉黑古生代陆缘增生褶皱带两大构造单元，对吉林省地质构造格局及贵金属、有色金属矿床成矿均有重要意义。断裂带总体表现为压剪性，沿断面发生逆时针滑动，相对位移为 10～20km。断裂切割中生代及早期侵入岩体，并控制侏罗纪、白垩纪地层的分布。

5.韧性剪切带

吉林省的韧性剪切带广泛发育于前寒武纪古老构造带中及不同地体的拼贴带中。

太古宙高级变质区中的韧性剪切带：产于太古宙地块边部的柳河-安口镇韧性剪切带，其北西毗邻柳河中生代盆地，分布于龙岗陆核中部的有王家店-靖宇-光华弧形韧性剪切带和大方顶子-光华-通南山韧性剪切带，与金矿关系比较密切。

新太古代绿岩带中的韧性剪切带：多沿绿岩带片理分布，自西向东有石棚沟韧性剪切带、老牛沟韧性剪切带、夹皮沟韧性剪切带、金城洞韧性剪切带、金城洞沟口韧性剪切带、古洞河站韧性剪切带、西沟韧性剪切带、东风站韧性剪切带，对铁、金、铜成矿具有重要控制作用。

古元古代裂谷中的韧性剪切带：多分布于不同岩石单元接触带上，沿珍珠门岩组与花山岩组接触带上出现一条规模巨大的韧性剪切带，这一剪切带是在上述两组地层间的同生断裂基础上发展起来的一条北东向"S"形构造带，长百余千米。松树-错草沟韧性剪切带，位于白山市荒沟山铅锌矿区的珍珠门岩组与太古宙地层接触部位，走向北东，长 60km、宽 1～2km；银子沟-刘家趟子韧性剪切带，位于珍珠门岩组与太古宙岩层接触部位，长 7～8km、宽 300～400m，南北向展布；板庙-双岔韧性剪切带，位于珍珠门岩组大理岩中，长 5km、宽 50～100m，南北向展布，与金及多金属矿关系比较密切。

不同大地构造单元接合带中或地体拼贴带中的韧性剪切带：如在金银别-四岔子复杂构造带中出现多条相互平行的韧性剪切带，延长几十千米，北西向展布，与金及多金属矿关系比较密切。

第二节　区域矿产概况

一、金矿

吉林省金矿资源主要分布在吉中、延边、白山地区。成矿时代自太古宙至新生代均有成矿，成因类型主要有绿岩型、岩浆热液改造型、火山沉积-岩浆热液改造型、矽卡岩型-破碎蚀变岩型、火山岩型、火山爆破角砾岩型、侵入岩浆热液型、砾岩型、沉积型 9 种类型。吉林省共发现金矿床（点）248 处，其中大型矿床 6 处、中型矿床 17 处、小型矿床 129 处、矿点 90 处、矿化点 6 处，累计查明资源量 379.20t。

1.绿岩型

该类型金矿的赋矿层位为新太古代火山沉积-变质建造(表壳岩),为受后期多期岩浆热液改造,且受区域韧性剪切带控制的金矿。代表性的矿床为桦甸市夹皮沟金矿床、桦甸市六匹叶金矿床(产在太古宙深成变质侵入岩体内,受后期多期岩浆热液改造,且受区域韧性剪切带控制的金矿)。

2.岩浆热液改造型

(1)受古元古界集安(岩)群荒岔沟(岩)组变粒岩、石墨黑云变粒岩、黑云斜长片麻岩、斜长角闪岩及燕山期中—酸性花岗岩类控制的金矿,代表性的矿床为集安市西岔金银矿床。

(2)受古元古界集安(岩)群大东岔岩组斜长角闪岩、含石墨夕线石榴黑云变粒岩、蚀变岩与燕山期岩浆岩控制的金矿,代表性的矿床为集安市下活龙金矿床。

(3)受古元古界老岭(岩)群珍珠门岩组底部片岩和大理岩、荒沟山-南岔构造带、后期岩浆热液控制的金矿,代表性的矿床为通化县南岔金矿床、白山市荒沟山金矿床。

(4)受新元古代青白口系钓鱼台组褐红—紫红—紫灰色构造角砾岩及钓鱼台组石英砂岩与珍珠门岩组硅化白云质大理岩间的不整合面控制的金矿,代表性的矿床为白山市金英金矿床。

3.火山沉积-岩浆热液改造型

(1)受寒武纪—奥陶纪碳质云英角页岩与长石角闪石角页岩互层、燕山期花岗岩类、北西向冲断层控制的金矿,代表性的矿床为桦甸市二道甸子金矿床。

(2)受早古生代火山-沉积建造及后期岩浆热液改造控制的金矿,代表性的矿床为东辽县弯月金矿床。

4.矽卡岩型-破碎蚀变岩型

该类型金矿受上古生界二叠系范家屯组变质粉砂岩、杂砂岩、泥质粉砂质板岩、斑点板岩组合,大理岩(灰岩),燕山期花岗岩控制。代表性的矿床为长春市兰家金矿床。

5.火山岩型

(1)受海相火山岩控制的金矿床,即受上古生界石炭系细碧岩、细碧玢岩层位控制的金矿,代表性的矿床为永吉县头道川金矿床。

(2)受中生界侏罗系屯田营组(三叠系托盘沟组)及南楼山组安山岩、次安山、安山质角砾凝灰岩和集块岩、安山质角砾凝灰熔岩和次火山岩、晶屑岩屑凝灰岩、含砾晶屑岩屑凝灰岩及火山口构造控制的金矿,代表性的矿床为汪清县刺猬沟金矿床、汪清县五凤金矿床、汪青县闹枝金矿床、永吉县倒木河金矿床。

6.火山爆破角砾岩型

该类型金矿受中生代侏罗纪流纹质含角砾岩屑晶屑凝灰岩、流纹质熔结凝灰岩及火山口构造控制的金矿,代表性的矿床为梅河口市香炉碗子金矿床。

7.侵入岩浆热液型

该类型金矿受中生代侵入岩浆控制,可分为岩浆热液型、斑岩型及火山次火山热液型,代表性的矿床为安图县海沟金矿床、珲春市小西南岔金铜矿床、珲春市杨金沟金矿床。

8.砾岩型

该类型金矿受新近系土门子组巨粒质中粗砾岩、中细砾岩控制，代表性的矿床为珲春市黄松甸子金矿床。

9.沉积型

该类型金矿受现代河床沉积相控制，代表性的矿床为珲春河砂金矿床（四道沟矿段）。

二、银矿

吉林省银矿资源分布广泛，主要分布在四平、吉中、延边、通化、白山地区。成矿时代主要为古生代—中生代，成因类型主要有热液型、火山热液型、热液改造型、火山岩型、岩浆热液型、热液充填型、构造蚀变岩型。吉林省共发现银矿床（点）67处，其中伴生银矿27处，大型矿床7处、中型矿床7处、小型矿床18处、矿点8处，累计查明资源量2300t。

1.层控"内生"型

成因类型包括热液型、热液改造型、热液充填型、构造蚀变岩型。代表性的矿床为四平市山门银矿床、集安市西岔金银矿床、白山市刘家堡子-狼洞沟金银矿床、永吉县八台岭银金矿床，主要分布在吉黑造山带大黑山条垒内四平山门、永吉八台岭等地区；龙岗复合地块区辽吉裂谷的北缘通化、集安、白山等地区，成矿以燕山期为主。矿体主要分布于燕山期中酸性侵入岩与地层的侵入接触带内及其附近，矿体严格受断裂构造（主要为北东向）控制，矿体产于层间构造破碎带内；矿体呈脉状、似层状和透镜状、扁豆状，平面上呈舒缓波状，膨缩变化明显，呈脉状分枝复合。矿床受区域性构造控制，区域构造为主要的导岩、导矿构造，其两侧与之有成因联系的次一级断裂为控矿（储矿）构造。主要控矿地层有古元古界集安（岩）群荒岔沟（岩）组以含石墨为特征的变粒岩；早古生代寒武纪—奥陶纪变质碎屑岩-碳酸盐岩建造；上古生界二叠系杨家沟组的一套浅变质火山-沉积岩系。燕山期中酸性侵入体为主要的控矿岩体。

2.火山岩型

成因类型包括火山热液型、火山岩型。代表性的矿床为磐石市民主屯银矿床、汪清县红太平多金属矿床。主要分布在吉林复向斜、双阳-磐石褶皱束中部磐石民主屯地区及延边火山盆地汪清红太平、龙井天宝山地区。成矿时代为海西期。矿体主要位于海西期中酸性侵入岩与地层的侵入接触带部位的层间构造破碎带内，形态呈层状、似层状、不规则状沿断裂构造分布，矿化与构造关系密切，矿化不连续，平面上呈舒缓波状，构造交会部位矿化较好。矿床受区域性构造控制，区域构造为主要的导岩、导矿构造，其两侧与之有成因联系的次一级断裂为控矿（储矿）构造。主要控矿地层有下石炭统余富屯组低级变质的中酸性火山碎屑岩及其熔岩，二叠系庙岭组火山碎屑岩-碳酸盐岩建造。海西期中酸性侵入体为控矿岩体。

3.侵入岩体型

成因类型主要为岩浆热液型。代表性的矿床为抚松县西林河银矿床、和龙市百里坪银矿床，主要分布在抚松、和龙地区，夹皮沟地块的北部及和龙地块的南部。成矿时代可能为燕山期。矿体严格受断裂构造控制，产于构造蚀变带、韧性剪切带内。矿体产状不稳定，走向呈北北东向或近东西向，局部呈北西走向，倾向北西或南东，倾角65°～85°，反映了多期构造复合叠加、继承的特点。单个矿体以脉状、薄脉状为主，其次为扁豆状及透镜状。区域北东向深大断裂是导岩、导矿构造，其次级北东向、北北东向、近东西向断裂构造及韧脆性剪切带为主要控矿构造；燕山期中酸性侵入岩体与成矿关系密切，为主要的控矿岩体；太古宙表壳岩呈捕虏体形式残存于岩体中，为成矿提供了一定的物质来源。

三、铜矿

吉林省铜矿资源主要分布在吉中、延边、白山、通化等地区。成矿时代自老到新各时代都有成矿，成因类型比较复杂，主要成因类型有沉积变质型、火山沉积型、基性—超基性岩浆融离-贯入型、矽卡岩型、斑岩型、多成因复合型、热液矿型、次火山热液型、淋积型，以基性—超基性岩浆融离-贯入型、斑岩型铜矿为主要类型。吉林省共发现铜矿床（点）98处，其中伴生铜矿37处，大型矿床2处、中型矿床6处、小型矿床35处、矿点14处、矿化点4处，累计查明资源量81.69×10^4 t。

1.沉积变质型

沉积变质型铜矿主要分布在辽吉裂谷区的大横路—杉松岗地区，代表性的矿床为白山市大横路铜钴矿床，矿体主要赋存在花山岩组第二岩性段含碳绢云千枚岩中。矿体主要受三道阳岔-三岔河复式背斜北西翼次一级褶皱构造控制。矿体均呈层状、似层状、分枝状或分枝复合状，矿体均赋存在同一含矿层内，与围岩呈渐变关系，并同步褶皱，矿体连续性好。此类型铜矿成矿时代主要为古元古代，在新元古代亦有成矿，与太古宙老变质岩、古元古界老岭（岩）群及新元古界震旦系有密切关系。形成的地质环境主要是海相沉积，太古宙地体经长期风化剥蚀，陆源碎屑及大量Cu、Co组分被搬运到裂谷海盆中，沉积形成原始矿层或"矿源层"，后经多次不同规模和程度的区域变质变形改造，成矿物质进一步富集成矿。

2.火山沉积型

该类型铜矿床包括海相火山沉积型及陆相火山沉积型两种类型，主要分布在吉林地区的永吉、双阳、磐石、桦甸及延边地区的汪清、珲春等地。成矿时代主要为晚古生代，在中生代亦有成矿，与晚古生代—中生代火山沉积建造有密切关系，石炭系石嘴子组大理岩、板岩、变质砂岩、千枚岩夹喷气岩，二叠系庙岭组凝灰岩、蚀变凝灰岩、碎屑岩等为主要含矿层位。矿床严格受层位与岩性控制，火山喷发出大量中酸性熔岩及碎屑岩，形成了富含成矿物质的矿层或矿源层，后期的区域变形变质作用改造及热液作用的叠加，对多金属迁移富集起到了一定作用，因此该类型矿床同生、后生成因特征兼具。代表性的矿床为磐石市石嘴铜矿床、汪清县红太平多金属矿床。

3.基性—超基性岩浆融离-贯入型

该类型主要分布在吉林地区的磐石、桦甸、蛟河，延边地区的和龙、安图，通化地区的赤柏松、金斗等地。成矿时代主要为加里东晚期、海西中期及印支中期，矿床产于基性—超基性侵入岩及其接触带中，铜均与镍共生，辉长岩类、辉石岩类、闪辉岩类、橄榄岩类、苏长岩类为主要的含矿岩体。代表性的矿床有磐石县红旗岭铜镍矿床、蛟河县漂河川铜镍矿床、通化县赤柏松铜镍矿床、和龙市长仁铜镍矿床。矿体一是似层状赋存在岩体底部橄榄辉岩相中，上悬透镜状矿体主要赋存于橄榄岩相的中、上部，脉状矿体发育于岩体西侧边部，纯硫化物矿脉多见于似层状矿体的原生节理中；二是似板状矿体含矿岩石主要是顽火辉岩或蚀变辉岩，脉状矿体主要产于辉橄岩脉中，纯硫化物脉状矿体产于顽火辉岩与辉橄岩脉的接触破碎带中；三是受压扭性—张扭性复性断裂控制的矿体走向北北东或近南北，向西或北西西倾斜；受张扭性—压扭性复性断裂控制的矿体走向北西，倾向南西。

4.矽卡岩型

矽卡岩型主要分布在长春地区的兰家、白山地区的抚松大营—万良、延边地区的敦化万宝等地。成矿时代主要为印支晚期—燕山早期,矿体产于地层与中—酸性侵入岩体的接触带中,受地层层控特征明显,中酸性侵入岩为成矿提供了矿源及热源和热液,其活化矿源层中的成矿物质,使其迁移于有利构造空间,富集成矿。代表性的矿床为临江市六道沟铜钼矿床。

5. 斑岩型

斑岩型主要分布在通化、白山、珲春地区。成矿时代主要为燕山期,成矿主要受控于中酸性岩体,燕山期中酸性岩浆沿断裂构造上侵,携带来大量的成矿物质,在各方向的有利构造空间内,形成工业矿体。代表性的矿床有通化县二密铜矿床、靖宇县天合兴铜钼矿床、珲春市小西南岔金铜矿床。

6. 多成因复合型

多成因复合型主要分布在通化、吉林、延边地区。成矿具有多期多阶段性,但主要成矿期属燕山期,这类矿床经过了多期次的成矿作用相互叠加,显示了多期多源的叠生矿床特征。赋矿层位为新太古代火山沉积-变质建造(表壳岩),受后期多期岩浆热液改造,且受区域性韧性剪切带控制。

四、铅锌矿

吉林省铅锌矿资源主要分布在吉中、延边、白山、通化等地区。成矿时代自老到新各时代都有成矿,成因类型比较复杂,主要成因类型有矽卡岩型、火山热液型、沉积-热液叠加型、沉积变质-岩浆热液改造型、多成因叠加型、岩浆热液型、变质热液型,以矽卡岩型为主要成因类型。总体来看,吉林省铅锌矿都具有早期沉积形成初始矿源层或矿源岩,经后期叠加改造的特征,基本具有层控内生特征。吉林省共发现铅锌矿床(点)80处,其中大型矿床1处、中型矿床4处、小型矿床40处、矿点34处、矿化点1处。已发现的铅锌矿床(点)中有54处为伴生铅锌矿。累计查明铅+锌资源量$151.49×10^4$ t,其中铅资源量$35.89×10^4$ t,锌资源量$115.60×10^4$ t。

1. 矽卡岩型

矽卡岩型铅锌矿床是指原先沉积矿床或矿化地层,受后期岩浆热液作用而形成的层控矿床。矿床分布于吉南华北陆缘坳陷区或地堑盆地内,与显生宙盖层寒武纪—奥陶纪浅海相碳酸盐岩建造有成因联系,并以早古生代寒武纪—奥陶纪和晚古生代石炭纪—二叠纪碎屑岩-碳酸盐岩建造对成矿最为有利,时空上与中酸性侵入杂岩的交代及热液作用所形成的矽卡岩带有关,矿体受北东向层间断裂控制,矿体产状与地层产状一致,呈似层状、脉状、扁豆状。物质成分以铅、锌为主,伴生有铜、银、金等有用组分。代表性的矿床有抚松县大营铅锌矿床、集安市郭家岭铅锌矿床。

2. 火山热液型

该类型矿床是与古生代—中生代火山活动有成因联系的铅锌矿,分布于古陆与造山带的火山侵入杂岩区,受滨太平洋断裂体系的北东向及北西向断裂控制形成的火山隆起或火山盆地内,与基底断裂相重叠的环状断裂、辐射状断裂有密切联系。矿体严格受构造控制,矿体产状与地层产状一致,呈层状、似层状、扁豆状、不规则状。物质成分以铅、锌为主,伴生重要的组分有铜、银、金、钼、钴、钨等,代表性的矿床有伊通县放牛沟多金属矿床、汪清县红太平多金属矿床、桦甸市地局子铅锌矿床。

3. 沉积-热液叠加型

该类型矿床是与元古宙火山活动有成因联系的铅锌矿,这类铅锌矿在古陆与造山带均有出现,古陆中的这类铅锌矿形成于吉南裂谷内,与古元古代早期荒岔沟期基性—中酸性火山作用及碳酸盐岩沉积有关,它的构造环境处于大陆裂谷早期阶段,即先形成断裂,接着发生岩浆活动时期,形成于裂谷扩张初期沉积非补偿阶段;在造山带中的铅锌矿床主要形成于古生代坳陷,矿体受一定层位控制,与地层同步褶曲,有时形成与褶皱形态一致的鞍状矿体。矿体赋存在层间断裂带内,呈似层状、脉状、扁豆状。代表性的矿床为集安市正岔铅锌矿床。

4.沉积变质-岩浆热液改造型

该类矿床形成于大陆裂谷型海盆地内,沉积非补偿阶段转化为沉积补偿阶段,岩浆活动已停止,矿化与浅海-潮间带沉积物有密切的成因联系。这类矿床的矿石矿物与其围岩的沉积物是同时沉积,或在沉积、成岩、变质作用阶段成矿物质进入含矿岩层中富集成矿。已知含矿层位有老岭(岩)群珍珠门岩组和大栗子(岩)组,珍珠门岩组属水下碳酸盐岩台地沉积,含碳较高,并有含矿黄铁矿层,又显示还原的礁后潟湖相沉积;大栗子(岩)组为半深水的斜坡环境和礁后盆地沉积产物,铅锌矿产于含铁碳酸盐岩建造大理岩与千枚岩互层带的还原相菱铁矿层中,往往与菱铁矿层相变过渡;矿床受褶皱及断裂构造控制较为明显,矿体形态呈层状、似层状、脉状产出,其产状与地层产状基本一致或略呈斜交。代表性的矿床为白山市荒沟山铅锌矿床。

5.多成因叠加型

该类矿床主要分布于吉中—延边地区。容矿围岩为晚古生代浅海相碳酸盐岩,时空上与中酸性侵入杂岩的交代及热液作用所形成的矽卡岩带有关。矿化主要出现在石炭纪—二叠纪碳酸盐岩与燕山期中酸性岩类侵入接触带上,构造上往往受紧密褶皱的倒转倾伏背斜或向斜中的断裂或层间破碎带控制。代表性的矿床为龙井市天宝山多金属矿床。

五、镍矿

吉林省镍矿资源主要集中分布在吉中、延边、白山、通化等地区。成矿时代自古元古代到中生代,主要成因类型有基性—超基性岩浆融离-贯入型、沉积变质型,以基性—超基性岩浆融离-贯入型镍矿为主要类型。目前共发现镍矿床(点)29处,其中伴生镍矿2处,大型矿床3处、中型矿床2处、小型矿床19处、矿点3处,累计查明资源量44.87×10⁴t。

1.基性—超基性岩浆融离-贯入型

该类型镍矿主要分布在四平、磐石、桦甸、蛟河、敦化、和龙、通化等地区。产于中条期(古元古代)基性—超基性侵入岩内的镍矿,代表性的矿床为通化县赤柏松铜镍矿床;产于海西期基性—超基性侵入岩内的镍矿,代表性的矿床为和龙市长仁铜镍矿床;产于印支期基性—超基性侵入岩内的镍矿,代表性的矿床有磐石县红旗岭铜镍矿床、蛟河县漂河川铜镍矿床。矿体特征一是似层状矿体赋存在岩体底部橄榄辉岩相中,上悬透镜状矿体主要赋存于橄榄岩相的中、上部,脉状矿体发育于岩体两侧边部,纯硫化物矿脉多见于似层状矿体的原生节理中;二是似板状矿体含矿岩石主要是顽火辉岩或蚀变辉岩,脉状矿体主要产于辉橄岩脉中,纯硫化物脉状矿体产于顽火辉岩与辉橄岩脉的接触破碎带中;三是受压扭性—张扭性复性断裂控制的矿体走向北北东或近南北,向西或北西西倾斜;受张扭性—压扭性复性断裂控制的矿体走向北西,倾向南西。

2.沉积变质型

该类型镍矿主要分布在通化、白山地区,为与古元古界老岭(岩)群花山岩组地层有关的沉积变质型(伴生镍),代表性的矿床为白山市杉松岗铜钴矿床。

六、钼矿

吉林省钼矿资源主要集中分布在吉中、延边、白山地区。成矿时代为中生代(燕山期),成因类型主要有斑岩型、矽卡岩型、石英脉型,以斑岩型为主要类型,它们均属与燕山期中酸性花岗岩侵入活动有关的中高温型热液矿床,严格受构造带控制或相对隆起和坳陷两种构造单元衔接部位控制,其矿化特点为钼或钼(铜)及多金属,一般伴有铁或含少量钨。按成因类型划分的矿床式为:斑岩型有大黑山式、天合兴式、大石河式;石英脉型为四方甸子式;矽卡岩型为铜山式。吉林省共发现钼矿床(点)24处,其中超大型矿床1处、大型矿床2处、中型矿床2处、小型矿床15处、矿点3处、矿化点1处,累计查明资源量200.70×10^4 t。

1.斑岩型

斑岩型钼矿是吉林省钼矿的主要成因类型,主要分布于吉中—延边地区。成矿与燕山期中酸性浅成—超浅成侵入岩浆活动有关,岩石类型主要为花岗斑岩、花岗闪长岩、二长花岗岩等,成矿时代主要为燕山期。代表性的矿床有永吉县大黑山钼矿床、舒兰县季德屯钼矿床、安图县刘生店钼矿床、敦化市大石河钼矿床、龙井市天宝山多金属矿床、靖宇县天合兴铜钼矿床。大黑山式斑岩型钼矿:矿体形态较简单,地表矿体呈不规则的椭圆形,富矿部分居中,呈带状东西向展布,空间上富矿部分悬于矿体的中上部。矿体主要赋存于花岗闪长斑岩体及不等粒花岗闪长岩体内石英钾长石化、石英绢云母化、黄铁绢英岩化等强蚀变带中。主要的有用成分是Mo,伴生的有益组分为Cu、Ga、Re、Au,有害元素为P、S;大石河式斑岩型钼矿:矿体赋存在似斑状花岗闪长岩以外的二合屯组片岩中,辉钼矿呈浸染状或细脉浸染状就位于层间裂隙中,平面上矿体呈椭圆状,剖面上矿体呈巨厚层状,在三维空间矿体呈陀螺状;矿石的有用组分主要是Mo,与S呈正相关趋势;主要蚀变为硅化、钾化、云英岩化、绢云母化和绿帘石化,具明显分带现象,由内向外主要为石英-绢云母化带和绿泥石化带,钼矿体主要赋存于石英-绢云母化带之中。蚀变与矿化紧密相伴,具有正相关关系。天合兴式斑岩型钼矿:矿体主要呈脉状、透镜状、似层状,多产于石英斑岩、花岗斑岩中以及基性岩脉岩(辉绿辉长)边部及构造裂隙中。矿化一般以浸染状或细脉浸染状分布,有用组分以Mo为主,伴生Cu、Pb、Zn、Ag。岩体内为面型蚀变略显分带状,即中心以钼矿化为主,伴有铜矿化,向外渐变为铜、铅锌矿化;在酸性斑岩接触带,则以线性蚀变为特征,矿化主要与石英绢云母化、黑云母化、绿泥石化关系密切,硫化物以黄铜矿为主并伴有黄铁矿化。

2.矽卡岩型

矽卡岩型主要分布在白山地区的六道沟—八道沟。矿床受控于燕山期中酸性花岗岩及早古生代寒武纪—奥陶纪灰岩、大理岩,成矿时代集中在燕山期。代表性的矿床为临江市六道沟铜钼矿床。矿体主要产于燕山期花岗闪长岩与古生代灰岩、大理岩接触带部位的矽卡岩内。矿化具水平分带,内接触带及钾化石英闪长玢岩岩枝(脉)体内,发育钼矿化或铜钼矿化,接触带及外接触带矿化以铜为主,外接触带围岩中具铅、锌矿化。矿体形态复杂,为扁豆状、似层状、透镜状、不规则脉状。矿石的有益元素为Cu、Mo,伴生的有益组分为Pb、Zn,少量Au、Sn及微量Be、Re、W、Se、Co、Ni、Ga等。蚀变有矽卡岩型和钾化斑岩型,矽卡岩化与铜钼矿化关系极为密切。

3.石英脉型

石英脉型主要分布在永吉—桦甸的前撮落—火龙岭地区。矿床主要受控于燕山期中—酸性花岗岩,成矿时代为燕山期。代表性的矿床为桦甸市四方甸子钼矿床,矿体赋存于切穿黑云母花岗岩的北北西向断裂中,矿体呈脉状、透镜状产出,北西向展布,钼矿体以含辉钼矿石英脉及浸染状辉钼矿化蚀变岩形式产出。矿石的有用组分主要为Mo,伴生的有用元素含量低。围岩蚀变以石英脉为中心,靠近石英脉为硅化带,发育辉钼矿化石英细脉,局部富集成矿;向外为高岭土化带,其次局部分布钾长石化、绿泥石化、黄铁矿化等。钼矿化主要与硅化关系密切。

七、铁矿

吉林省铁矿资源比较丰富,主要分布在东南部的桦甸、白山、通化以及敦化地区。成矿时代自老到新各时代都有成矿,成因类型比较复杂,主要成因类型有沉积变质型、海相沉积型、内陆湖相沉积型、火山碎屑沉积型、风化淋滤型、岩浆岩型、矽卡岩型、热液型,以沉积变质型铁矿为主要类型。吉林省共发现铁矿床(点)507处,其中大型矿床3处、中型矿床7处、小型矿床28处、矿点469处,累计查明资源量7.23×10^8 t。

1.沉积变质型

沉积变质型铁矿主要分布在向阳镇-红石、板庙子-两江-官地、四方山-板石、七道沟-大栗子等集中区内。成矿时代主要集中在古太古代和古中元古代,晚古生代亦有。形成地质环境主要是海相沉积,成矿物质主要来源于海底基性火山喷发和陆源物质,后经多次不同规模和程度的区域的变质变形改造,成矿物质进一步富集成矿。进一步划分为鞍山式铁矿、塔东式铁矿、集安式铁矿、大栗子式铁矿、靠山式铁矿、呼和哈达式铁矿。

1)鞍山式铁矿

成矿时代为古太古代,主要分布在柳河、辉南、桦甸、白山、通化、和龙地区,龙岗—陈台沟—沂水前新太古代陆核地块及残块内,受古太古代绿岩地体控制。向阳镇-红石集中区内分布有胜利屯、二道沟、朝阳堡、双驴岭、太平、解放等矿床(点)。板庙子-两江-官地集中区内分布有三道沟、苇厦子、老牛沟、腰团、官地等矿床(点)。四方山-板石集中区内分布有长春沟、四方山、板石沟、西坡口、盖家沟、爱林、大方等矿床(点)。代表性的矿床有桦甸市老牛沟铁矿床、白山市板石沟铁矿床、通化县四方山铁矿床、和龙市官地铁矿床。鞍山式铁矿完全受晚太古代绿岩地体控制,空间上含矿层位分布较稳定,可以横向对比,不同构造部位、不同时段的绿岩建造控制的矿床规模亦不相同。

分布于海龙、桦甸、抚松、靖宇一带的早期绿岩地体下部的主要为斜长角闪岩、角闪斜长片麻岩,局部夹角闪石岩组合,相当于原鞍山群四道砬子河岩组和杨家店岩组(部分),仅分布有小而贫的矿点。早期绿岩地体的上部主要为斜长角闪岩、黑云斜长片麻岩、细粒黑云变粒岩、浅粒岩、二云片岩夹有超镁铁质岩(角闪石岩、滑石岩、透闪石岩),局部有磁铁石英岩组合,大体上相当于原鞍山群杨家店岩组,是区域上的重要赋矿层位,分布有大而富的矿床(点)。

分布于吉中桦甸三道沟—夹皮沟及和龙官地一带的晚期绿岩地体大体上相当于原夹皮沟岩群老牛沟岩组和三道沟岩组,主要为斜长角闪岩、条带状角闪磁铁石英岩、绢云石英片岩、绿泥石英片岩、绿泥角闪片岩、夹磁铁石英岩组合,是区域上的重要赋矿层位。

区域变质变形作用控制矿体的空间产出部位和矿体形态。如四方山-板石沟倒转复向斜构造核部完全控制了四方山-板石沟铁矿带的空间展布,其中的四方山向斜、板石沟复向斜中的珍珠门-上青沟向斜和头道阳岔-五道阳岔向斜分别控制了四方山铁矿、板石沟铁矿,矿床中的主要矿段和厚大矿体主要分布在向斜核部;老牛沟和官地铁矿矿体变形特征为紧闭同斜褶皱,后期遭韧性剪切作用多被拉伸,一般表现为翼部矿体长而厚,转折端矿体厚度大,经拉伸作用形态发生变异,如大东沟东山矿体经变形改造后,转折端部位发生变异。

2)塔东式铁矿

成矿时代为新元古代,主要分布在敦化、安图、磐石、东丰地区,机房沟-塔东-杨木桥子岛弧盆地带内,受塔东(岩)群变质岩系控制。铁矿普遍赋存于新元古代塔东(岩)群或与其相当的层位,矿床主要赋存于角闪质岩石中,受拉拉沟组斜长角闪岩、斜长角闪片麻岩、磁铁角闪岩、黑云斜长片麻岩、透辉岩、透辉斜长片麻岩组合的控制。主要有塔东、四岔、西半截河、西保安等矿床(点),代表性的矿床为敦化市塔东铁矿床。

3)集安式铁矿

成矿时代为古元古代,主要分布在辽吉裂谷中段的中部,集安、白山和通化地区,受集安(岩)群以含硼、含墨、多硅高铝和含铁为特征的火山-沉积变质岩系控制,代表性的矿点有集安市清河铁矿、集安市砬子沟铁矿。

4)大栗子式铁矿

成矿时代为古元古代,主要分布在辽吉裂谷中段的中部,白山和通化地区,受老岭(岩)群大栗子(岩)组变质岩系控制,代表性的矿床有临江市大栗子铁矿床、通化县七道沟铁矿床、临江市乱泥塘铁矿床。

5)靠山式铁矿

成矿时代为石炭纪,代表性的矿点为靠山铁矿。

6)呼和哈达式铁矿

成矿时代为二叠纪,代表性的矿点为呼和哈达铁矿。

2.海相沉积型

海相沉积型铁矿主要分布在白山和通化地区。成矿时代为新元古代和早古生代。主要是在浅海—半深海的氧化-还原环境下沉积形成的,成矿物质来源于陆源。划分为临江式和浑江式铁矿,主要有大路、白房子、青沟子、二道江、老岭等矿床(点)。

1)临江式铁矿

成矿时代为青白口纪,主要分布在白山地区,辽吉裂谷中段的中部老岭坳陷盆地内,赋矿层位为青白口系白房子组一套碎屑岩-泥灰岩-碎屑岩建造。代表性的矿点为大路铁矿、临江市白房子铁矿。

2)浑江式铁矿

成矿时代为青白口纪,主要分布在通化和白山地区,受浑江凹陷和鸭绿江凹陷控制,赋矿层位为青白口系钓鱼台组一套碎屑岩建造。代表性的矿床(点)有临江市青沟铁矿、通化县二道江铁矿、白山市老岭铁矿。

3)松西式褐铁矿

成矿时代为寒武纪,代表性的矿点为松西褐铁矿。

3.内陆湖相沉积型

内陆湖相沉积型铁矿主要分布在桦甸、蛟河、通化、白山地区。成矿时代主要为侏罗纪和古近纪。形成地质环境主要是内陆湖的氧化-还原沉积,成矿物质主要来源于陆源物质和陆相火山物质,划分为蛟河鸟林式、梅河式、长白式。

1)蛟河鸟林式铁矿

成矿时代为侏罗纪,代表性的矿点有蛟河鸟林菱铁矿、榆木桥子铁矿、五道沟铁矿以及浑江流域一带的侏罗纪铁矿点。

2)梅河式铁矿

成矿时代为古近纪,代表性的矿点为梅河菱铁矿。

3)长白式褐铁矿

成矿时代为古近纪,代表性的矿点为长白褐铁矿。

4. 火山碎屑沉积型

火山碎屑沉积型铁矿主要分布在西部洮南和吉中地区。成矿时代主要为侏罗纪。成矿物质主要来源于陆相火山物质沉积。代表性的矿点有山河乡铁矿、德田宝力稿铁矿、呼日根塔拉铁矿。

5. 风化淋滤型

该类型铁矿只有四道沟铁矿，成矿时代为震旦纪。成矿物质来源于附近的含铁岩石经风化作用及地表水的搬运作用，铁质在断裂或裂隙中富集成矿。

6. 岩浆岩型

该类型铁矿主要是钒钛磁铁矿。含矿岩体为海西晚期—燕山期的超基性杂岩和辉长岩，钒钛磁铁矿赋存在岩体中。代表性的矿床(点)有小绥河、大秤子沟、南城、喧羊碰子、青林子钒钛磁铁矿等。

7. 矽卡岩型

该类型铁矿主要分布在吉林和白城地区。吉林地区分布有吉昌、常山、大汞洞和铁汞山等矿床(点)；白城地区分布有三号沟、新安屯、伊河沟、哈拉火烧、四楞山等矿床(点)；吉南地区分布有二道沟子、四方顶子等矿床(点)。成矿时代主要是燕山期，燕山期花岗岩与古生代灰岩接触，由于热与流体的作用而成矿。代表性的矿床(点)有吉昌铁矿、大汞洞铁矿、伊河沟铁矿、哈拉火烧铁矿、新安屯铁矿、常山铁矿、铁汞山铁矿等。矽卡岩型铁矿普遍为小而富矿床。主要赋存在花岗岩与灰岩和含铁泥质岩相接触的蚀变带中。已经发现的矿床(点)蚀变带长几十米至几百米，宽几米至几十米，形态比较复杂，矿体普遍呈扁豆状、透镜状和脉状等。

8. 热液型

热液型铁矿与花岗岩浆热液作用有关，为岩浆后期热液进入岩体内或围岩裂隙中，进行充填交代形成的。代表性的矿点有马鞍山铁矿、横道河子铁矿。

八、铬矿

吉林省铬铁矿床按照成矿物质来源与成矿地质条件，成因类型仅为侵入岩浆型矿床，与基性—超基性岩体、深大断裂密切相关，矿床规模多为矿点。吉林省目前发现铬铁矿点3处，累计查明资源量$3.1×10^4$t。

铬铁矿体的围岩为早二叠世、晚三叠世超基性岩体，岩性主要为蛇纹岩，主要分布于吉中—延边地区，张广才岭—吉林哈达岭古生代铬铁矿成矿最为明显，沿依兰-伊通断裂带分布；图们-鸭绿江大断裂控制了开山屯地区侵入岩及铬铁矿的展布。铬铁矿的成矿时代主要为早、晚古生代。早古生代成矿作用主要发育在大洋壳及岛弧环境，在大陆边缘裂陷区有贵及黑色金属矿床生成；晚古生代是下古生界褶皱基底之上陆表海环境内，伴以裂陷火山岩带，是有色、贵金属矿集区；早、晚古生代递变期强烈的构造作用，导致基性—超基性岩上侵形成铬及铜镍硫化物矿床。

随着早古生代沉积作用结束，代之为强烈的构造变动，控制这里沉降作用的依兰-伊通断裂活动加剧，深切至上地幔，致使基性—超基性岩浆沿其侧支断裂上侵地层表层，同时与地层密切伴生的冷侵位超基性富含铬矿体，它们统一构成头道沟蛇绿岩套成矿作用。与铬铁矿成矿关系密切的深大断裂如伊兰-伊通断裂、图们-鸭绿江大断裂，由于这种断裂切割深度一直到上地幔，沿断裂带有大量的基性—超基性岩浆喷发和侵入，同时也控制了与基性—超基性岩有关的铬铁矿的产出，铬铁矿也受平行于深大断裂的次级断裂控制。早古生代吉林-延边裂陷槽发育有头道沟多金属超基性岩铬铁矿，晚古生代成熟地壳局部裂陷槽发育，沿断裂侵入的超基性侵入岩形成有小绥河、开山屯铬铁矿。代表性的矿床为永吉县小绥河铬铁矿床。

九、锑矿

吉林省锑矿资源主要分布在吉中、白山地区。成矿时代主要为中生代（燕山期），成因类型主要有岩浆热液型、火山热液型，以岩浆热液型为主要类型。代表性的矿床为临江市青沟子锑矿床。吉林省共发现锑矿床（点）9 处，其中中型矿床 1 处、小型矿床 4 处、矿点 4 处，累计查明资源量 2.71×10^4 t。

矿体严格受地层和断裂构造控制，主要矿体赋存在临江岩组、大栗子（岩）组泥质碎屑岩的中浅变质岩系的云母片岩、石英岩、千枚岩中，这些岩石有利于断层破碎带和节理裂隙的形成。矿体形态、产状变化较大，连续性差，呈尖灭再现和尖灭侧现分布，反映了多期构造复合叠加、继承的特点。单个矿体以脉状、薄层状为主，其次为扁豆状、透镜状和不规则状。围岩蚀变主要有硅化、碳酸盐化、绿泥石化、黄铁矿化、毒砂矿化等。矿石主要有用组分为 Sb，伴生有 S、Cu、Pb、Zn、Au、Ag 等。

十、钨矿

吉林省钨矿资源主要集中分布在延边珲春地区。成矿时代为中生代（燕山期），成因类型主要有矽卡岩型和岩浆期后热液型两种，以岩浆期后热液型为主要类型，它们均与海西晚期和燕山期花岗岩的侵入活动有关。代表性的矿床为珲春市杨金沟钨矿床。吉林省共发现钨矿床（点）4 处，其中小型矿床 3 处、矿点 1 处，累计查明资源量 10.60×10^4 t。

矿体总体呈脉状，以脉状、复脉状含白钨矿石英脉-石英细脉带产出，与岩层产状一致。矿石类型为石英脉型，矿石主要有用组分为 WO_3，金属矿物主要以白钨矿为主，少量黑钨矿，次为毒砂、黄铁矿、磁黄铁矿、黄铜矿、硫铜锑矿、辉钼矿等。

十一、硫铁矿

吉林省已发现的硫铁矿资源主要分布在伊通放牛沟、桦甸西台子、永吉头道沟、临江荒沟山等地，成因类型主要有海相火山岩型、湖相沉积型、矽卡岩型、海相沉积变质型。目前共发现硫铁矿床（点）18 处，其中超大型矿床 1 处、大型矿床 1 处、中型矿床 5 处、小型矿床 9 处、矿点 2 处。已发现的硫铁矿床中有 7 处属于伴生硫矿。累计查明硫铁矿（矿石量）资源量 424.156×10^4 t，伴生硫（硫量）资源量 3784.104×10^4 t。代表性的矿床有伊通县放牛沟多金属矿床、桦甸市西台子硫铁矿床、永吉县头道沟硫铁矿床、临江市荒沟山硫铁矿床。

吉林省共（伴）生硫铁矿产资源主要分布在永吉头道沟、磐石红旗岭、通化赤柏松、汪清九三沟、闹枝等区，矿床类型主要为斑岩型、基性—超基性岩浆熔离-贯入型、火山岩型、热液型。代表性的矿床有永吉县大黑山钼矿床、磐石市红旗岭铜镍矿床、通化市赤柏松铜镍矿床、汪清县闹枝金矿床、通化县爱国铅锌矿床等。

1.火山岩型

该类型硫铁矿主要分布在四平-德惠断裂带和伊通-伊兰断裂带之间，大黑山隆起带的中心部位，伊通放牛沟地区。

矿体赋存于上奥陶统放牛沟组大理岩及其顶部的片理化、矽卡岩化安山岩中。矿体在地表呈似层状、舒缓波状断续出露。区域上受近东西向放牛沟-前庙岭斜冲断裂带控制，为控岩构造，该断裂两侧次级层间构造破碎带、裂隙带是容矿构造。上奥陶统放牛沟大理岩、片理化安山岩及安山质凝灰岩控矿。海西早期同熔型花岗岩为控矿岩体。

2.矽卡岩型

该类型硫铁矿主要分布在吉黑造山带大黑山条垒南部，永吉倒木河—头道沟地区，推测成矿时代为燕山期。矿体基本呈互相平行排列，在垂直方向上大致呈斜列式排列。矿体形态大致呈似脉状、扁豆状和透镜状。成矿物质来源以燕山晚期花岗岩浆活动带来成矿物质为主，在岩浆上侵的同时交代下古生界呼兰（岩）群头道岩组变质岩系所形成。北东向断裂是主要的控矿和储矿构造。

3.沉积变质型

该类型硫铁矿主要分布在白山—通化地区的热闹—青石、上甸子—七道沟地区，成矿时代为前寒武纪（古元古代），矿床内主要矿体组成了一个北东-南西向的中央矿带，各矿体或矿脉之间在平面上和剖面上均呈雁行式排列，具有尖灭侧现或尖灭再现特点。矿体为变化不大的脉状矿体，矿体倾角普遍较陡，个别矿体在倾向上有扭曲现象。

4.沉积型

该类型硫铁矿主要分布在吉林地区的桦甸市西台子地区，成矿时代为燕山晚期。含矿层呈层状连续分布，矿体分布较为规律，连续稳定，但在局部变化较大，有尖灭再现现象。

第三章　吉林省遥感影像特征

第一节　遥感数据处理

一、遥感数据选择

美国陆地卫星 ETM 数据共 8 个波段,其中 B1—B5、B7 波段为多光谱波段,地面分辨率 30m;8 个波段均为全色波段,地面分辨率 15m(表 3-1-1),对其全色波段与之光谱波段进行融合处理,可形成地面分辨率为 15m 的遥感影像图,满足中小比例尺地质构造解译需求。该类数据覆盖面积大,视域广,每景覆盖面积为 185km×185km,吉林省覆盖全省的 ETM 数据仅需 22 景,认为该类数据是进行省级地质构造调查的最佳选择。本次选择的 ETM 数据景号及接收时间见表 3-1-2。

表 3-1-1　Landsat7 卫星数据光谱参数特征一览表

波段		波长范围/μm	分辨率/m	光谱信息识别特征及实用范围
B1	蓝绿波段	0.45～0.52	30	能反映岩石中铁离子叠加吸收光谱,为褐铁矿、铁帽特征识别谱带,但因大气影响图像分辨率较差
B2	绿色波段	0.52～0.60	30	对水体有一定的穿透能力,可用于水下地形、环境污染、植被识别,但受大气影响图像质量相对较差
B3	红色波段	0.63～0.69	30	对岩石地层、构造、植被等有较好显示
B4	近红外	0.76～0.90	30	为植被叶绿素强反射谱带,反映植被种类、第四系含水量差异。实用于岩性区分、构造隐伏地质体识别,地貌细节显示较清楚
B5	中红外	1.55～1.75	30	为水分子强吸收带,适用于调查地物含水量、植被类型区分;地质构造、隐伏断裂识别及冰川、雪识别等
B6	热红外	10.40～12.50	60	为地物热辐射波段,图像特征取决于地物表面温度及热红外发射率,可用于地热制图、热异常探测、水与植被热强确定
B7	中红外	2.09～2.35	30	为烃类物质、蚀变岩类和含羟基蚀变矿物吸收谱带,用于区分热蚀变岩类、含油气信息识别、岩性和地质构造解译
B8	微米全色	0.52～0.90	15	为 15m 分辨率的黑白图像,用于增强分辨率,提供分辨能力

表 3-1-2　吉林省 ETM 数据一览表

序号	行号	列号	接收时间
1	114	30	2000.10.15
2	114	31	2000.10.15

续表 3-1-2

序号	行号	列号	接收时间
3	115	29	2000.10.22
4	115	30	1999.09.02
5	115	31	2003.02.01
6	116	29	2003.02.01
7	116	30	2000.06.23
8	116	31	2003.01.07
9	117	29	2003.01.07
10	117	30	2001.11.17
11	117	31	1999.10.18
12	117	32	2003.04.04
13	118	28	2003.04.04
14	118	29	2001.07.24
15	118	30	2000.10.15
16	118	31	2000.10.15
17	119	28	2000.10.22
18	119	29	1999.09.02
19	119	30	2003.02.01
20	120	28	2003.02.01
21	120	29	2000.06.23
22	121	28	2003.01.07

二、遥感数据预处理

数据图像是不同亮度值像元的行、列矩阵数据，其最基本的特点就是像元的空间坐标和亮度取值都被离散化了，即只能取有限的、确定的值，所以，离散和有限是数字图像最基本的数学特征。遥感数据处理，就是依据数字图像的特征，构造各种数字模型和相应的算法，由计算机进行运算处理，进而获得更加有利于实际应用的输出图像及有关数据和资料。遥感数据处理主要包括以下几方面内容：

（1）图像恢复处理。旨在改正或补偿成像过程中的辐射失真、几何畸变、各种噪声及高频信息的损失等，包括原始数据准归一化处理、数据融合、几何校正、图像镶嵌与裁切等。

原始数据准归一化处理包括大气径辐射校正、太阳高度角校正、日地距离校正及增益校正，将原始数据归一为同一比例尺的视反射率值（每一 DN 代表 0.2% 或 0.25% 视反射率），其目的是改进相邻景处理结果的可比性及拼图的色调一致性。

从 ETM 原始数据中查看各景数据的基本信息，包括数据获取时间、太阳高度角、各波段获取时的灵敏度，通过全图统计获取各波段的最小值和最大值。根据各波段最小值将其移至零点，完成径辐射校正。

对能够获取灵敏度的数据利用视反射率换算系数 $K = G_K(\%) \times d^2 / (\sin\varphi \times G)$ ［式中：$G_K(\%)$ 为各波段的灵敏度；d 为日地天文单位距离；φ 为太阳高度；G 为视反射率，一般为 0.2% 或 0.25%］计算各波段的视反射率换算系数，并用其乘以拉伸后的对应波段，完成准归一化处理。

对不能获取灵敏度的数据，在各波段做径辐射校正，并通过各波段最大值做无损失拉伸。

（2）数据融合。数据融合是将低分辨率多光谱数据与高分辨率的单波段遥感数据重采样，生成一幅高分辨率多光谱遥感图像的处理技术，使得处理后的影像既有较高的分辨率，又具有多光谱特征。

利用选择好的 22 景 ETM 数据通过计算机录入,将各景数据的 1—5、7 波段数据分别与 8 波段数据采用主成分变换法进行融合处理,形成 22 景地面分辨率为 15m 的多光谱数据。

(3)几何校正与数字镶嵌。遥感图像成像时,由于成像投影方式、传感器外方位元素变化、传感介质不均匀、地球曲率、地形起伏、地球旋转等因素的影响,遥感图像存在一定的几何变形。需利用地面控制点,采用多项式模型校正方法,消除原始影像的空间几何畸变,并将影像转换到地图投影系统。本次利用 1∶5 万地形图作为图像校正的地理底图,并以 126°为界分为东、西两部分,两侧均采用克拉索夫斯基(1940 年)椭球参数,高斯-克吕格投影,6 度分带,投影原点纬度 0°,中央经线比例变形因子 1.00,假东偏移 500 000m,假北偏移 0.00,西侧投影原点经度 E123°00′00″,东侧投影原点经度 E129°00′00″,对各景数据进行几何校正,校正精度完全控制在一个像元内,采用无缝合线、全景羽化色调进行镶嵌,形成吉林省东、西两部分遥感影像镶嵌图。

对吉林省东、西两侧镶嵌图像分别投影为兰勃特等角圆锥投影,投影原点经度 E126°30′00″、投影原点纬度 E40°40′00″、标准割纬度 1(42°00′00″)、标准割纬度 2(46°00′00″)。对投影变换后的图像再次拼接并进行线性增强处理,形成吉林省 ETM 遥感影像镶嵌图。

三、遥感影像图制作

从吉林省 1∶25 万地理底图中提取省界、重要城市以及重要水系后,利用省界对经兰勃特等角圆锥投影并拼接的吉林省 ETM 遥感影像镶嵌图进行裁切,并将裁切后的图像分别转换为 *.geotiff 格式和 *.msi 格式图像,在 MapGIS 支持下对 *.msi 格式图像转换为 1∶50 万比例尺后,加以图名、比例尺、经纬网及一些地理要素后,输出为吉林省 1∶50 万遥感影像图(图 3-1-1)。

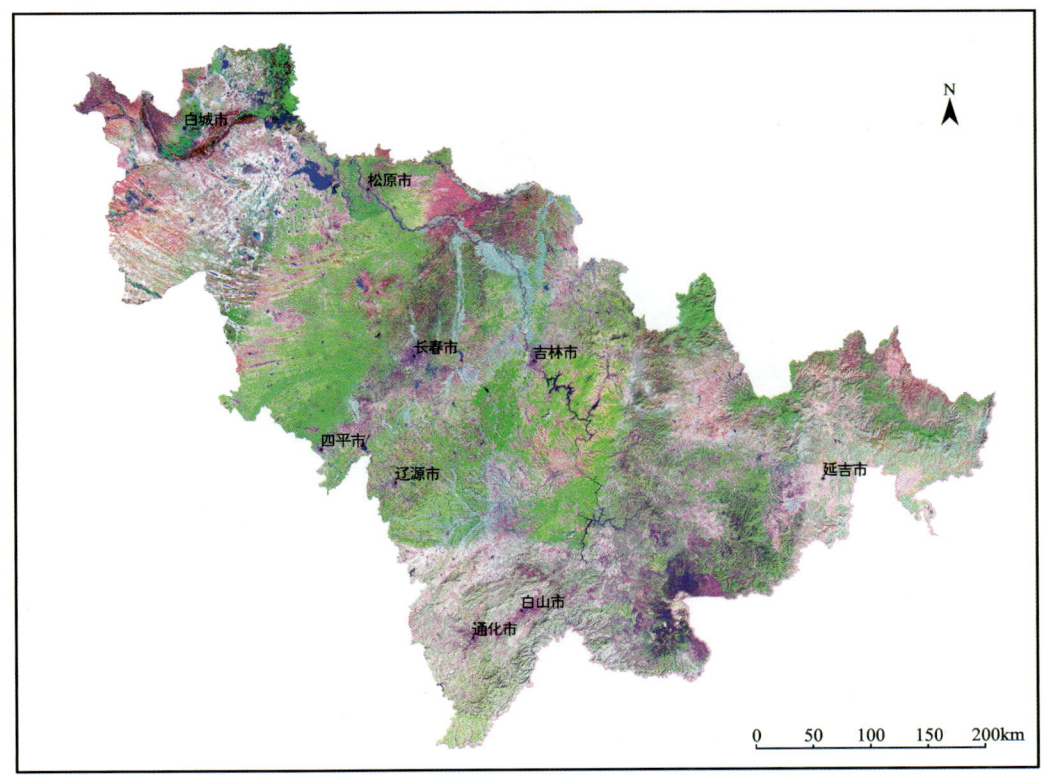

图 3-1-1　吉林省遥感影像图

第二节 遥感影像特征

一、吉林省地貌分区及其遥感特征

吉林省的遥感影像特征可按地貌类型分为长白山中低山区（图 3-2-1），包括张广才岭、龙岗山脉及其以东的广大区域，遥感图像上主要表现为绿色、深绿色，中山地貌。除山间盆地谷地及玄武岩台地外，其他地区地形切割较深，地形较陡，水系发育；长白低山丘陵区，西部以大黑山西麓为界，东至蛟河-辉发河谷地，多为海拔 500m 以下的缓坡宽谷的丘陵组成，沿河一带发育成串的小盆地群或长条形地堑，其遥感影像特征主要表现为绿色—浅绿色，山脚及盆地多显示为粉色或藕荷色，低山丘陵地貌，地形坡度较缓，冲沟较浅，植被覆盖度为 30%～70%；大黑山条垒以西至白城西岭下镇，为松辽平原部分，东部为台地平原区，又称大黑山山前台地平原区，地面高度在 200～250m 之间，地形呈波状或浅丘状；西部为低平原区，又称冲积湖积平原或低原区，该区地势最低，海拔为 110～160m，为大面积冲湖积物，湖泊周边及古河道发生极强的土地盐渍化，遥感图像上显示为粉色、浅粉色及粉白色，西南部发育土地沙化，呈沙垄、沙丘等，遥感图像上为砖红色条带状或不规则块状；岭下镇以西，为大兴安岭南簏，属低山丘陵区，遥感图像上显示为红色及粉红色，丘陵地貌，多以浑圆状山包显示，冲沟极浅，水系不甚发育。

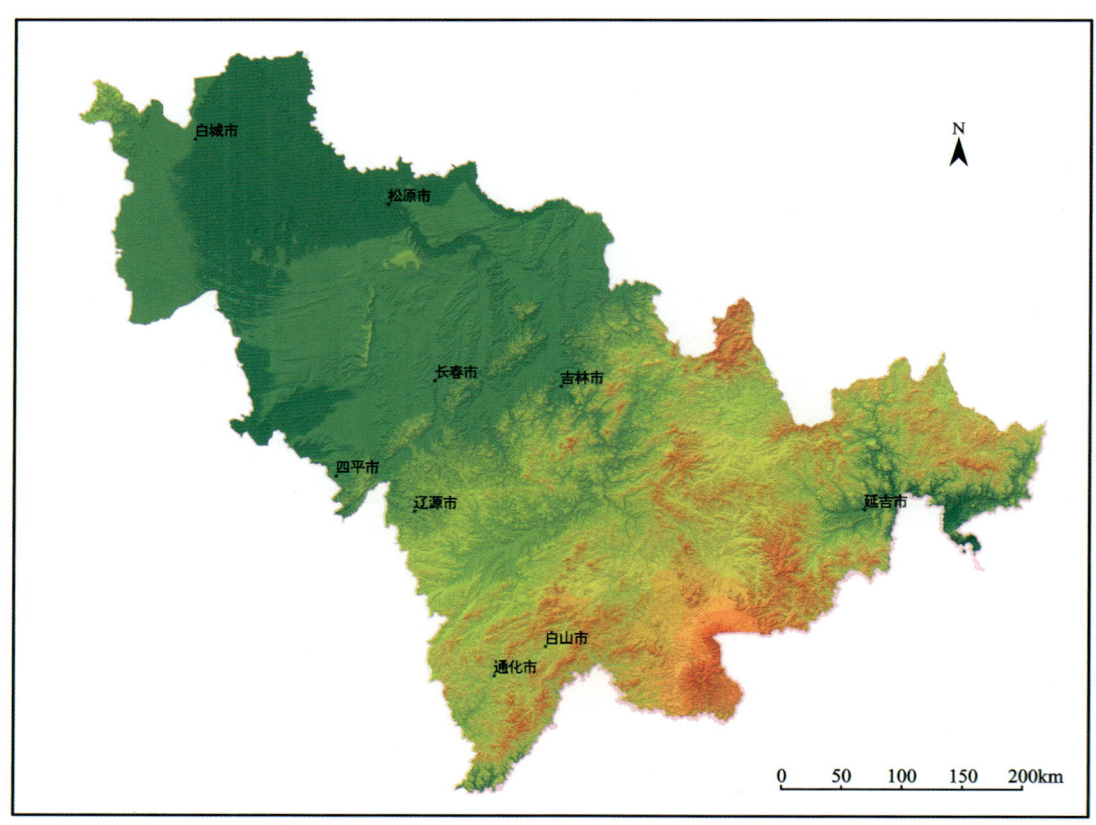

图 3-2-1　吉林省彩色地势图

二、吉林省区域地表覆盖类型及其遥感特征

吉林省遥感影像图是利用 2000—2002 年接收的吉林省境内 22 景 ETM 数据经计算机录入、融合、校正并镶嵌后，选择 B7、B4、B3 三个波段分别赋予红色、绿色、蓝色后形成的假彩色图像。长白山中低山区及低山丘陵区，植被覆盖度高达 70%，并且多以乔木林、灌木林为主，遥感图像上主要表现为绿色、深绿色；盆地或谷地主要表现为粉色或藕荷色，主要被农田覆盖；松辽平原区，东部为台地平原，此区为大面积新生界冲洪积物，是吉林省重要产粮基地，地表被大面积农田覆盖，遥感图像上为绿色或紫红色；西部为低平原区，为大面积冲湖积物，湖泊周边及古河道发生极强的土地盐渍化，西南部发育土地沙化，呈沙垄、沙丘等，遥感图像为砖红色条带状或不规则块状；岭下镇以西，为大兴安岭南麓，属低山丘陵区，植被较发育，多以低矮草地为主，遥感图像上显示为浅绿色或浅粉色。

第四章　吉林省遥感地质构造特征

随着科学技术的不断进步以及"3S"技术的飞速发展,遥感技术越来越被重视并已广泛应用到各领域中,2007—2013年全国矿产资源潜力评价项目中,遥感解译成果作为评价因子之一为各省矿产资源评价提供了重要依据,吉林省矿产资源潜力评价项目中,通过遥感手段完成的吉林省构造解译图,重新厘定了吉林省区域构造格架,总结了环形构造分布规律以及断裂构造、环形构造与区域成矿的关系,为吉林省矿产资源潜力评价提供了重要依据。

第一节　线性构造遥感解译

一、线形构造解译标志

线形构造包括断裂构造、脆-韧性变形构造、逆冲推覆构造、褶皱轴、线性构造蚀变带等基本构造类型。其中断裂构造可划分4个层次:① 巨型断裂——板块缝合带(超岩石圈断裂);② 大型断裂——深大断裂(岩石圈断裂);③ 中型断裂——地质构造上的分区断裂或大区域范围内的知名断裂;④ 一般断裂——遥感线性影像特征与地质特征较明显,分布无规律的小型断裂。脆-韧性变形构造主要是指岩层/地层中的韧性变形带,具有一定方向各延伸规模的节理、劈理、小断裂密集带以及岩体内部或接触带附近引发的韧性剪切带。

吉林省地跨两个构造单元,大致以开原—山城镇—桦甸—和龙连线为界,南部为中朝准地台,北部为天山-兴安地槽区,槽台之间为一条规模巨大的超岩石圈断裂带(华北地台北缘断裂带),遥感图像上主要表现为近东西走向的冲沟、陡坎、两种地貌单元界线,并伴有与之平行的糜棱岩带形成的密集纹理。吉林省境内的大型断裂全部表现为北东走向,它们多为不同地貌单元的分界线,或对区域地形地貌有重大影响,遥感图像上多表现为北东走向的大型河流、两种地貌单元界线,北东向排列陡坎等。吉林省的中型断裂表现在多方向上,主要有北东向、北西向、近东西向和近南北向,它们以成带分布为特点,单条断裂长度十几千米至几十千米,断裂带长度几十千米至百余千米,其遥感影像特征主要表现为冲沟、山鞍、洼地等,控制二、三级水系。小型断裂遍布吉林省的低山丘陵区,规模小,分布规律不明显,断裂长几千米至十几千米或数十千米,遥感图像上主要表现为小型冲沟、山鞍或洼地。

二、线形构造遥感解译成果

吉林省地质构造遥感解译,共解译线要素721条,其中包括遥感断层要素612条、遥感脆韧性变形构造带要素109条(图4-1-1)。

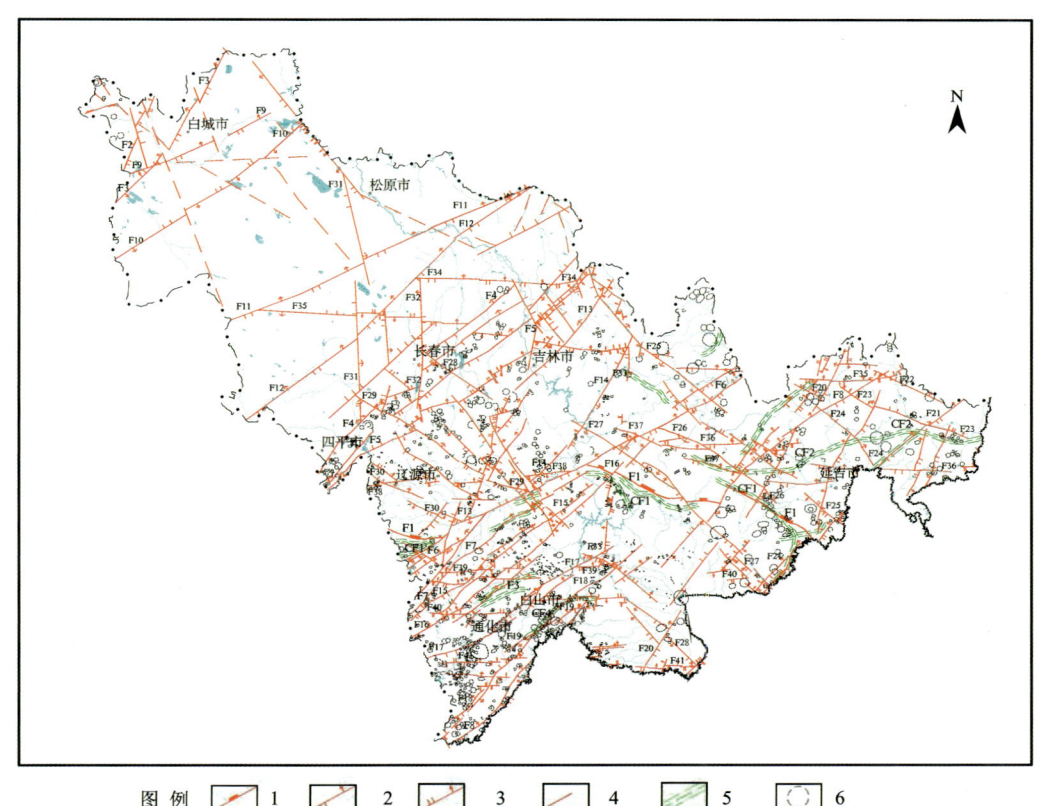

图 4-1-1　吉林省 1∶50 万遥感构造解译图

1.板块缝合带；2.逆断层；3.正断层；4.性质不明断层；5.韧性剪切带；6.环形构造

吉林省线性构造分为遥感断层要素和遥感脆韧性变形构造带要素两种。

（一）断层要素

在遥感断层要素解译中按断裂的规模、切割深度、断裂对地质体的控制程度，结合已知的地质资料，依次划分为巨型、大型、中型和小型 4 类。

1.巨型断裂（F1）

吉林省共解译解译出 1 条巨型断裂带，即华北地台北缘断裂带，又称"中朝准地台北缘超岩石圈断裂"，该断裂带横贯吉林省南部，由辽宁省西丰县进入，经海龙、桦甸、安图、和龙，向东延伸至朝鲜境内，省内长达 260km。由于受后期断裂干扰、错动，使其走向在不同地段发生北东向、北西向偏转和位移，敦化-密山岩石圈断裂带使其南东盘向北东位移约 120km，并使该断裂带变为北西西向；集安-松江岩石圈断裂使其南东盘向北东位移约 20km，并使该断裂带变为北西向。因此，该断裂带在吉林省内大体分为 3 段，分别为小四平—海龙段（西段）、柳树河子—大蒲柴河段（中段）、古洞河—白金段（东段）。

小四平—海龙段：向西由东丰县小四平伸向辽宁省，向东被敦化-密山断裂带切割，呈近东西向南凸起的较大弧形，延伸长 48.6km。断裂南侧为太古代夹皮沟群、古元古界集安（岩）群及中元古界老岭（岩）群，北侧为早古生代地槽型沉积，遥感图像上显示为两种地貌单元界线，以及北西向排列的一系列陡坎。

柳树河子—大蒲柴河段：位于敦化市柳树河子至敦化市大蒲柴河一带，北西至敦化-密山断裂，南东至集安-松江断裂，由 4 段组成北西西向宽缓的反"S"形断裂带，总延长近 120km。断裂带的主要特征是以强烈挤压逆冲为主,伴有太古宙、元古宙、古生代的酸性、基性岩浆侵入和喜马拉雅期玄武岩浆喷发。遥感图像上显示为北西向冲沟,局部为北西向排列陡坎。

古洞河—白金段:位于和龙市卧龙至龙井市白金,向东南进入朝鲜境内,与朝鲜清津断裂连为一体,向北西至集安-松江断裂带。省内延长83.24km。该段为一挤压强烈的逆俯冲断层带,太古宙仰冲于下古生界和海西晚期花岗岩之上。沿断裂带海西晚期、燕山期岩浆活动强烈,有大规模的花岗岩体展布,局部地段有基性、超基性岩体分布。遥感图像上显示为北西向大型冲沟及陡坎,局部为密集平行纹理和洼地。

2.大型断裂

在吉林省共解译出7条大型断裂带,自西向东依次为岭下-永茂断裂带、嫩江岩石圈断裂带、四平-德惠断裂带、依兰-伊通断裂带、敦化-密山断裂带、向阳-柳河断裂带和集安-松江断裂带。

(1)岭下-永茂断裂带(F2)。分布于吉林省西部岭下——永茂一带,总体走向北北东向,两端延入内蒙古,省内延长66km,为大兴安岭与松嫩平原分界线,左侧为二叠纪二长花岗岩,右侧为第四系倾斜平原。遥感图像上显示为两种地貌单元分界线,局部地质为河流直角转弯。

(2)嫩江岩石圈断裂带(F3)。北起黑龙江省嫩江以北齐齐哈尔,向南经泰赉县进入吉林省白城西部,再经洮南伸向省外,省内延长近160km。分布在第四系中,为一条隐伏的断裂。该断裂带可能与岭下-永茂断裂带共同组成大兴安岭与松嫩平原分界线,遥感图像上显示为北北东向古河道吉林省内为一条隐伏的断裂。

(3)四平-德惠断裂带(F4)。分布于吉林省中部四平—长春—德惠—榆树西一线,总体走向北东25°~30°,向北进入黑龙江省,向南进入辽宁省,省内延长达300km。为松辽平原与大黑山条垒分界线,即"松辽盆地东缘断裂",沿此断裂古新世早期玄武岩浆喷发活动强烈,形成如范家屯平顶山、尖山和大屯富峰山、小南山等火山锥,遥感图像上显示为北东向冲沟、色线及系列陡坎,两个地貌单元分界线。

(4)依兰-伊通断裂带(F5)。位于二龙山水库—伊通—双阳—舒兰,呈北东向延伸,向北进入黑龙江省,向南进入辽宁省,省内延长约260km。该断裂带在吉林省内是由东、西两支近于平行的断裂构成的,两断裂之间为一狭长槽地,西侧断裂位于伊通-乌拉街槽地西缘与大黑山条垒交界,东侧断裂为伊通-乌拉街槽地东缘,两条断裂间的狭长槽地中堆积巨厚的新生代陆相碎屑岩。断裂带两侧的老地层和侵入岩向新生代槽地仰冲,槽地下降而接受新生代沉积物。遥感图像上显示为两条北东走向的槽形谷地,谷地两侧为低山丘陵。

(5)敦化-密山断裂带(F6)。该断裂带由辽宁省清源进入吉林省,越海龙县山城镇—辉南—桦甸—敦化一线呈北东方向延入黑龙江省,省内长近360km。由两条近于平行的高角度逆断层构成,并相向对冲。西支断裂:山城镇一带表现为太古代地层逆冲在古近系—新近系和白垩系之上,桦甸一带表现为下古生界、石炭系、海西期和燕山期花岗岩逆冲到侏罗系—白垩系之上。东支断裂:南段位于柳河盆地西侧,古老的太古宙逆覆于中生代地层之上。该断裂带除具逆冲特点外,还有左旋特点,东盘向北东移动约120km。遥感图像上显示为两种地貌单元界线及北东向排列一系列陡坎。

(6)向阳-柳河断裂带(F7)。该断裂带自辽宁省新宾地区进入吉林省,经向阳—安口镇—柳河一线后,被敦化-密山断裂带截断,省内延长约120km。该断裂带主要由两条近于平行的断裂组成,控制中新生界盆地分布,两侧为太古代变质岩系。遥感图像上主要显示为北东向排列陡坎及两种地貌单元分界线。

(7)集安-松江断裂带(F8)。该断裂带由辽宁省沿鸭绿江进入吉林省通化地区的集安,向北东经延边地区的松江—明月镇,越天桥岭伸向省外进入黑龙江省,省内长达500km,总体走向45°~50°。该断裂带以松江一带为界分西南和东北两段,西南段为台区Ⅲ、Ⅳ级构造单元分界线,在绿江村、杨木林子屯一带控制侏罗纪地层堆积,断裂切割晚三叠世、中晚侏罗世地层及中生代侵入岩,使古老的太古宙变质岩系、震旦系与侏罗系呈压剪性断层接触;东北段由松江向北东经明月镇、庙岭、达天桥岭,以压剪性断裂为主，局部控制侏罗纪—白垩纪地层的堆积和火山活动及脉岩的侵入，它切割了槽台界线的深断裂，发生逆时针扭错，使华北地台北缘断裂带南东盘向北东位移约20km。遥感图像上主要显示为北东走向的直长冲沟、北东向排列的陡坎、北东向线状排列的山脊鞍部。该断裂带附近的次级断裂是重要的金及多金属矿产的容矿构造。

3.中型断裂

本次在吉林省境内共解译出33条中型断裂（带），各断裂（带）名称、空间分布特点及与矿产地质的关系见表4-1-1。

表4-1-1 吉林省中型断裂（带）空间分布特征表

断裂带名称	走向	岩性特征	影像特征
大通-沿江断裂带（F9）	北东	分布在第四系中	北东走向色线
兴隆-月亮泡断裂（F10）	北东	分布在第四系中	北东走向古河道及色线
大兴-蔡家沟断裂（F11）	北东	分布在第四系中	色线及色调差异及河流直流段
双辽-扶余断裂（F12）	北东	分布在第四系中	北东向河流总体走向及北东向色线色带
柳河-吉林断裂带（F13）	北北东	该断裂切割了两个Ⅰ级构造单元，切割不同时代地质体，该带及其附近矿产较为丰富，有钼、钨、铜、金、铁和多金属矿等，该带形成于侏罗世以前，但不早于晚古生代末，中生代活动较为强烈，新生代仍有活动	北东向冲沟及陡坎
桦甸-蛟河断裂带（F14）	北北东	切割奥陶纪—白垩纪地层及岩体，控制蛟河盆地总体走向，该断裂带形成于晚侏罗世，多次活动并切割敦化-密山断裂，该带与金、锰、镍矿关系密切	北东向直线状洼地及北东向冲沟
三源浦-样子哨断裂带（15）	北东	该断裂带主要由两条断裂组成，构成三源浦-样子哨断陷盆地之西北侧和东南侧边缘，属压性断裂，控制晚元古代—古生代地层沉积，南段控制三源浦-三棵榆树中生代火山盆地的西北缘。该断裂带与北西向断裂交会部位为金矿成矿有利地段	北西西向较宽冲沟，通过山脊鞍部
富江-景山断裂带（F16）	北东	由两条主要断裂和数条与之平行的断裂组成，切割自太古宙至白垩系及岩体，断裂带西南段，晚侏罗世辉长岩岩株成群分布	北东向冲沟，陡坎，通过山脊鞍部
大川-江源断裂带（F17）	北东	由通化县向北东经白山至抚松后被第四纪玄武岩覆盖，向西南进入辽宁省，由数十条近于平行的断裂构造组成，为一条中段宽、两端窄的较大型断裂构造带，中部较宽部位是重要的铁矿成矿带，其边部及两端收敛部位为金及多金属矿产聚集区	北东向排列陡坎及小冲沟，错断山脊

续表 4-1-1

断裂带名称	走向	岩性特征	影像特征
大路-仙人桥断裂带（F18）	北东	为一条北东南西向较大型波状断裂带，切割自太古宇—侏罗纪的地层及岩体，同时对中元古界、晚元古界和古生界的沉积有控制作用，为一条具有多期活动特点的断裂构造带。该断裂带与其他方向断裂交会部位，为金及多金属矿产形成的有利部位	北东向排列陡坎及小冲沟
果松-花山断裂带（F19）	北东	切割中、古元古界及侏罗纪火山岩，三道沟北，太古宙花岗片麻岩逆冲于元古宇珍珠门岩组大理岩之上。沿断裂带有小型铁矿、铅锌矿、金矿分布	北东向色线、洼地、陡坎等
望天鹅-春阳断裂带（F20）	北东	该断裂带切割中生界和新生界及岩体，控制晚侏罗世—早白垩世春阳盆地的展布，望天鹅及白头山火山口分布在该带上	北东向冲沟及陡坎，通过山脊鞍部
长白-图们断裂带（F21）	北东	分布于吉林省东南部中朝边界附近呈北东向展布，由 2～5 条近于平行的压性断裂组成，总延长大于 350km。沿断裂带有晚二叠世中性、基性及超基性岩浆侵入，沿断裂带分布有铁、铅锌、铜、钼矿点，朝鲜惠山铜矿分布在该带上	北东向冲沟及陡坎
桶子沟-六道崴子断裂（F22）	北西	切割晚二叠世—早白垩世地层及岩体。北西向折线状冲沟及洼地	北西向折线状冲沟及洼地
鸡冠-复兴断裂带（F23）	北西	切割晚二叠世—白垩纪地层及岩体，复兴东南，珲春组砂砾岩沿该断裂带方向展布	北西向折线状冲沟及洼地
春阳-汪清断裂带（F24）	北西	断裂带南段海西期花岗闪长岩普遍片理化；中部控制侏罗纪—白垩纪火山岩呈北西向线状分布；北段天桥岭一带由于该断层东北盘相对西南盘发生顺时针错动，使北东走向的二叠系和上三叠统发生 2～3km 位移	北西向冲沟及洼地，通过山脊鞍部
新安-龙井断裂带（F25）	北西	断层切割海西晚期和印支期花岗岩及晚二叠世地层，断裂东南段即蛟河东南一带沿断裂有新生代玄武岩岩浆喷出	北西向较直冲沟及洼地
红石-西城断裂带（F26）	北西	切割古元古界地层及中生界岩体，晚侏罗世安山岩沿断裂带方向呈长条状展布，早白垩世闪长岩、侏罗纪正长岩岩株沿断裂带侵入	以北西走向冲沟为主，通过山脊鞍部
丰满-崇善断裂带（F27）	北西	由吉林丰满向东南经横道子切过敦化-密山断裂带并进入台区，再经崇善后进行朝鲜，断裂带切割由二叠系组成的北东向褶皱及中新生代地层，沿断裂带有第四纪玄武岩溢出。断裂带内有金、铁、钼矿点分布	北西向折线状冲沟、洼地，通过山脊鞍部

续表 4-1-1

断裂带名称	走向	岩性特征	影像特征
双阳-长白断裂带（F28）	北西	北段西南侧七顶子—磐石一带，为燕山早期的花岗岩带和基性岩体群；中段石嘴红旗岭、黑石一带，众多的燕山早期花岗岩小岩株和海西期基性—超基性岩体群均沿此断裂带呈北西向展布。该带内分布有多处金、铜矿床(点)	北西向折线状冲沟及洼地
伊通-辉南断裂带（F29）	北西	断裂切割早古生界地质体及海西晚期、燕山早期花岗岩，沿断裂有花岗斑岩、流纹斑岩等次火山岩侵入和石英脉填充，老母猪山-团山子基性岩体群沿断裂走向展布	北西向较大型河流直流段，通过多处山脊鞍部
辽源-东丰断裂带（F30）	北西	沿断裂带有成群的燕山期花岗岩岩株侵入，建安火山岩带亦受此断裂带控制	北西向较宽冲沟、洼地及北西向排列陡坎
长山-公主岭断裂带（F31）	近南北	分布在第四系中	南北陡坎，两种地貌单元界线，南北向色线、色带
伊通河断裂（F32）	南北	分布在第四系中，控制伊通河总体走向	近南北走向的色带、色线，局部为两种地貌单元界线
抚松-蛟河断裂带（F33）	近南北	切割两个Ⅰ级构造单元地质体，蛟河盆地分布在该断裂带上，该断裂带与其他方向断裂交会部位，为金及多金属矿产形成的有利部位	近南北向河流直流段及南北向排列陡坎
德惠-舒兰断裂带（F34）	东西	西段分布于第四系中，东段切割晚二叠世、早三叠世地层及岩体以及白垩纪地层	东西向色线、色带
长岭-罗子沟断裂带（F35）	东西	断层成群出现，省内延长540km，控制燕山期岩浆活动和晚三叠世的火山喷发及沉积以及蛟河县附近的中基性岩浆的侵入活动，断裂带附近的次级断裂上分布一些铁、铜、钼矿点	暗色色带、河流直流段及东西走向冲沟
敦化-杜荒子断裂带（F36）	东西	西段汪清—复兴一带的晚三叠世火山岩及杜荒子一带的新近系受此断裂控制，同时走向东西的脉岩群十分发育，东段尚有海西晚期东南岔基性岩侵入。该带与北东向、北北东向断裂交会部位，为金及多金属成矿的有利部位	东西向冲沟、洼地及陡坎，通过山鞍
江源-新合断裂带（F37）	北西西	该断裂带对新元古界青龙村(岩)群有明显的控制作用，但对其和寒武纪—三叠纪地层及岩体进行切割，为一条形成较早、后期又有活动的断裂构造带	北西西向洼地及折线状冲沟
东辽-桦甸断裂带（F38）	东西	切割侏罗纪以前的地层及岩体，被敦化-密山断裂带截断	东西向洼地及冲沟，通过山脊鞍部

续表 4-1-1

断裂带名称	走向	岩性特征	影像特征
柳河-靖宇断裂带（F39）	东西	主要分布于太古宙绿岩地体中，金龙顶子玄武岩在该带上呈近东西向展布，该带东段南坪组黑色斑状和巨斑状玄武岩（现代火山口）成群分布	近东西向细小冲沟及色线
兴华-白头山断裂带（F40）	北东东	断裂带西段切割地台区老基底岩系、古生代盖层及中生代地层。该断裂带又控制晚三叠世中酸性火山岩的分布。沿断裂带侵入燕山期和印支期花岗岩，断裂西段柳河县向阳镇一带有燕山早期基性岩侵入。该带与北东向断裂交会处为重要的金及多金属成矿区	沿窄沟方向延伸，有陡坎
头道-长白山断裂带（F41）	东西	该断裂带为太子河-浑江陷褶断束和营口-宽甸台拱两个Ⅲ级构造单元的分界线，断裂切割元古界、古生界及侏罗系，并切割海西期、燕山期侵入岩。该带与其他方向断裂交会部位是重要的金及多金属成矿区	东西向冲沟及陡坎

（二）脆韧性变形构造带

遥感脆韧性变形构造带要素解译类型全部为脆韧变形趋势带，而按其成因分为节理劈理断裂密集带构造 17 条，区域性规模脆韧性变形构造 92 条。区域性规模变形构造分布有明显的规律性，多与大规模断裂带相伴生，形成脆韧性变形构造带。本次在吉林省境内共解译出 4 条规模较大的脆韧性变形构造带。

1. 华北地台北缘脆韧性变形构造带（CF1）

华北地台北缘脆韧性变形构造带为一条与华北地台北缘断裂带相伴生的巨型变形构造带，并且主要分布于台区一侧，多呈弧形或波状出现，局部地段表现为多条变形构造平行分布。该带在空间上与金矿的关系极为密切，尤其是台区一侧的弧形变形带，为金矿成矿极有利地段。

2. 贤儒镇-春化脆韧性变形构造带（CF2）

贤儒镇-春化脆韧性变形构造带为本次新解译出的规模较大的变形构造带，该带西自贤儒镇起，经新合乡北、十里坪、春化后进入俄罗斯，省内延长约 250km，为一条大型波状变形构造带。该带北侧为一重要的金矿成矿区（带）。

3. 二密-板石脆韧性变形构造带（CF3）

二密-板石脆韧性变形构造带形成于富江-景山断裂带与大川-江源断裂带之间，数条北东约 60°方向变形构造平行分布，该带与铁矿、金矿均有较密切的关系。

4. 红土崖-桦树镇脆韧性变形构造带（CF4）

南段与果松-花山断裂带重合，中段与大路-仙人桥断裂带重合，北段与兴华-白头山断裂带重合，为一条总体走向北东的"S"形变形带,该带与金、铁、铜、铅、锌矿产均有密切的关系。

第二节 环形构造遥感解译

一、环形构造影像标志

吉林省的环状构造比较发育,遥感图像上多表现为环形或弧形色线、环状冲沟、环状山脊,偶尔可见环形色块,其规模从几千米到几十千米,大者可达数百千米,其分布具有较强的规律性,主要分布于北东向线性构造带上,尤其是该方向线性构造带与其他方向线性构造带交会部位,环形构造成群分布;块状影像主要为北东向相邻线性构造形成的挤压透镜体以及北东向线性构造带与其他方向线性构造带交会,形成菱形块状或眼球状块体,其分布明显受北东向线性构造带控制。

二、环形构造遥感信息提取

吉林省境内的环形构造比较发育,在全省1:50万遥感构造解译图上共圈出1310个环形构造。它们在空间分布上有明显的规律,多在不同方向断裂带交会部位形成多重环或复合环,仅265个环形构造呈单环出现。按其成因类型分为11类,主要有与隐伏岩体有关的环形构造685个,中生代花岗岩类引起的环形构造258个,古生代花岗岩类引起的环形构造107个,火山口145个,火山机构或通道15个,闪长岩类引起的环形构造19个,基性岩类引起的环形构造7个,褶皱引起的环形构造11个,浅成、超浅成次火山岩体引起的环形构造7个,断裂构造圈闭的环形构造1个和成因不明55个。

吉林省境内已知的铁、金及多金属矿产在空间分布上多与环形构造有密切的关系,多分布于环形构造内部或边部,各矿床与环形构造关系见表4-2-1。

表4-2-1 已知矿床与环形构造关系表

序号	矿床名称	与环形构造关系	备注
1	塔东铁矿	秃顶子林场环形构造1西侧边部	与隐伏岩体有关
2	山门银矿	叶赫镇西北环形构造9东南边部	北东向糜棱岩带上
3	放牛沟多金属矿	莫里青乡三个环形构造相交处	与隐伏岩体有关
4	王家油房铜矿	莫里青乡环形构造4内部	与隐伏岩体有关
5	孟家沟多金属矿	莫里青乡环形构造10东南侧边缘	与闪长岩体有关
6	西大城铜矿	乐山镇环形构造3北侧边缘	与隐伏岩体有关
7	东风铜铁矿	新安镇北环形构造3西北侧	与隐伏岩体有关
8	兰家金矿床、东风铁矿	新安镇北环形构造3边部	与隐伏岩体有关
9	新立屯多金属矿	新立屯环形构造2南侧	与隐伏岩体有关
10	地局子铅锌矿	吉庆屯环形构造北侧	与闪长岩体有关
11	横道河子乡胜利村金矿	横道河子乡环形构造	与花岗岩有关
12	二道甸子金矿	二道甸子镇环形构造南侧	与花岗岩有关
13	香炉碗子金矿	水道镇南环形构造1内部	与隐伏岩体有关

续表 4-2-1

序号	矿床名称	与环形构造关系	备注
14	吉乐乡卧龙大队铁矿	候家村环形构造 3 北东侧	与隐伏岩体有关
15	赤柏松铜镍矿	通化县西环形构造 2 东侧	与隐伏岩体有关
16	金斗镍矿	通化县西环形构造 1 北侧	与隐伏岩体有关
17	石家铺子金矿、跃进金矿、通化南金矿	金厂镇环形构造 4 边部及与金厂镇环形构造 5 相交处	与隐伏岩体有关
18	龙胜金矿	龙岗村环形构造边部	与花岗岩体有关
19	砬子沟铁矿	金厂镇环形构造 15 边部	与花岗岩体有关
20	清河铁矿	黑窝环形构造 3 边部	与隐伏岩体有关
21	复兴屯铜金矿、正岔铅锌矿、西岔金矿床、金厂沟金矿床、西岔金矿床	大泉环形构造群内部	与花岗岩体及隐伏岩体有关
22	白山市板庙子金矿	新立村环形构造边部	与隐伏岩体有关
23	白山市六道江铜矿	驮道村环形构造 2 边部	与隐伏岩体有关
24	刘家堡-狼洞沟金银矿	六道江镇环形构造 2 边部	与隐伏岩体有关
25	江源县小石人金矿	大镜沟乡环形构造 1 边部	与隐伏岩体有关
26	临江市臭松沟金矿	五道小沟环形构造	与隐伏岩体有关
27	通化县先锋金矿	东来乡环形构造 3 边部	与隐伏岩体有关
28	通化南岔铁矿、吉林省通化县南岔金矿	冰沟环形构造交会部位	与隐伏岩体有关
29	黄仙沟铁矿	二道阳岔环形构造 1 边部	与隐伏岩体有关
30	西葫芦铁矿	台上镇东北环形构造 2 边部	与隐伏岩体有关
31	小青沟铅锌矿	二道阳岔环形构造 7 内部	与花岗岩体有关
32	下活龙金矿	下活龙村环形构造附近	与隐伏岩体有关
33	矿洞子铅锌矿	门东岔环形构造 1 边部	与隐伏岩体有关
34	二道河子铁矿	七道沟镇两个环形构造相切部位	与隐伏岩体有关
35	七道沟铁矿	七道沟镇环形构造 3 内部	与隐伏岩体有关
36	南岔金矿	冰沟三个环形构造交会处	与隐伏岩体有关
37	先锋金矿	东来乡环形构造 3 边部	与隐伏岩体有关
38	四道沟铁矿	四道沟村环形构造 2 内部	与隐伏岩体有关
39	二道江铁矿	南岔环形构造 3 边部	与隐伏岩体及北东向糜棱岩带有关
40	通化长春沟铁矿	马当镇环形构造 6 附近	与花岗岩体有关
41	四方山铁矿	湖上环形构造 2 边部	与隐伏岩体及北东向糜棱岩带有关
42	双驴岭铁矿	上大榆树环形构造 2 边部	与隐伏岩体有关
43	弯月东山金矿	椅山乡环形构造边部	与花岗岩体有关
44	吉昌铁矿、大汞洞铁矿	幸福村环形构造 2 内部及边部	与花岗岩体有关
45	桦甸王家店金矿	张家环形构造 2 边部	与隐伏岩体有关

续表 4-2-1

序号	矿床名称	与环形构造关系	备注
46	那尔轰镇金矿	那尔轰镇南环形构造边部	与隐伏岩体有关
47	天合兴铜矿	赤松乡西环形构造边部	与隐伏岩体有关
48	老岭铁矿	铁石沟环形构造边部	与隐伏岩体有关
49	荒沟山铅锌矿、天湖沟铅锌矿、荒沟山金矿床、临江市错草沟金矿、临江市天后沟铅锌矿	红土崖镇东环形构造4边部	与隐伏岩体及北东向糜棱岩带有关
50	大横路铜钴矿床	三道沟镇北环形构造2边部	与隐伏岩体有关
51	大栗子铁矿、临江市当石沟铅锌矿	大栗子镇北环形构造交切部位	与隐伏岩体有关
52	大营铅锌矿	富民村北环形构造交切部位	与隐伏岩体有关
53	桦甸市三道沟金矿、桦甸市头道岔金矿、夹皮沟金矿床、老牛沟铁矿	夹皮沟镇西环形构造交切部位	与隐伏岩体及北东向糜棱岩带有关
54	安图海沟金矿、安图腰团铁矿	金城村环形构造3边部与周围小环形构造相切部位	与隐伏岩体有关
55	和龙兴隆银矿床	和龙镇环形构造3边部	与隐伏岩体有关
56	龙井市金谷山金矿床	咸沙洞西环形构造1内部	与花岗岩体有关
57	开山屯铬铁矿	智新镇东环形构造1内部	与隐伏岩体有关
58	小西南岔铜金矿	小西南岔多个环形构造相切部位	与隐伏岩体有关及花岗岩体有关
59	五凤山金矿	五凤村环形构造1内部	与隐伏岩体有关
60	辉南五分所铁矿、辉南太平沟铁矿	石道河镇环形构造内部及边部	与隐伏岩体有关
61	辉南县石棚沟金矿、辉南县石棚沟杉松金矿、辉南县老鹰沟金矿	楼街北东向串珠状环形构造中	与隐伏岩体有关
62	临江市老秃顶子金矿、临江市干饭盆金矿床、临江市八里沟金矿、临江市前八里沟金矿、江源县六道阳岔金矿、临江市聂家沟金矿	周家窝林场环形构造群中	与隐伏岩体有关及花岗岩体有关
63	临江市二道阳岔金矿、江源县平川金矿、江源县小四平金矿	二道羊岔环形构造内部及边部	与隐伏岩体有关
64	临江市三道沟门金矿	临江市环形构造1内部	与隐伏岩体有关
65	临江市六道沟铜钼矿	临江铜矿环形构造	与隐伏岩体有关
66	白山市乱泥塘铁矿	上乱泥塘环形构造边部	与隐伏岩体有关
67	敦化三岔子钼矿	新合乡环形构造2内部	与花岗岩体有关
68	敦化市官瞎沟铜钼矿	老头店环形构造2边部	与花岗岩体有关
69	桦甸市夹皮沟庙岭金矿	夹皮沟镇西环形构造3边部	与隐伏岩体有关
70	永吉县八台岭金银矿床	两家子乡两个环形构造相切部位	与隐伏岩体有关

第五章　吉林省遥感蚀变异常特征

第一节　数据处理

一、数据选择

为了最大限度减小绿色植被以及冰雪等对矿化信息提取的影响,本次从现有数据中按春、秋、冬、夏顺序选择了22景ETM数据(表5-1-1)为基础数据,利用"PCI"遥感图像处理软件,以"景"为单位,采用"面向特征主分量选择法"(克罗斯塔技术)对吉林省全省分三级进行地面分辨率为30m×30m的遥感羟基异常和铁染异常提取。

表 5-1-1　吉林省遥感异常提取所用数据表

行号	列号	接收时间
114	30	2002.01.31
114	31	2001.09.25
115	29	2000.10.15
115	30	2000.10.15
115	31	2000.10.22
116	29	1999.09.02
116	30	2003.02.01
116	31	2003.02.01
117	29	2000.06.23
117	30	2003.01.07
117	31	2003.01.07
117	32	2001.11.17
118	28	2002.10.26
118	29	1999.10.18
118	30	2003.04.04
118	31	2003.04.04
119	28	2000.04.02
119	29	2000.06.23
119	30	2000.06.05
120	28	2000.06.28
120	29	2001.09.19
121	28	2001.07.24

二、遥感异常提取方法

1.建立"*.pix"数据库

利用"PCI"遥感图像处理软件分别对选取的吉林省 16 景 ETM 数据的 1—5,7 波段进行计算机录入,并形成 *.pix 文件,再增加 15 个通道,其中,1—6 通道存储原始数据;7 通道存储掩模 MASK;8—13 通道分别存储 1—5,7 波段经掩膜处理、径辐射校正、准归一化校正或无损失拉伸后的数据(遥感异常提取的基础数据);14 通道存储 PCA(1,4,5,7)的第四主成分 PC4;15 通道存储 PCA(1,3,4,5)的第四主成分 PC4;16—18 通道存储 14 通道数据经异常切割及经滤波处理的羟基异常图;19—21 通道存储 15 通道数据经异常切割及经滤波处理的铁染异常图。

2.原始数据去干扰处理

利用 B1×B5 去除边框,利用 B7/B1 去除水体和地形阴影,利用 B5/B4 或 B3/B4 去除植被,利用 B3 反切割去除盐碱地及沙地。对各去除部分另做"AND"处理,存储于第 7 通道,并对其做掩膜处理。

3.准归一化处理

各波段与掩膜"AND"同时做径辐射校正。从 ETM 原始数据中查看各景数据的基本信息,包括数据获取时间、太阳高度角、各波段获取时的灵敏度,通过全图统计获取各波段的最小值和最大值(表 5-1-2)。将 7 通道分别与 1—6 通道"AND",并根据各波段最小值将其移至零点后存放到 8—13 通道中,完成去干扰处理及径辐射校正。

对能够获取灵敏度的数据利用视反射率换算系数 $K = G_K(\%) \times d^2 / (\sin\varphi \times G)$ [式中:$G_K(\%)$ 为各波段的灵敏度;d 为日地天文单位距离;φ 为太阳高度;G 为视反射率,一般为 0.2% 或 0.25%] 计算各波段的视反射率换算系数,并用其乘以拉伸后的对应波段,完成准归一化处理。

对不能获取灵敏度的数据,在各波段与掩膜"AND"同时做径辐射校正,并通过各波段最大值做无损失拉伸(表 5-1-2)。

表 5-1-2 各景数据基本信息表

景号	接收时间	太阳高度角	B1 灵敏度	B1 最小值	B1 最大值	B2 灵敏度	B2 最小值	B2 最大值	B3 灵敏度	B3 最小值	B3 最大值	B4 灵敏度	B4 最小值	B4 最大值	B5 灵敏度	B5 最小值	B5 最大值	B7 灵敏度	B7 最小值	B7 最大值
114/30	2002.01.31	25.0	H	50	255	H	29	255	H	20	255	H	14	255	H	8	88	H	6	76
114/31	2001.09.25	43.6	H	53	83	H	29	71	H	18	80	H	7	90	H	7	108	H	5	73
115/29	2000.10.15	35.1		42	122		25	117		19	116		12	172		8	226		7	163
115/30	2000.10.15	36.3		41	125		24	106		18	157		12	148		8	173		7	160
115/31	2000.10.22	62.7		60	217		41	177		32	177		22	139		15	187		12	168
116/29	1999.09.02	32.7		41	88		24	71		17	94		12	90		7	132		6	103

续表 5-1-2

景号	接收时间	太阳高度角	基本信息													
			B1			B2			B3			B4			B5			B7		
			灵敏度	最小值	最大值	灵敏度	最小值	最大值	灵敏度	最小值	最大值	灵敏度	最小值	最大值	灵敏度	最小值	最大值	灵敏度	最小值	最大值
116/30	2003.02.01	25.2	H	40	255	H	20	255	H	17	255	H	5	255	H	7	82	H	7	68
116/31	2003.02.01	26.3	H	30	255	H	20	255	H	15	255	H	5	255	H	7	98	H	6	72
117/29	2000.06.23	62.5		72	255		46	255		34	255		25	255		15	255		10	255
117/30	2003.01.07	20.9	H	45	250	H	20	231	H	20	255	H	5	227	H	7	70	H	7	58
117/31	2003.01.07	22.1	H	38	255	H	20	255	H	15	255	H	13	255	H	8	90	H	7	74
117/32	2001.11.17	28.1	H	36	111	H	15	128	H	15	143	H	6	104	H	7	135	H	7	103
118/29	1999.10.18	33.9		52	108		34	100		29	126		15	108		10	150		9	139
118/30	2003.04.04	47.2	H	65	123	H	42	124	H	25	170	L	12	79	H	9	175	H	5	163
118/31	2003.04.04	48.2	H	62	111	H	40	97	H	30	123	L	11	73	H	8	162	H	8	149
121/28	2001.07.24	61.3		62	168		39	157		30	205		9	149		8	230		7	215

（H:地面辐射高增益；L:地面辐射低增益）

4.遥感异常提取

利用 B1、B4、B5、B7 四个波段对应的准归一化校正数据或无损失拉伸数据进行主成分分析，第四主成分存储于 14 通道中，对它分三级进行异常切割，一般情况一级异常 K_σ 取 3.0，二级异常 K_σ 取 2.5，三级异常 K_σ 取 2.0，个别情况 K_σ 值略有变动，经过分级处理的 3 个级别的羟基异常分别存储于 16、17、18 通道中。

利用 B1、B3、B4、B5 四个波段对应的准归一化校正数据或无损失拉伸数据进行主成分分析，第四主成分存储于 15 通道中，对其分三级进行异常切割，一般情况下一级异常 K_σ 取 2.5，二级异常 K_σ 取 2.0，三级异常 K_σ 取 1.5，个别情况下 K_σ 值略有变动，经过分级处理的 3 个级别的铁染异常分别存储于 19、20、21 通道中。

5.遥感异常滤波

对一级羟基异常和一级铁染异常进行"3×3"滤波，对二、三级羟基异常和二、三级铁染异常进行"5×5"滤波，滤波后的数据仍放于原通道。

6.遥感异常校正

利用本项目校正并镶嵌的吉林省 ETM 遥感图像作为参考图像，通过遥感异常提取的 *.pix 数据库中原始数据所成图像与参考图像对照，每景采集 15～20 个控制点，用二次多项式将 *.pix 数据库中 16—21 通道数据校正成带有地理坐标的图像，形成一个新的 *.pix 遥感异常数据库文件。

7.遥感异常栅格转矢量

将校正后的 *.pix 遥感异常数据库各通道所代表的异常文件分别输出为 *.img 文件，利用 Erdas

遥感图像处理软件的栅格转矢量功能,将 *.img 栅格文件转换成 *.coverage 矢量文件,再通过 *.e00 将其变换为 *.WP 文件。

8.遥感异常拼接

利用 MapGIS 将相邻两景同种 3 个级别遥感异常矢量图层调入,在两景矿化信息提取的重叠部分划一条拼接线(拼接线划分原则:最大限度地保留异常效果较好一侧,并力求不切割图斑),并以此线为界,左侧保留左景异常,右侧保留右景异常,然后对两景异常求和。以此方法分别将全省 16 景三级羟基异常和 16 景三级铁染异常全部拼接,再以省界对其进行切割,按遥感数据模型对全省的羟基异常和铁染异常填写属性表,形成带有属性结构的全省羟基异常图层和全省铁染异常图层。

9.遥感异常组合

利用 MapGIS 的空间分析功能,首先对全省的羟基异常和铁染异常进行区对区相交分析,交集部分为羟基+铁染组合;利用羟基异常和羟基+铁染组合进行区对区相减分析,得到羟基组合;利用铁染异常和羟基+铁染组合进行区对区相减分析,得到铁染组合;对羟基组合、铁染组合进行区对区合并分析后,再与羟基+铁染组合进行区对区合并分析,组成"羟基组合""铁染组合""羟基+铁染组合"3 种遥感异常信息的图层,按遥感数据模型要求对该图层所有信息填写属性表,形成带有属性的吉林省遥感异常组合图层。

10.遥感异常网格化处理

对全省的羟基异常图层和铁染异常图层以 2km×2km 网格进行网格化处理,通过 MapGIS 的空间分析及数学运算,计算出各网格内遥感羟基(铁染)异常面积百分比,利用各网格内遥感异常面积所占比例,绘制吉林省遥感羟基(铁染)异常密度等值线图层。

第二节　编制遥感异常图件

1.编制吉林省遥感异常组合图

利用本项目制作的吉林省 ETM 遥感影像镶嵌图 4 波段形成图像作为底图,从项目组提供的 1∶25 万地理底图中提取省界、重要城市和重要水系作为图件的地理部分,添加吉林省遥感异常组合图层,加以图名、图例、比例尺等制图要素后,生成吉林省遥感异常组合图(5-2-1)。

2.编制吉林省遥感羟基(铁染)异常密度等值线图

以吉林省构造遥感解译图为背景,从项目组提供的 1∶25 万地理底图中提取省界、重要城市和重要水系作为图件的地理部分,添加吉林省遥感羟基(铁染)异常等值线图层,加以图名、图例、比例尺等制图要素后,生成吉林省遥感羟基(铁染)异常密度等值线图(图 5-2-2、图 5-2-3)。

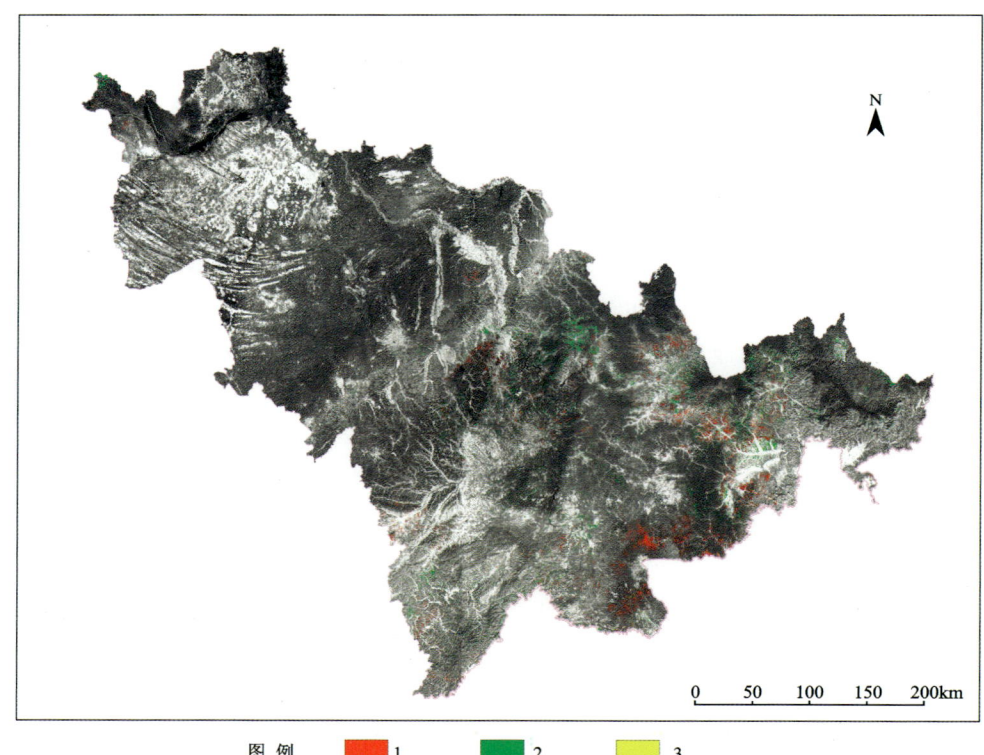

图 5-2-1 吉林省遥感异常组合图

1.羟基组合;2.铁染组合;3.羟基+铁染组合

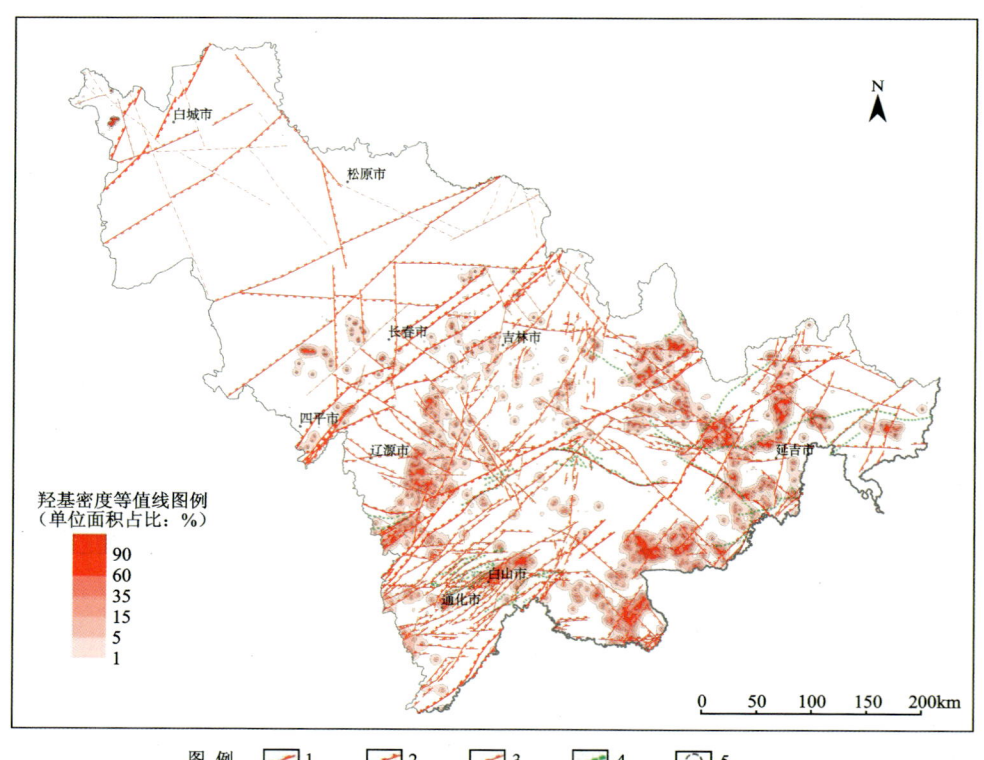

图 5-2-2 吉林省遥感羟基异常密度等值线图

1.板块缝合带;2.逆断层;3.正断层;4.韧性变形构造;5.环形构造

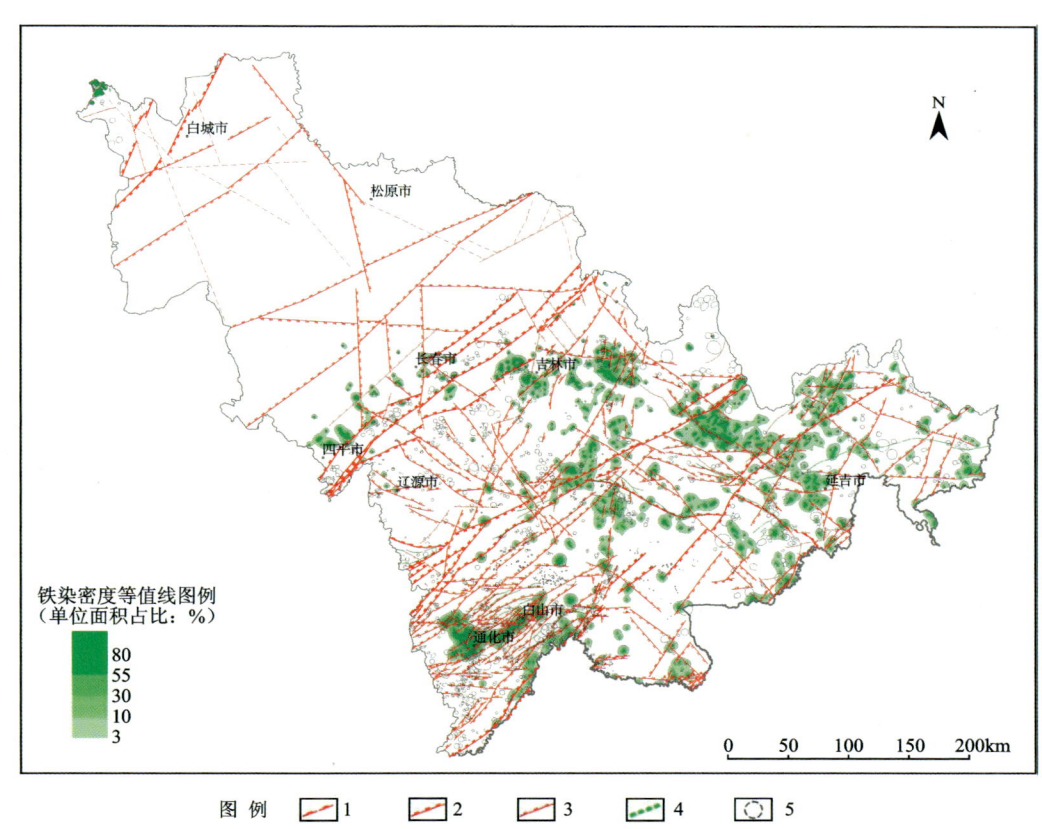

图 5-2-3 吉林省遥感铁染异常密度等值线图
1.板块缝合带；2.逆断层；3.正断层；4.韧性变形构造；5.环形构造

第三节 遥感异常分布特征

一、羟基异常分布特征

在吉林省羟基异常密度等值线图中,吉林省境内的羟基异常,部分分布在第四系、花岗岩区及玄武岩区,属地层岩性引起的羟基异常,如怀德南、北两侧的羟基异常分布在第四系中,属由第四系引起的羟基异常;东丰县东部的羟基异常分布在花岗岩中,为由花岗岩引起的羟基异常;长白山天池(白头山天池)附近的大面积羟基异常为由玄武岩引起的羟基异常。其他部位的大部分羟基异常与断裂构造域环形构造均有极密切的关系。依兰-伊通断裂带附近,羟基异常呈北东向条带状展布;大川-江源断裂带内,羟基异常集中分布;沿新安-龙井断裂带,羟基异常呈北西向条带状展布;桦甸-蛟河断裂带与其他方向断裂带交会部位,羟基异常集中分布。龙王屯环形构造群、龙山满族乡环形构造群、乐山镇环形构造群、幸福村环形构造群、石嘴镇环形构造群、柳树沟环形构造群、和龙市环形构造群、智新镇西南环形构造群、东城镇南环形构造群、智新镇东环形构造群、东兴村环形构造群、天桥岭镇环形构造群、花甸镇环形构造群等诸多环形构造群均分布在遥感羟基异常区内。吉林省境内的大部分矿床(点)分布在羟基异常区,四平市山门镍矿、四平市山门银矿、磐石县红旗岭镍矿、浑江板石沟铁矿、白山市金英金矿、刘家堡子-狼洞沟金银矿、和龙市长仁镍矿、敦化塔东铁矿等均分布于遥感羟基异常相对集中区。

二、铁染异常分布特征

在吉林省铁染异常密度等值线图中，吉林省境内的铁染异常，部分分布在第四系及玄武岩区，属地层岩性引起的羟基异常，如大黑山条垒西部山前台地区的铁染异常分布在第四系中，属第四系引起的羟基异常；长白山天池（白头山天池）附近的大面积羟基异常为玄武岩引起的羟基异常。其他部位的大部分羟基异常与断裂构造域环形构造均有极密切的关系。柳河-吉林断裂带北段，遥感铁染异常集中分布；在长岭-罗子沟断裂带上，铁染异常呈近东西向串珠状分布；抚松-蛟河断裂带上，铁染异常呈近南北向带状分布；新安-龙井断裂带通过区，为铁染异常高度集中区；丰满-崇善断裂带内，铁染异常相对集中；大川-江源断裂带上，铁染异常高度集中；集安-松江岩石圈断裂上，铁染异常呈北东向带状展布；集安-松江岩石圈断裂与兴华-白头山断裂带交会部位，为铁染异常高度集中区。黄岭子乡西环形构造群、新安镇北环形构造群、大绥河镇环形构造群、金龙村环形构造群、老金厂镇环形构造群、老岭村环形构造群、沙河沿镇环形构造群、碱场村环形构造群、新华村环形构造群、天桥岭镇环形构造群、东兴屯环形构造群、细鳞河乡环形构造群、大栗子镇北环形构造群、苇沙河镇环形构造群、老营场南环形构造群、集安市环形构造群等诸多环形构造群内，均为遥感铁染异常集中区。磐石县红旗岭镍矿、桦甸市二道甸子金矿、桦甸市老牛沟铁矿、吉林省安图县海沟金矿、浑江板石沟铁矿、白山市金英金矿、刘家堡子-狼洞沟金银矿、通化水洞磷矿、通化县赤柏松铜镍矿、临江市青沟子锑矿、临江市荒沟山金矿、浑江大栗子铁矿等均分布在遥感铁染异常分布区。

第六章 典型矿床遥感地质特征

第一节 铁矿种遥感地质特征

吉林省铁矿床主要有以下 3 种类型。
(1)沉积变质型铁矿:桦甸老牛沟铁矿、白山板石沟铁矿、通化四方山铁矿、和龙官地铁矿、汪清县塔东铁矿、临江大栗子铁矿、临江乱泥塘、通化七道沟。
(2)沉积型铁矿:临江市白房子铁矿、临江市青沟铁矿。
(3)层控内生型铁矿:磐石吉昌铁矿。

一、沉积变质型铁矿

(一)桦甸老牛沟铁矿

1.地质概况

老牛沟铁矿位于桦甸市老牛沟村板庙子林场附近,老牛沟沉积变质型铁矿位于华北地台北缘东段老牛沟附近,矿体形成于新太古代变质表壳岩中。

2.遥感矿产地质特征

老牛沟沉积变质型铁矿形成于华北地台北缘断裂带附近的台缘一侧,富江-景山断裂带上,北东向与北西向断裂密集分布区,10 余个环形构造在此区集中分布,遥感浅色色调异常区,北西向韧脆性变形构造发育区,并控制矿体的分布(图 6-1-1、图 6-1-2)。矿体西南,铁染异常相对集中。

(二)浑江板石沟铁矿

1.地质概况

白山市板石沟铁矿位于白山市上青村附近,铁矿体形成于前南华纪华北东部陆块龙岗-陈台沟-沂台沟-沂水前新太古代陆核的板块新太古代地块内,新太古代绿岩地体内的褶皱构造的核部及翼部,主要形成于中太古代变质表壳岩中,矿体为似层状。

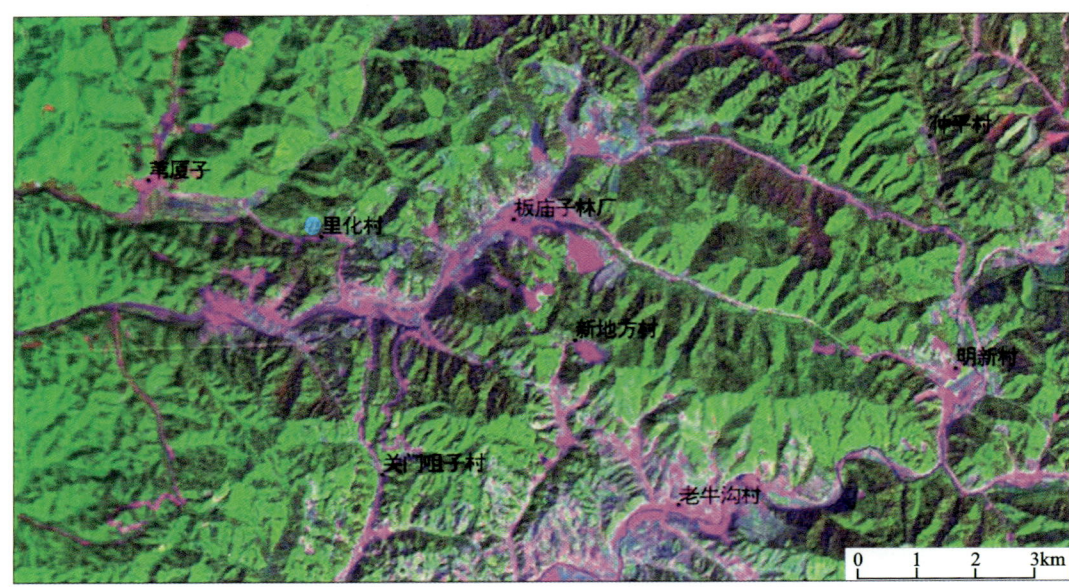

图 6-1-1　老牛沟铁矿遥感影像图

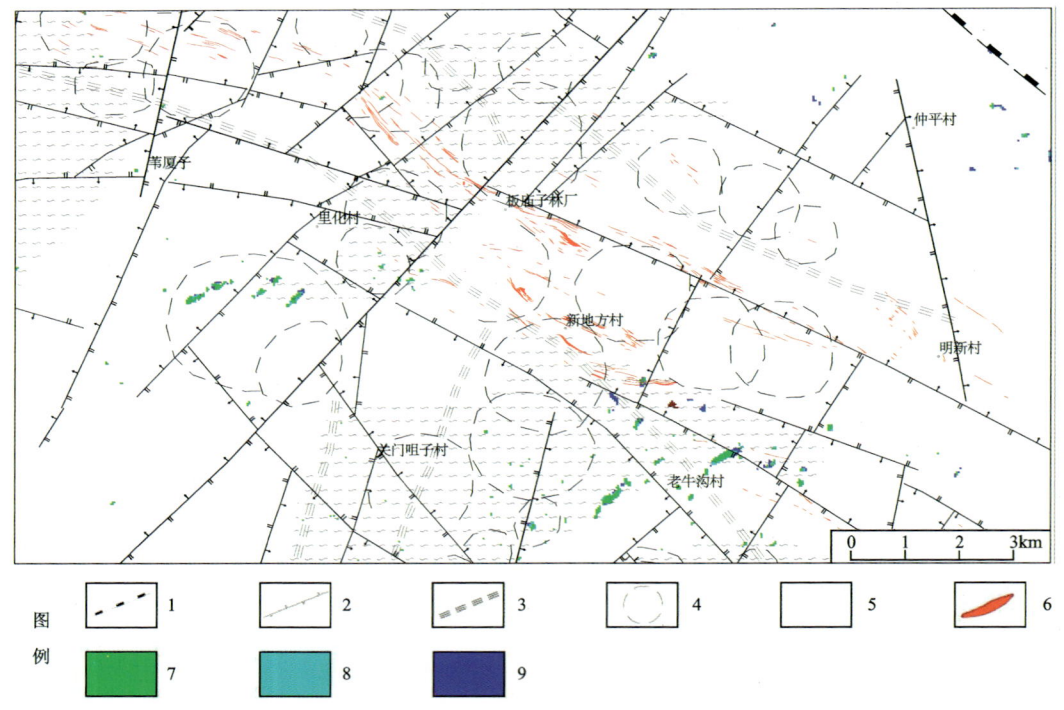

图 6-1-2　老牛沟铁矿遥感地质特征解译图

1.壳断裂；2.逆断层；3.韧性剪切带；4.环形构造；5.色调异常区；6.矿体；7.一级铁染异常；8.二级铁染异常；9.三级铁染异常

2.遥感矿产地质特征

浑江板石沟铁矿形成于大川-江源断裂带最宽处向北东收敛部位,有晚期的北西向断裂通过矿区,北东向脆韧性变形构造带通过矿区,矿区内环形构造集中分布,遥感浅色色调异常区,中太古代英云闪长片麻岩形成的带要素内,板石块状构造边部,矿区及周围,羟基异常、铁染异常集中分布（图 6-1-3、图 6-1-4）。

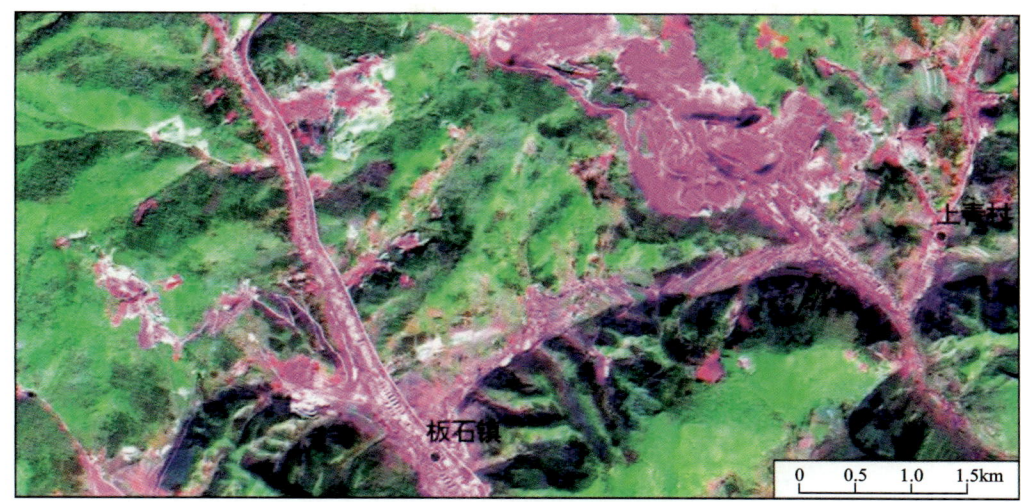

图 6-1-3　板石沟铁矿遥感影像图

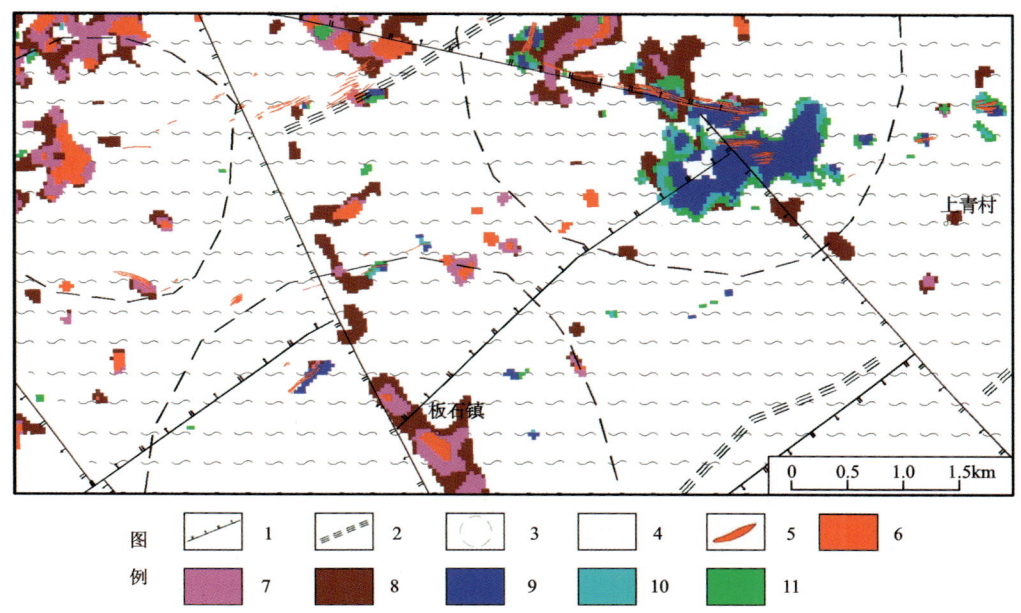

图 6-1-4　板石沟铁矿遥感地质特征解译图
1.正断层；2.韧性剪切带；3.环形构造；4.色调异常区；5.矿体；6.一级羟基异常；7.二级羟基异常；
8.三级羟基异常；9.一级铁染异常；10.二级铁染异常；11.三级铁染异常

（三）汪清塔东铁矿

1.地质概况

塔东铁矿位于敦化市青沟子乡塔拉林场，距敦化市青沟子乡北东约21km，与黑龙江省交界处，矿体形成于新元古界塔东(岩)群斜长角闪岩、角闪岩、透辉斜长变粒岩、白云石英岩、片岩夹大理岩及磁铁矿，矿体呈似层状或透镜状。

2.遥感矿产地质特征

塔东铁矿形成于遥感解译的北东向与北北东向断裂交会部位，3个隐伏岩体形成的环形构造群西侧边缘，遥感浅色色调异常区，矿体分布于新元古界塔东(岩)群形成的带要素中(图6-1-5、图6-1-6)，矿区周围羟基异常、铁染异常均较发育。

图 6-1-5 塔东铁矿遥感影像图

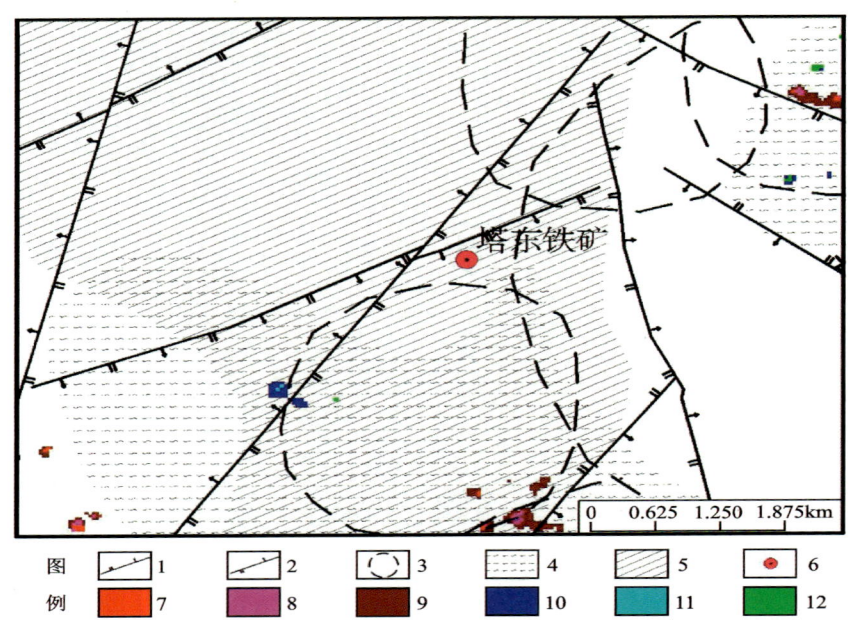

图 6-1-6 塔东铁矿遥感地质特征解译图

1.正断层;2.逆断层;3.环形构造;4.色调异常区;5.带要素;6.矿床(点);7.一级羟基异常;8.二级羟基异常;9.三级羟基异常;10.一级铁染异常;11.二级铁染异常;12.三级铁染异常

二、层控内生型铁矿

磐石市吉昌铁矿成因上属于层控内生型铁矿。该矿床位于磐石县吉昌镇幸福村,矿体形成于石炭系鹿圈屯燧石条带状灰岩、大理岩,薄层状灰岩、大理岩与燕山期花岗岩组合与燕山期花岗岩接触带附近。

矿体形成于北东向、北西向及近东西向断裂交会部位；10余个环形构造集中区；两个弧形断裂通过矿区；矿区内有浅色色调异常，矿区附近有零星的铁染异常（图6-1-7、图6-1-8）。

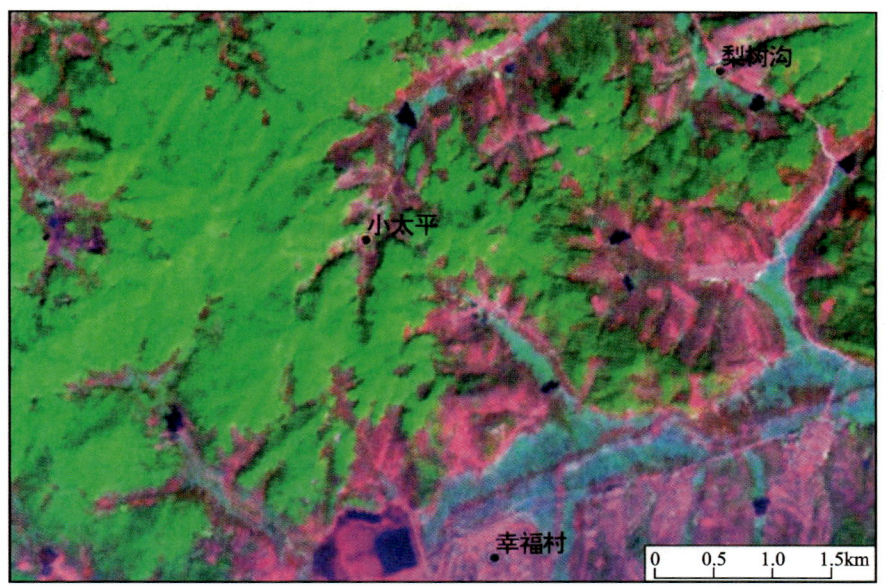

图6-1-7　吉昌铁矿遥感影像图

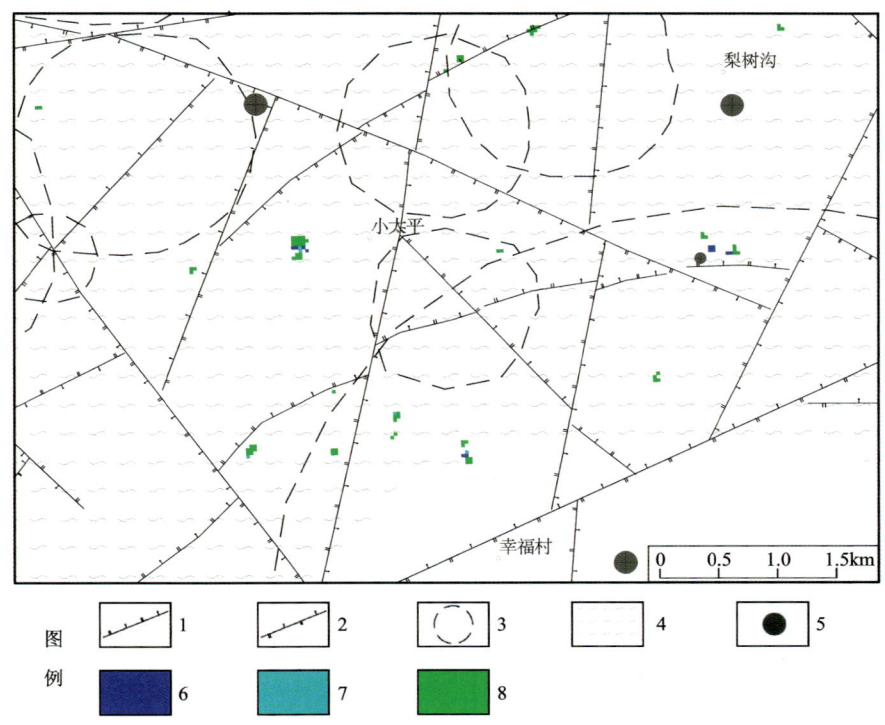

图6-1-8　吉昌铁矿遥感地质特征解译图

1.正断层；2.逆断层；3.环形构造；4.色调异常区；5.矿床(点)；6.一级铁染异常；7.二级铁染异常；8.三级铁染异常

第二节 金矿种遥感地质特征

吉林省金矿主要有 9 种成因类型：绿岩型、岩浆热液改造型、火山沉积-岩浆热液改造型、矽卡岩型-破碎蚀变岩型、火山岩型、火山爆破角砾岩型、侵入岩浆热液型、砾岩型、沉积型。主要选择了 21 个典型矿床开展金矿成矿特征研究（表 6-2-1），其特征如下：

表 6-2-1 吉林省金矿典型矿床一览表

矿床成因型	矿床式	典型矿床名称	成矿时代
绿岩型	夹皮沟式	桦甸市夹皮沟金矿床	晚太古代
		桦甸市六匹叶金矿床	中生代
岩浆热液改造型	荒沟山式	临江市荒沟山金矿床	中生代
		通化县南岔金矿床	中生代
	西岔式	集安市西岔金银矿床	中生代
		集安市下活龙金矿床	中生代
	金英式	白山市金英金矿床	中生代
火山沉积-岩浆热液改造型	二道甸子式	桦甸市二道甸子金矿床	中生代
	弯月式	东辽县弯月金矿床	中生代
矽卡岩型-破碎蚀变岩型	兰家式	长春市兰家金矿床	中生代
火山岩型	头道川式	永吉县头道川金矿床	晚古生代—中生代
	刺猬沟式	汪清县刺猬沟金矿床	中生代
		汪清县五凤金矿床	中生代
		汪清县闹枝金矿床	中生代
		永吉县倒木河金矿床	中生代
火山爆破角砾岩型	香炉碗子式	梅河口市香炉碗子金矿床	中生代
侵入岩浆热液型	海沟式	安图县海沟金矿床	中生代
	杨金沟式	珲春市杨金沟金矿床	中生代
	小西南岔式	珲春市小西南岔金铜矿床	中生代
砾岩型	黄松甸子式	黄松甸子砾岩型金矿床	新生代
沉积型	珲春河式	珲春河砂金矿床	新生代

一、绿岩型金矿

桦甸市夹皮沟金矿位于桦甸市夹皮沟村附近,矿床位于前南华纪华北东部陆块(Ⅱ)龙岗—陈台沟—沂水前新太古代陆块(Ⅲ)夹皮沟新太古代地块(Ⅳ)内,处于辉发河-古洞河深大断裂向北凸出弧形顶部。

矿床赋存于夹皮沟绿岩带之中,太古宙英云闪长岩、奥长花岗岩的侵入,使整个绿岩带被分割成若干长条状断块。分为上、下两个层序:下部层序,相当于原三道沟群下含铁层,其原岩为镁铁质火山岩夹超镁铁质岩,沿该层底部被元古宇板庙岭钾质花岗岩侵入;主要变质岩为斜长角闪岩,底部夹少量超镁铁质变质岩,顶部夹黑云变粒岩和条带状磁铁石英岩,金矿床赋存于镁铁质火山岩之中。上部层序大致相当于三道沟岩组上含铁层,为镁铁质—长英质火山岩及火山碎屑岩-沉积岩,岩性主要有黑云变粒岩、黑云片岩,磁铁石英岩、斜长角闪岩等,为主要的含铁层位,老牛沟铁矿即赋存其中。

桦甸市夹皮沟金矿沿华北地台北缘断裂带台缘一侧分布,矿体分布在一北西端收敛、东南端散开并向北东向凸起的肘状构造内,矿体多形成于北东向和北西向、不同规模断裂构造密集分布区及其交会部位,矿区发育不同方向的脆韧性变形构造,与隐伏岩体有关的环形构造集中分布区,遥感浅色色调异常区,矿区及周围遥感羟基异常、铁染异常零星分布(图6-2-1、图6-2-2)。

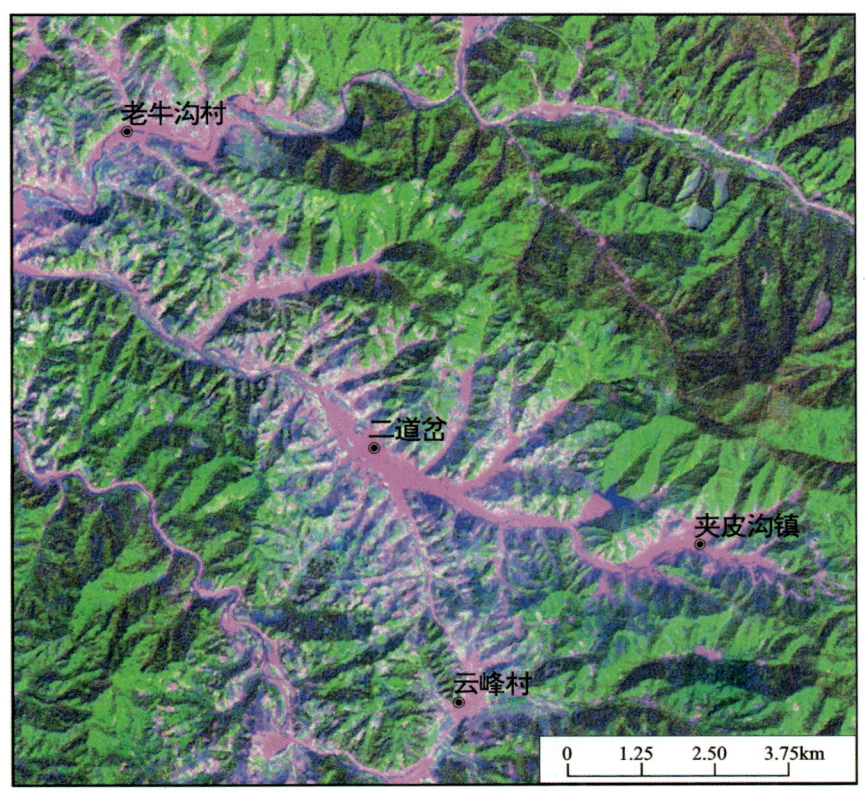

图6-2-1 夹皮沟金矿遥感影像图

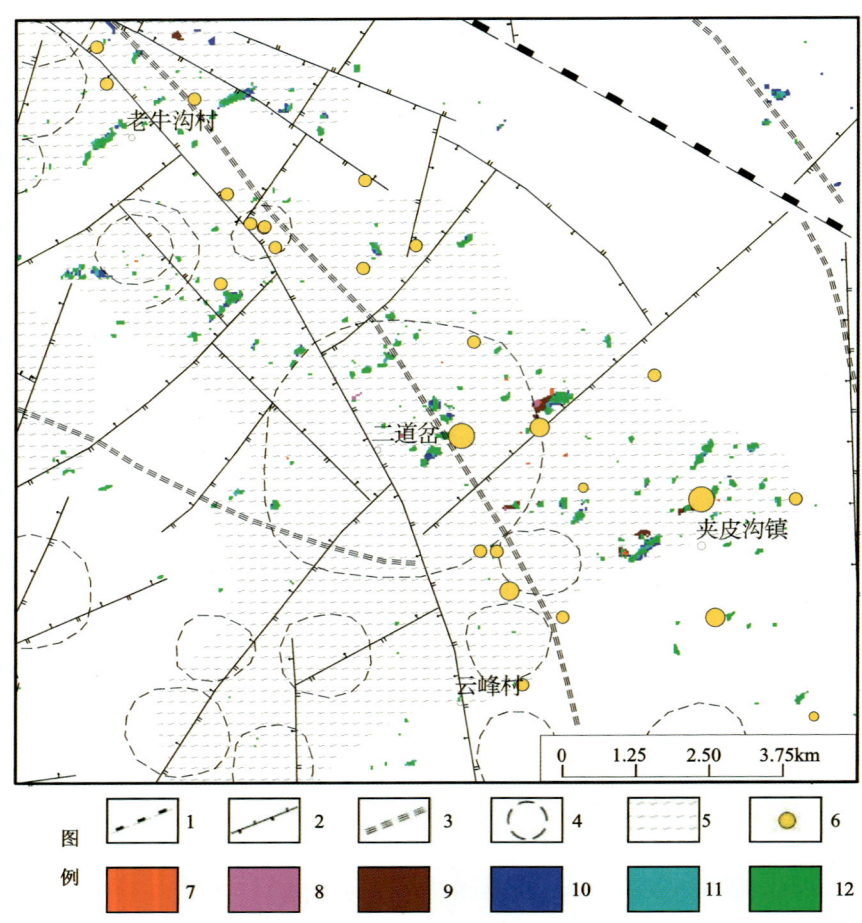

图 6-2-2　夹皮沟金矿遥感地质特征解译图

1.壳断裂;2.逆断层;3.韧性剪切带;4.环形构造;5.色调异常区;6.矿床(点);7.一级羟基异常;8.二级羟基异常;9.三级羟基异常;10.一级铁染异常;11.二级铁染异常;12.三级铁染异常

二、岩浆热液改造型金矿

(一)临江市荒沟山金矿

1.地质概况

荒沟山金矿位于临江市苇沙河镇错草村附近,临江市荒沟山金矿位于前南华纪华北东部陆块(Ⅱ)胶辽吉元古代裂谷带(Ⅲ)老岭坳陷盆地(Ⅳ)内。域内主要见有古元古界老岭(岩)群珍珠门岩组和花山岩组,珍珠门岩组分布在矿区中部和北部,花山岩组出露在矿区东南侧。

2.遥感矿产地质特征

临江市荒沟山金矿分布在果松-花山断裂带边部,北东向小型断裂密集分布,有北西向断裂通过,北东向脆韧性变形构造带通过矿区;6个与隐伏岩体有关的环形构造呈北东向串珠状分布,老秃顶块状构造边部,绢云母化、硅化引起的遥感浅色色调异常区,中元古界老岭(岩)群形成的带要素中,矿区及其周围遥感铁染异常集中分布(图6-2-3、图6-2-4)。

图 6-2-3　荒沟山金矿遥感影像图

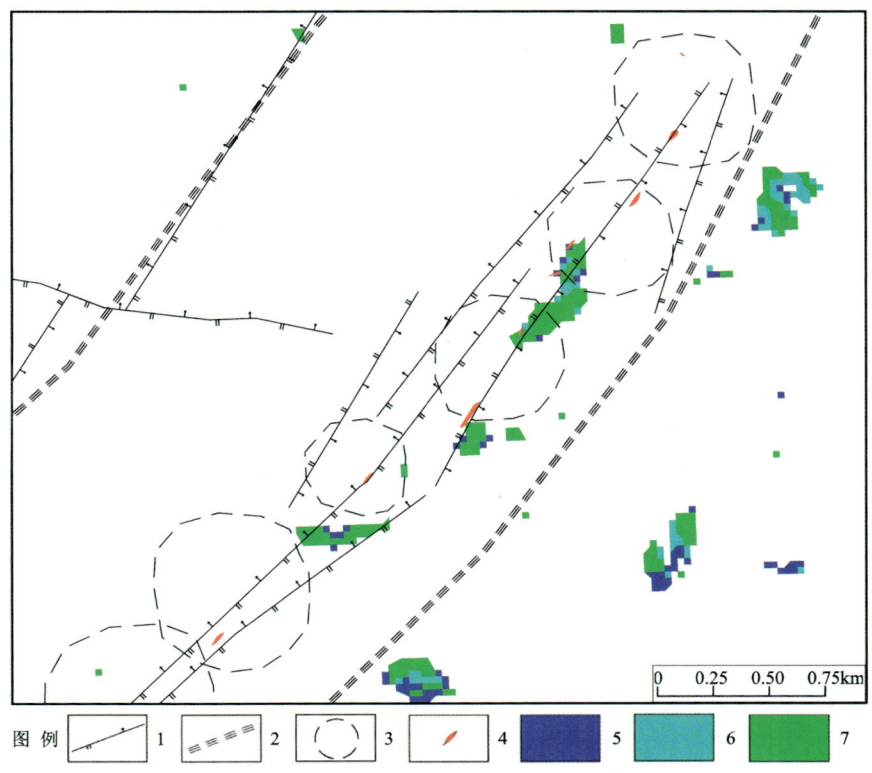

图 6-2-4　荒沟山金矿遥感地质特征解译图

1.逆断层;2.韧性剪切带;3.环形构造;4.矿体;5.一级铁染异常;6.二级铁染异常;7.三级铁染异常

(二)通化县南岔金矿床

1.地质概况

通化县南岔金矿位于通化县东来乡南岔村附近,前南华纪华北东部陆块(Ⅱ)胶辽吉元古代裂谷带(Ⅲ)老岭坳陷盆地(Ⅳ)内,荒沟山"S"形断裂带西南端。区域出露的地层以中元古界老岭(岩)群珍珠门岩组和大栗子(岩)组为主,珍珠门岩组为金的富矿层位,上覆青白口系钓鱼台组及上侏罗统林子头组。

2.遥感矿产地质特征

在果松-花山断裂带的中间部位,北东向与北西向小型断裂交会部位,与隐伏岩体有关的环形构造集中分布,遥感浅色色调异常区分布在矿区的北部和南部,遥感羟基异常、铁染异常零星分布在矿区周围(图6-2-5、图6-2-6)。

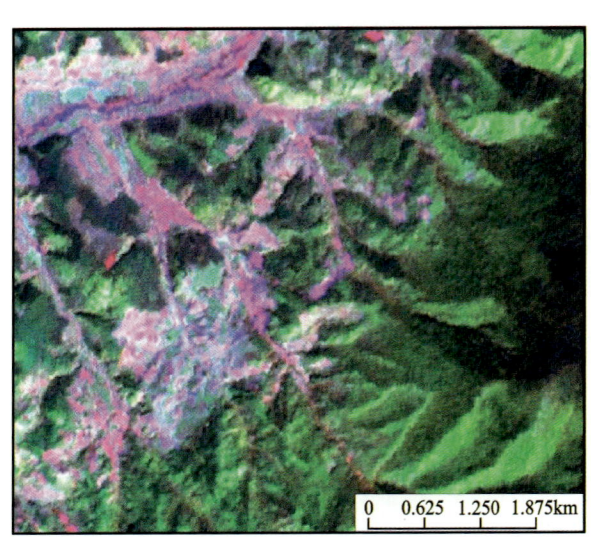

图6-2-5 南岔金矿遥感影像图

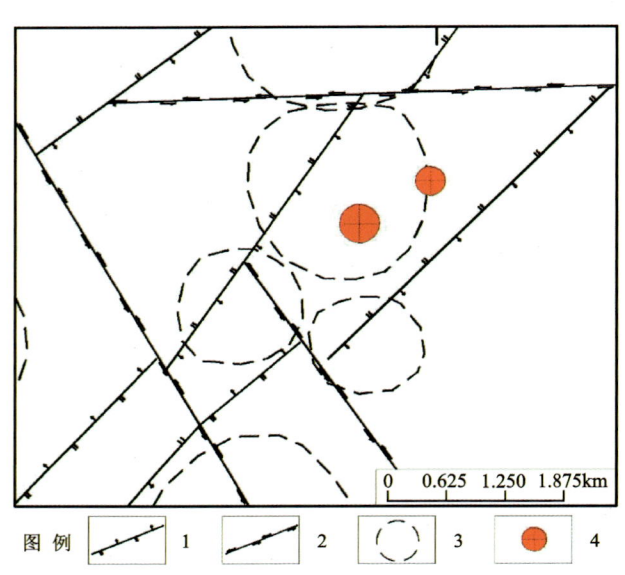

图6-2-6 南岔金矿遥感地质特征解译图
1.逆断层;2.平移断层;3.环形构造;4.矿床(点)

三、矽卡岩型-破碎蚀变岩型金矿

吉林省矽卡岩型-破碎蚀变岩型金矿有兰家金矿。兰家金矿位于长春市二道区,矿床位于晚三叠世—新生代华北叠加造山-裂谷系(Ⅰ)小兴安岭-张广才岭叠加岩浆弧(Ⅱ)张广才岭-哈达岭火山-盆地区(Ⅲ)大黑山条垒火山-盆地群(Ⅳ)内。

矿区出露地层为范家屯组一段,共分4层,1层分布在地碾张一带(矿区外);2~4层在矿区内均有出露。第4层中产古生代化石。该段由老至新的规律由粗变细,变质过程由深变浅。金矿床(点)主要赋存在该段中。

吉林省长春市兰家金矿形成于依兰-伊通断裂带与双阳-长白断裂带交会处,北西向、北北西向及北东向小断裂在矿区周围密集分布,与隐伏岩体有关的环形构造在矿区集中分布,矿区内及周围遥感铁染异常零星分布(图6-2-7、图6-2-8)。

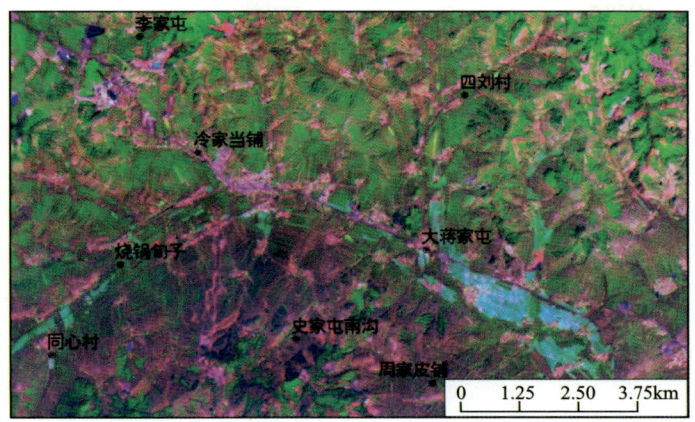

图6-2-7 兰家金矿遥感影像图

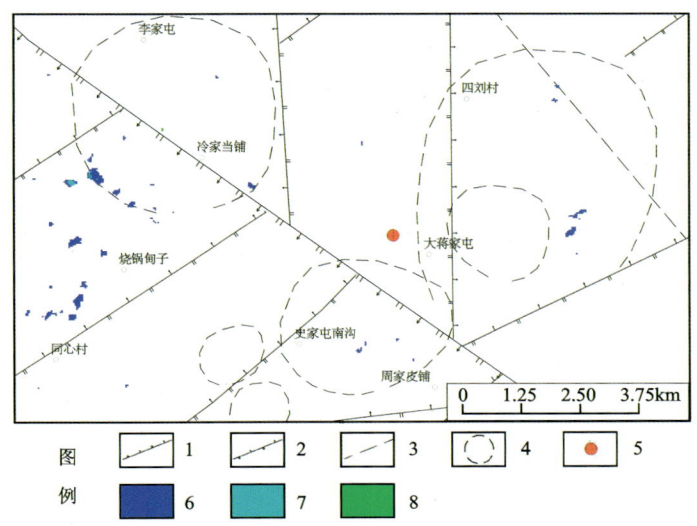

图6-2-8 兰家金矿遥感地质特征解译图

1.正断层;2.逆断层;3.性质不明断层;4.环形构造;5.矿床;6.一级铁染异常;7.二级铁染异常;8.三级铁染异常

四、火山岩型金矿

(一)永吉县头道川金矿

1.地质概况

吉林省永吉县头道川金矿位于永吉县西南上头道川东。矿床位于南华纪—中三叠世天山-兴蒙-吉黑造山带(Ⅰ)包尔汉图-温都尔庙弧盆系(Ⅱ)下二台-呼兰-伊泉陆缘岩浆弧(Ⅲ)磐桦上叠裂陷盆地(Ⅳ)内,沿头道川-烟筒山韧性剪切构造带上。矿区出露的主要地层为石炭系余富屯组,为一套海相火山-沉积岩系。

2.遥感矿产地质特征

矿区位于双阳-长白断裂带内,北东向与北北东向断裂通过矿区,矿区南、北两侧环形构造比较发育,矿体形成于火山机构形成的环形构造南部边缘的北东向小断裂内(图 6-2-9、图 6-2-10)。

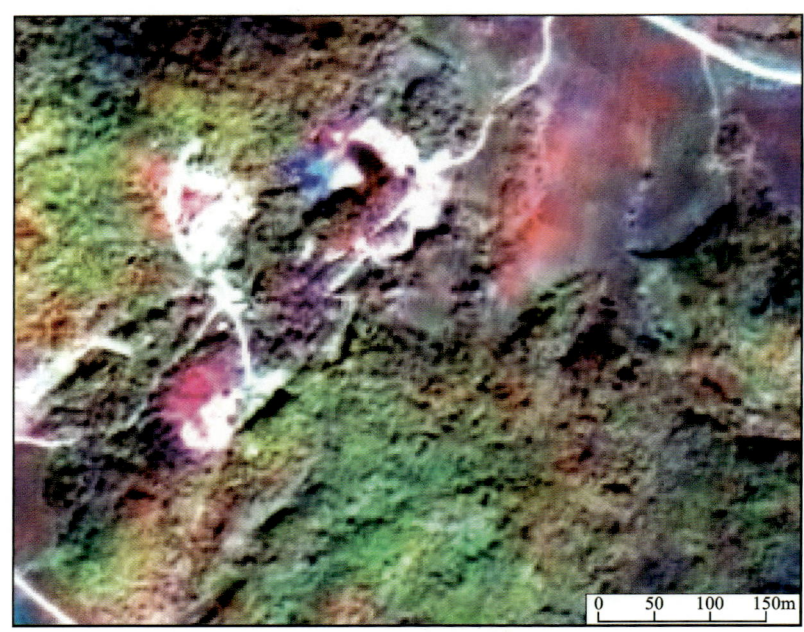

图 6-2-9　头道川金矿遥感影像图

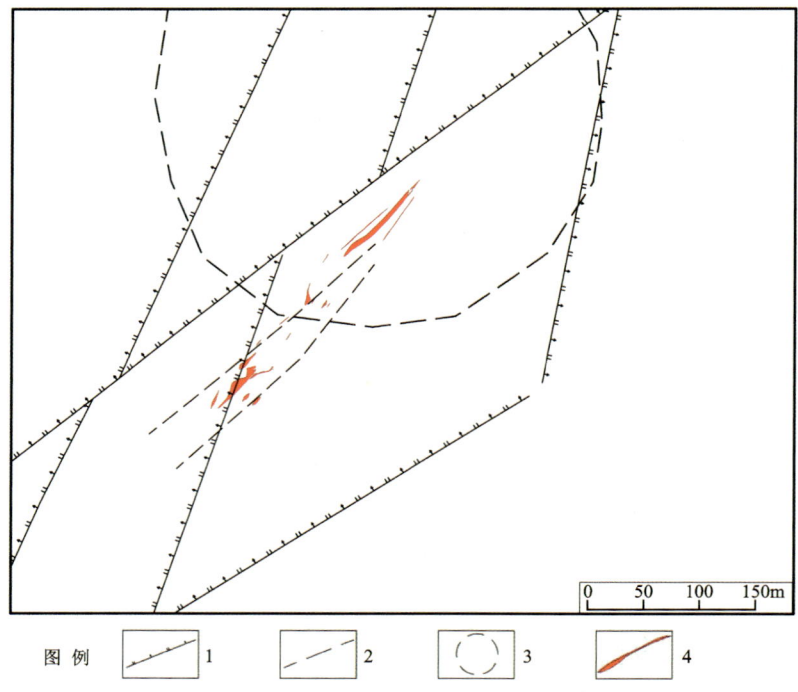

图 6-2-10　头道川金矿遥感地质特征解译图
1.正断层;2.性质不明断层;3.环形构造;4.矿体

（二）汪清县刺猬沟金矿

1.地质概况

刺猬沟金矿位于汪清县十里坪乡新建屯附近。矿区位于晚三叠世—中生代小兴安岭-张广才岭叠加岩浆弧（Ⅱ）太平岭-英额岭火山盆地区（Ⅲ）罗子沟-延吉火山盆地群（Ⅳ）内，受北北东向图们断裂带与北西向嘎呀河断裂复合部位控制。

矿区出露有二叠系和中侏罗统屯田营组火山岩。二叠系零星出露，为一套浅变质的海相-海陆交互相沉积岩，并夹有少量火山碎屑岩。大部分地区被侏罗纪火山岩所覆盖，并与下伏二叠系呈角度不整合接触。

2.遥感矿产地质特征

汪清县刺猬沟金矿位于春阳-汪清断裂带和智新-长安断裂带交会处东侧边缘，"S"形韧性变形趋势带北侧，矿区形成于两个同心式环形构造南部边缘，北北东向小型断裂与北西向小型断裂交会部位，矿体明显受北北东向次级断裂控制，遥感铁染异常分布相对集中（图6-2-11、图6-2-12）。

图 6-2-11　刺猬沟金矿遥感影像图

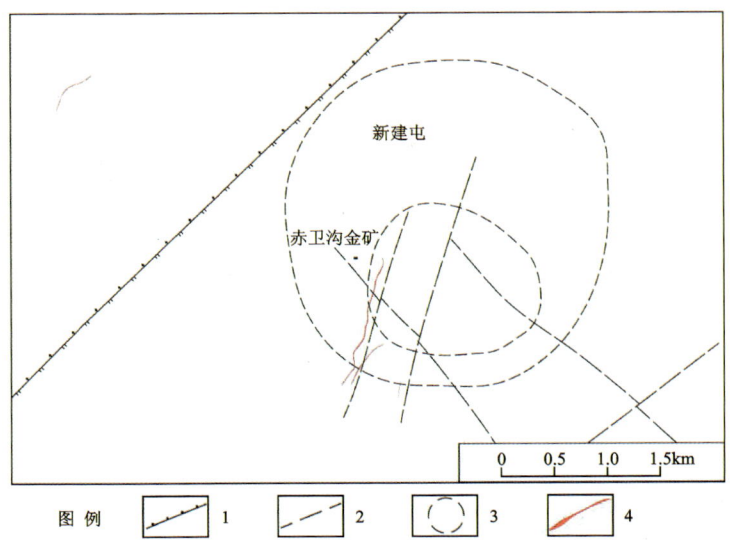

图 6-2-12　刺猬沟金矿遥感地质特征解译图
1.正断层；2.性质不明断层；3.环形构造；4.矿体

（三）汪清县闹枝金矿床

1.地质概况

闹枝金矿位于汪清县闹枝沟附近，晚三叠世—新生代东北叠加造山-裂谷系（Ⅰ）小兴安岭-张广才岭叠加岩浆弧（Ⅱ）太平岭-英额岭火山盆地区（Ⅲ）罗子沟-延吉火山盆地群（Ⅳ），近东西向百草沟-金仓断裂带之南部隆起区内，区内北西向断裂发育。区内出露地层包括下古生界青龙村（岩）群上部层位的一套浅变质的海相沉积陆源碎屑岩，碳酸岩（海底喷发的火山岩）；中生界中、上侏罗统屯田营组和金沟岭组陆相火山喷出岩；下白垩统大拉子组内陆盆地沉积岩；新生界第三系船底山组玄武岩和第四纪河湖、沼泽相沉积物。

2.遥感矿产地质特征

闹枝金矿位于集安-松江岩石圈断裂与抚松-蛟河断裂带交会部位，不同方向断裂密集处，"S"形北东向脆韧性变形构造带通过矿区，两个火山机构形成的环形构造内部或边部，矿体除与环形构造关系密切外，严格受环形构造附近次级北西向小型断裂控制，矿区西侧遥感铁染异常相对集中（图6-2-13、图6-2-14）。

 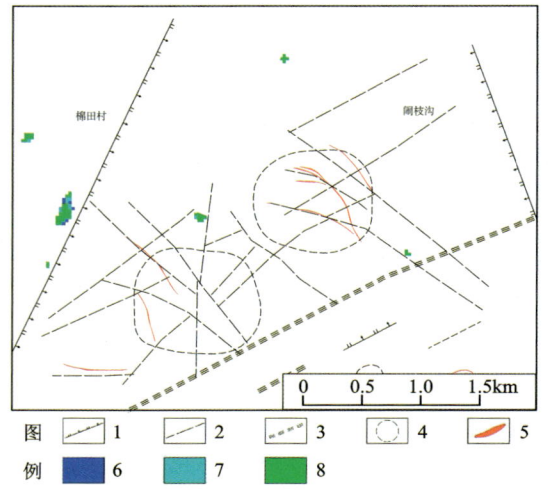

图 6-2-13　闹枝金矿遥感影像图　　　　图 6-2-14　闹枝金矿遥感地质特征解译图

1.正断层；2.性质不明断层；3.韧性剪切带；4.环形构造；5.矿体；6.一级铁染异常；7.二级铁染异常；8.三级铁染异常

五、侵入岩浆热液型金矿

吉林省侵入岩浆热液型金矿有安图县海沟金矿床。海沟金矿位于吉林省安图县永庆乡石人沟附近，矿床位于吉林省晚三叠世—新生代东北叠加造山-裂谷系（Ⅰ）小兴安岭-张广才岭叠加岩浆弧（Ⅱ）太平岭-英额岭火山盆地区（Ⅲ）敦化-密山走滑-伸展复合地堑（Ⅳ）内。二道松花江断裂带金银别-四岔子近东西向韧性—脆性剪切带东端与两江-春阳北东向断裂带交会处。矿区出露地层主要为中元古界色洛河（岩）群红光屯组和木兰屯组。其东侧四岔子分布中侏罗世中性火山岩及含煤岩系。

安图县海沟金矿沿华北地台北缘断裂带台缘附近，北东向、北北东向断裂与北西向断裂交会部位，近东西向脆韧性变形构造带通过矿区，矿体明显受北东向断裂控制，石人沟村环形构造内部及边部（图6-2-15、图6-2-16），矿区东部遥感羟基异常、铁染异常零星分布。

第六章 典型矿床遥感地质特征

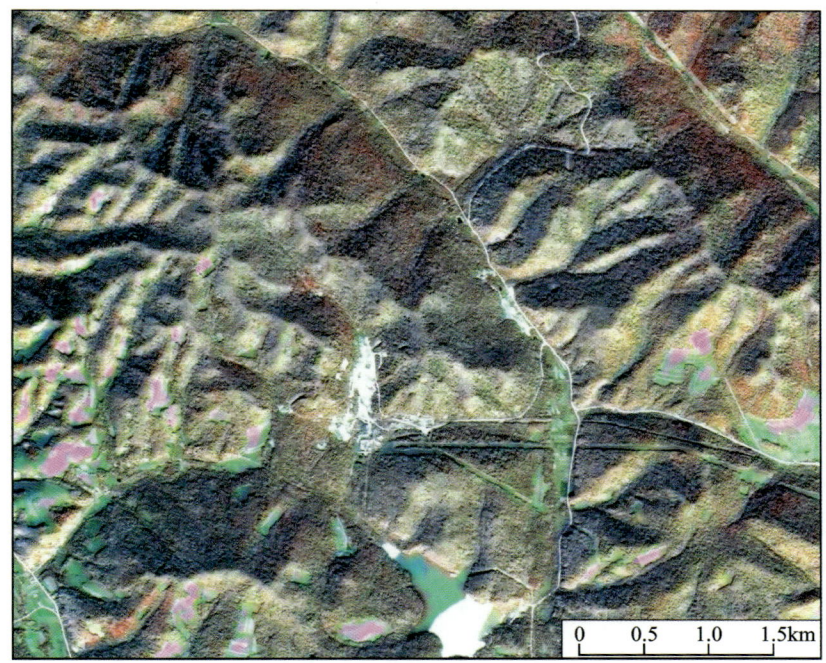

图 6-2-15 海沟金矿遥感影像图

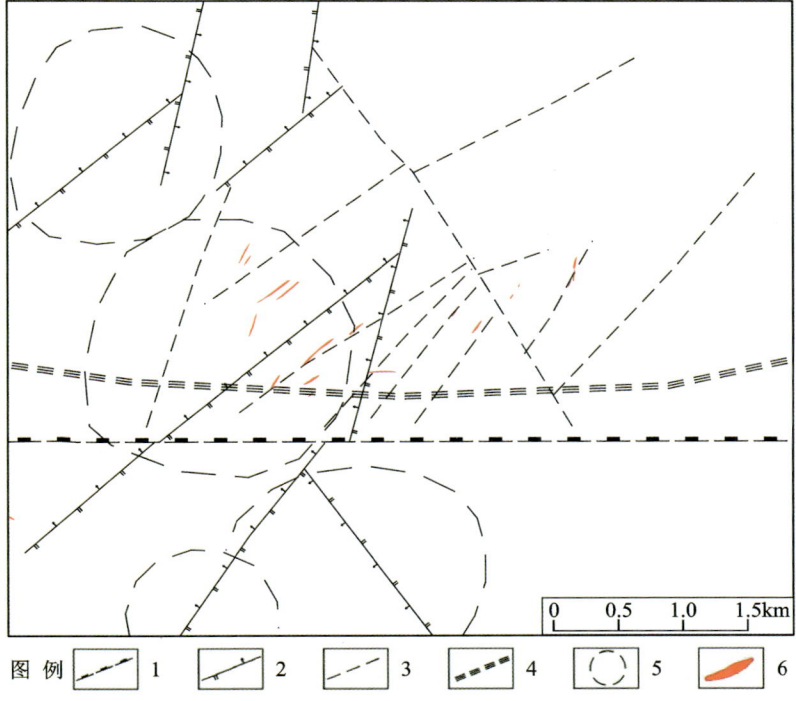

图例 ---- 1 ---- 2 ---- 3 ---- 4 ◯ 5 ━ 6

图 6-2-16 海沟金矿遥感地质特征解译图

1.壳断裂;2.逆断层;3.性质不明断层;4.韧性剪切带;5.环形构造;6.矿体

第三节 铜矿种遥感地质特征

吉林省铜矿床主要有以下5种类型：火山岩型铜矿、沉积变质型铜矿、层控内生型铜矿、侵入岩浆型铜矿、复合内生型铜矿。

一、火山岩型铜矿

（一）磐石县石嘴子铜矿

1.地质概况

磐石县石嘴子铜矿区位于磐石市石嘴镇一带。石嘴铜矿床位于南华纪—中三叠世天山-兴安吉黑造山带（Ⅰ）包尔汉图-温都尔庙弧盆系（Ⅱ）下二台-呼兰-伊泉陆缘岩浆弧（Ⅲ）磐华上叠裂陷盆地（Ⅳ）内的明于-石嘴子向斜东翼，地质构造复杂。

2.遥感矿产地质特征

石嘴子铜矿位于北东向柳河-吉林断裂带与北西向双阳-长白断裂带交会处，各方向小型断裂构造发育，中生代花岗岩类引起的多重环形构造边部，矿区北西侧为遥感浅色色调异常区，矿区内及周围遥感铁染异常零星分布（图6-3-1、图6-3-2）。

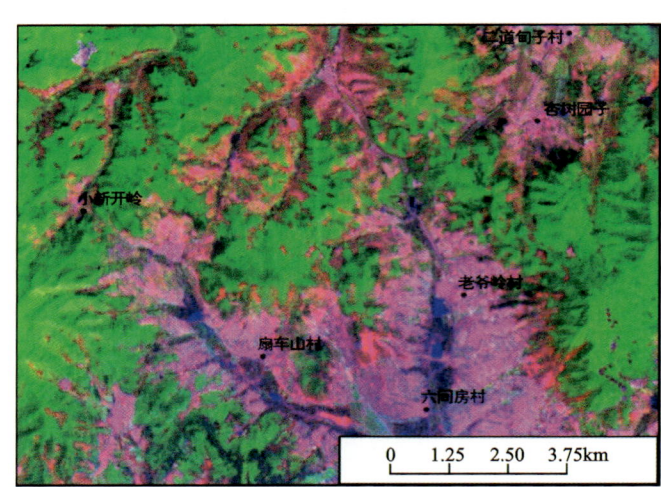

图6-3-1 石嘴子铜矿遥感影像图

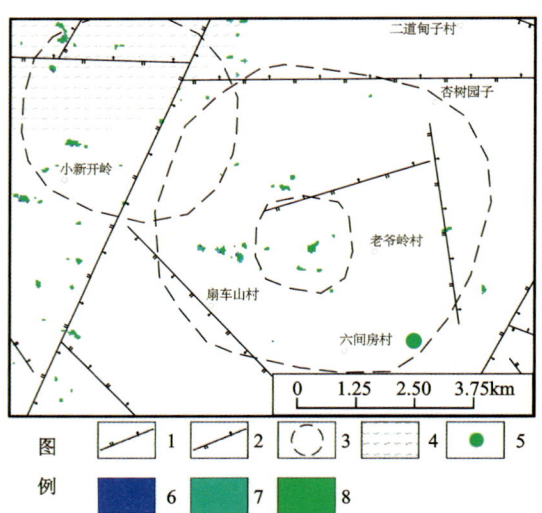

图6-3-2 石嘴子铜矿遥感地质特征解译图
1.正断层；2.逆断层；3.环形构造；4.色调异常区；5.矿床；6.一级铁染异常；7.二级铁染异常；8.三级铁染异常

（二）汪清县红太平铜矿

1.地质概况

红太平铜多金属矿位于汪清县天桥岭镇附近,矿床位于天上-兴蒙-吉黑造山带（Ⅰ）小兴安岭-张广才岭弧盆系（Ⅱ）放牛沟-里水-五道沟陆缘岩浆弧（Ⅲ）汪清-珲春上叠裂陷盆地（Ⅳ）北部。

2.遥感矿产地质特征

矿区位于北东向望天鹅-春阳断裂带与北西向春阳-汪清断裂带交会处,与隐伏岩体有关的多重环形构造边部,矿区内及周围遥感铁染异常和羟基异常分布密集（图6-3-3、图6-3-4）。

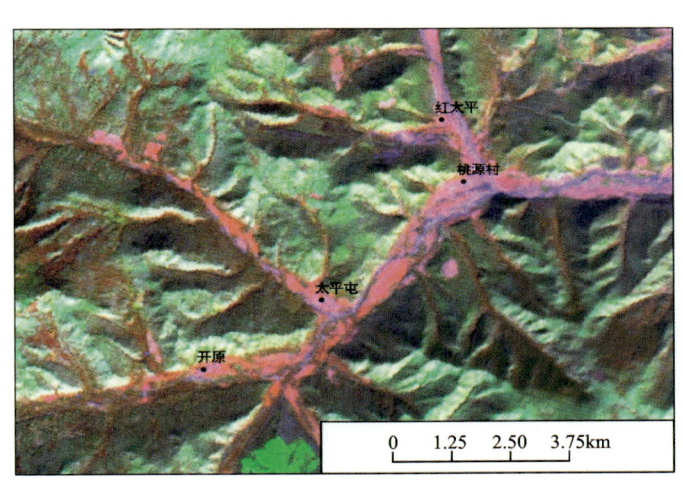

图6-3-3 红太平铜多金属矿遥感影像图

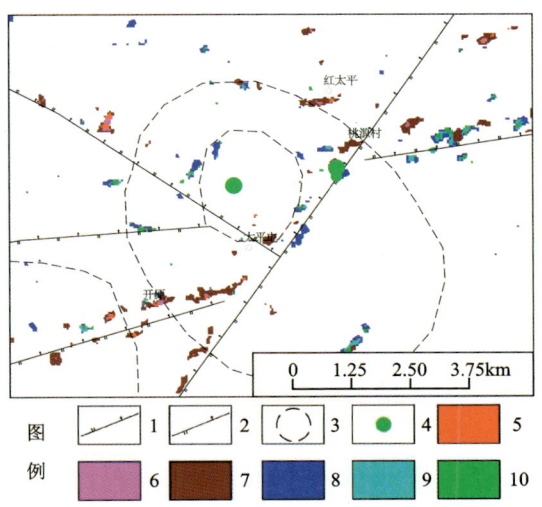

图6-3-4 红太平铜多金属矿遥感地质特征解译图

1.正断层;2.逆断层;3.环形构造;4.矿床;5.一级羟基异常;6.二级羟基异常;7.三级羟基异常;8.一级铁染异常;9.二级铁染异常;10.三级铁染异常

二、沉积变质型铜矿

吉林省沉积变质型铜矿有白山大横路铜钴矿,矿区主要位于白山市三道沟镇,矿体形成于前南华纪华北东部陆块（Ⅱ）胶辽吉元古代裂谷带（Ⅲ）老岭坳陷盆地内。

白山大横路铜钴矿位于果松-花山断裂带与大路-仙人桥断裂带之间,脆韧性变形构造带分布密集,与隐伏岩体有关的环形构造比较发育,老秃顶块状构造边部,遥感浅色色调异常区,中元古界老岭（岩）群形成的带要素中,矿区内及周围遥感铁染异常集中分布（图6-3-5、图6-3-6）。

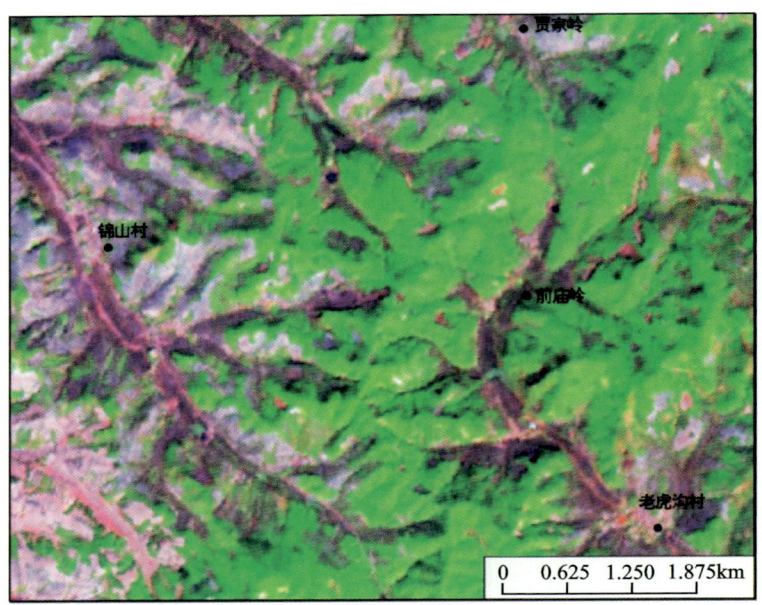

图 6-3-5　大横路铜钴矿遥感影像图

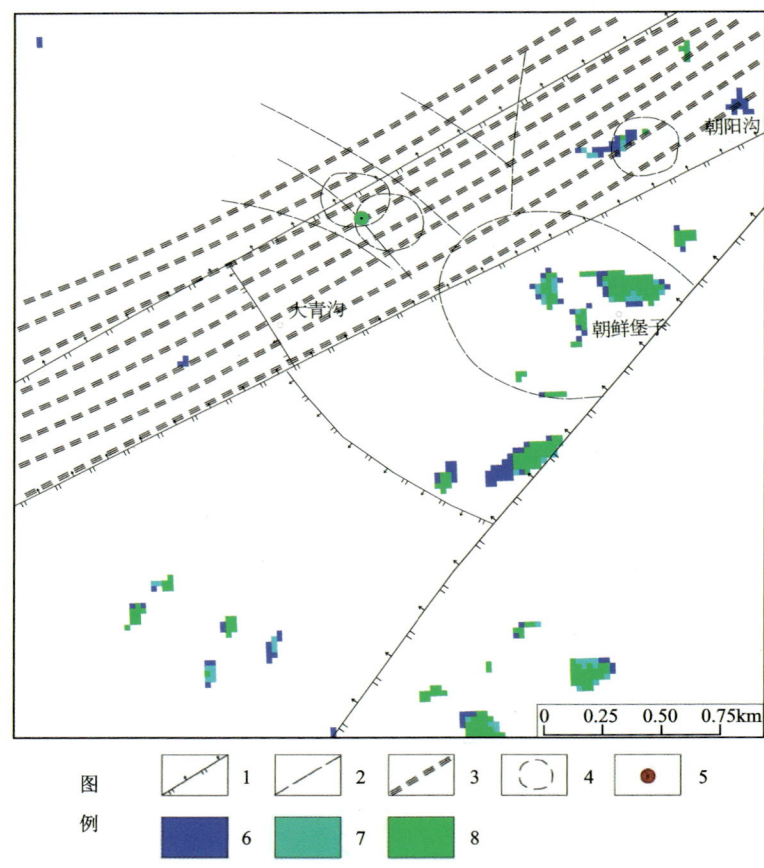

图 6-3-6　大横路铜钴矿遥感地质特征解译图

1.逆断层；2.性质不明断层；3.韧性剪切带；4.环形构造；5.矿床；6.一级铁染异常；7.二级铁染异常；8.三级铁染异常

第四节　铅锌矿种遥感地质特征

吉林省铅锌矿床主要有3种类型,分别为火山岩型铅锌矿、层控内生型铅锌矿和复合内生型铅锌矿。

一、火山岩型铅锌矿

伊通县放牛沟多金属矿属于火山岩型铅锌矿,矿区位于吉林省四平市伊通满族自治县黄岭子乡。区域出露的地层主要为一套浅变质中、酸性火山岩及沉积岩。时代主要为晚奥陶世和早志留世。此外,白垩纪、古近纪和新近纪地层亦有零星出露。

放牛沟多金属矿床位于华北陆台北缘槽区一侧,哈尔滨-长春断裂带和伊通-伊兰断裂带之间,大黑山隆起带的中心部位。

伊通县放牛沟多金属矿床位于北东向四平-德惠岩石圈断裂与依兰-伊通断裂带之间,各方向的小型断裂比较发育,与隐伏岩体有关的复合环形构造密集分布,矿区及其周围遥感铁染异常零星分布(图6-4-1、图6-4-2)。

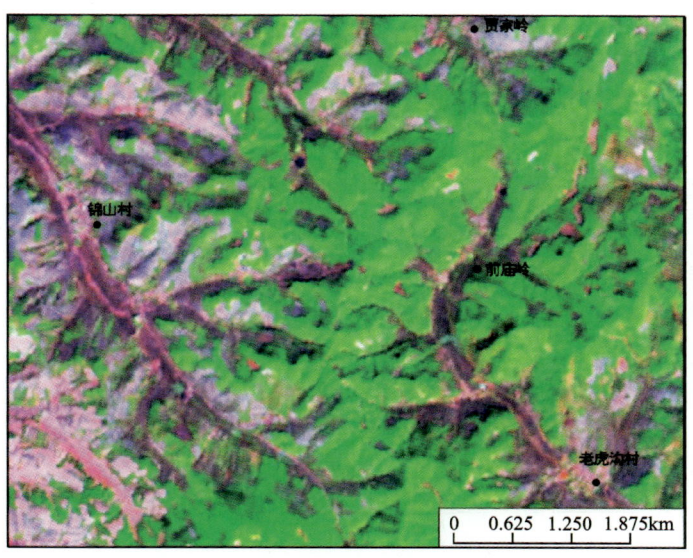

图6-4-1　放牛沟多金属矿遥感影像图

二、层控内生型铅锌矿

荒沟山铅锌矿床属于层控内生型铅锌矿,矿区位于临江市苇沙河镇错草村附近。矿床位于前南华纪华北东部陆块(Ⅱ)胶辽吉元古代裂谷带(Ⅲ)老岭坳陷盆地内,荒沟山"S"形断裂带中部。区域内出露的地层自老至新有太古宙地体、古元古界老岭(岩)群、中元古界震旦系及不整合在上述地层之上的中生界。

荒沟山铅锌矿床分布在果松-花山断裂带边部,有晚期的北西向断裂通过,北东向脆韧性变形构造带通过矿区;中生代花岗岩类引起的和与隐伏岩体有关的复合环形构造集中分布,老秃顶块状构造边部,绢云母化、硅化引起的遥感浅色色调异常区,中元古界老岭(岩)群形成的带要素中,矿区及其周围遥感羟基异常、铁染异常零星分布(图 6-4-3、图 6-4-4)。

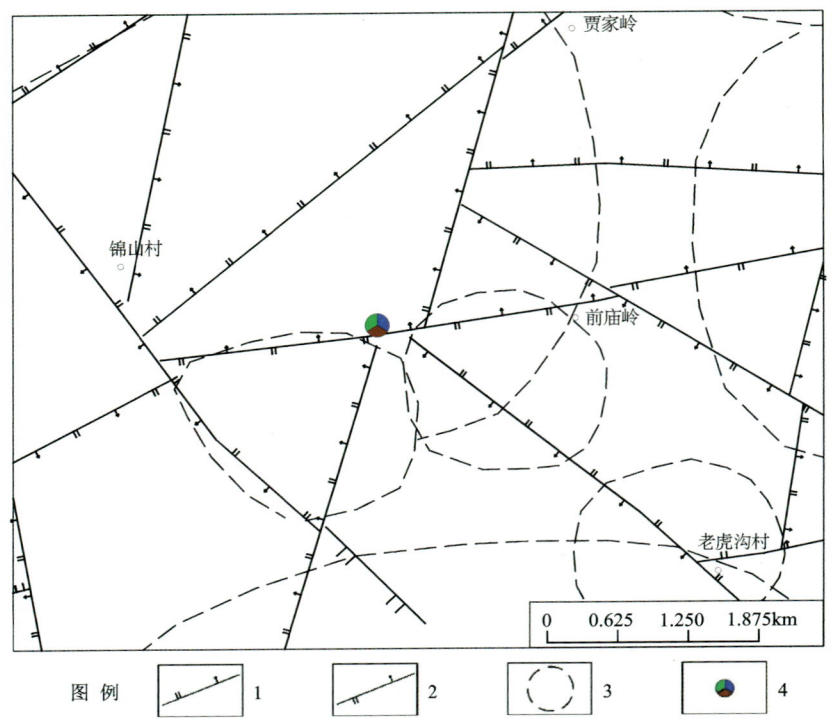

图 6-4-2　放牛沟多金属矿遥感地质特征解译图
1.正断层;2.逆断层;3.环形构造;4.矿床

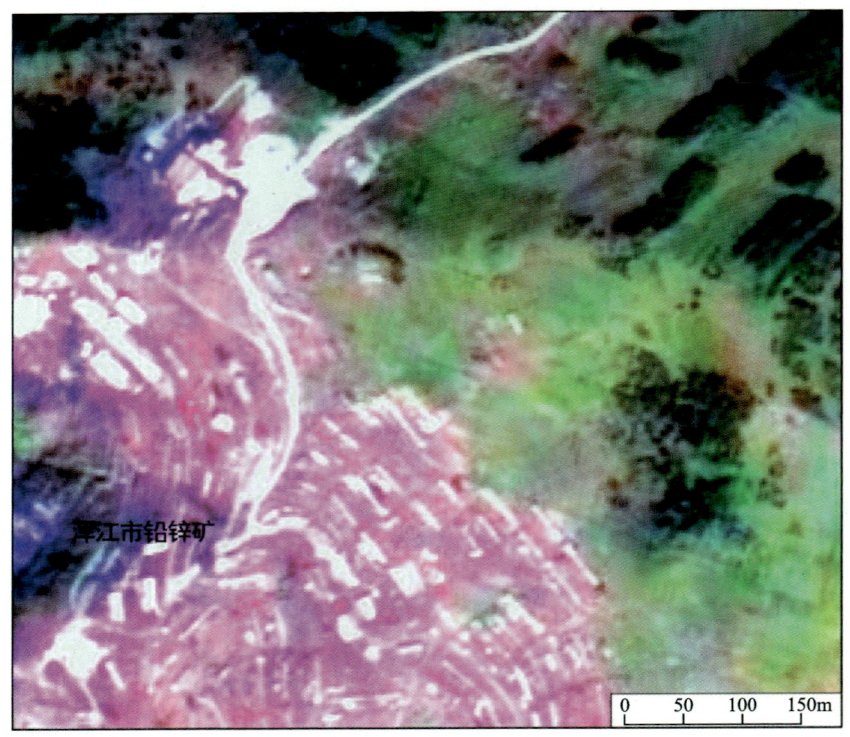

图 6-4-3　荒沟山铅锌矿遥感影像图

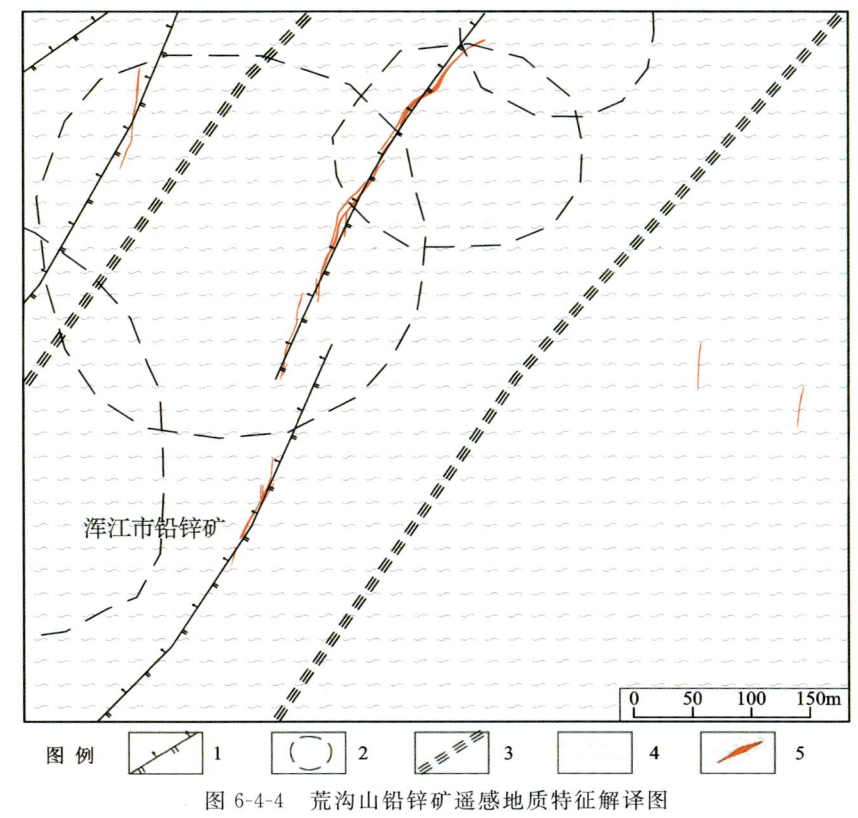

图 6-4-4 荒沟山铅锌矿遥感地质特征解译图
1.逆断层;2.环形构造;3.脆韧性剪切带;4.色调异常区;5.矿体

三、复合内生型铅锌矿

正岔铅锌矿床属于复合内生型铅锌矿,矿区位于吉林省通化市集安市二道村附近。大地构造位置处于前南华纪华北东部陆块(Ⅱ)胶辽吉古元古代裂谷带(Ⅲ)集安裂谷盆地(Ⅳ)内。正岔复式平卧褶皱转折端。矿区西侧沿褶皱轴有燕山期岩株式闪长岩、斑状花岗岩侵入体。矿区东南部有燕山晚期花岗斑岩小侵入体(矿区内呈现隐伏岩体)。集安(岩)群荒岔沟(岩)组是含矿围岩,矿区可分3段。

上段为石墨黑云变粒岩、斜长角闪岩夹石墨大理岩,中部夹断续的层状铅锌矿,厚大于27m;中段为厚层粗粒石墨大理岩夹斜长角闪岩,含层状铅锌矿,厚200m;下段为石墨变粒岩、透辉石透闪变粒岩、斜长角闪岩,赋铅锌矿,厚245m。

正岔铅锌矿床位于近东西向的头道-长白山断裂带南侧,各方向的小型断裂集中分布,中生代花岗岩类引起的环形构造、闪长岩类引起的环形构造和与隐伏岩体有关的环形构造密集分布,遥感浅色色调异常区,矿区及其周围遥感羟基异常、铁染异常零星分布(图6-4-5、图6-4-6)。

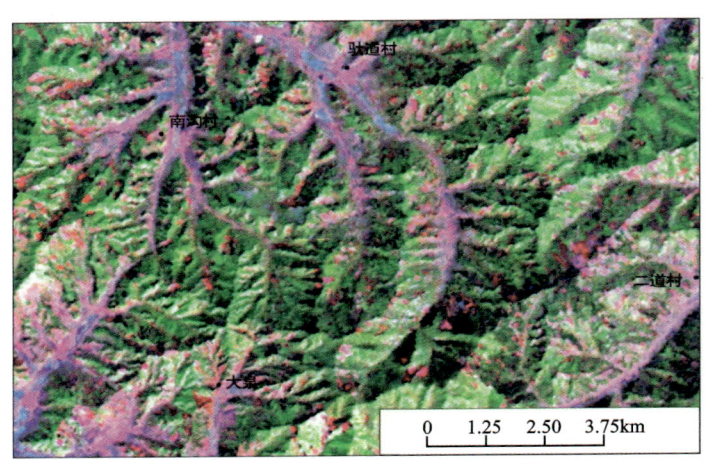
图 6-4-5 正岔铅锌矿遥感影像图

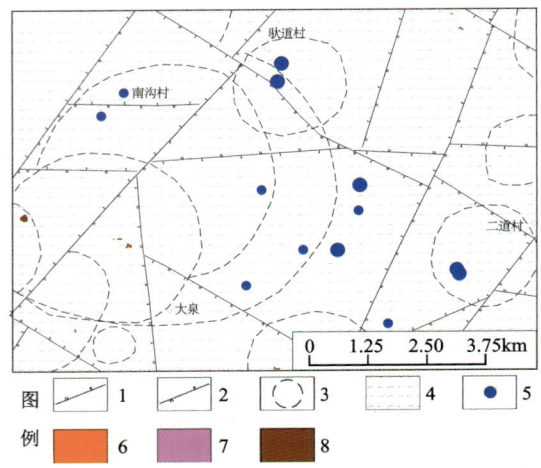
图 6-4-6 正岔铅锌矿遥感地质特征解译图
1.正断层;2.逆断层;3.环形构造;4.色调异常区;5.矿床;6.一级羟基异常;7.二级羟基异常;8.三级羟基异常

第五节　铜(镍)矿种遥感地质特征

吉林省的镍矿类型主要为红旗岭式基性—超基性岩浆熔离-贯入型、赤柏松式基性—超基性岩浆熔离-贯入型和大横路式沉积变质型。本专著对赤柏松铜镍矿展开研究工作。

赤柏松铜镍矿位于通化市通化县大都岭乡小赤柏松村附近。矿床位于前南华纪华北东部陆块(Ⅱ)龙岗-陈台沟-沂水前新太古代陆核(Ⅲ)板石新太古代地块(Ⅳ)内的二密-英额布中生代火山-岩浆盆地的南侧。

矿床赋存于基性—超基性岩体中,受深断裂构造的控制。成矿作用为岩浆融离型,成矿时代为早元古代。

吉林省赤柏松铜镍矿遥感矿产地质特征与近矿找矿标志解译图,共解译线要素24条,全部为遥感断层要素。环要素13个,其形成与隐伏岩体有关。色要素1处,为绢云母化、硅化引起的(图 6-5-1、图 6-5-2)。

图 6-5-1　赤柏松铜镍矿遥感影像图

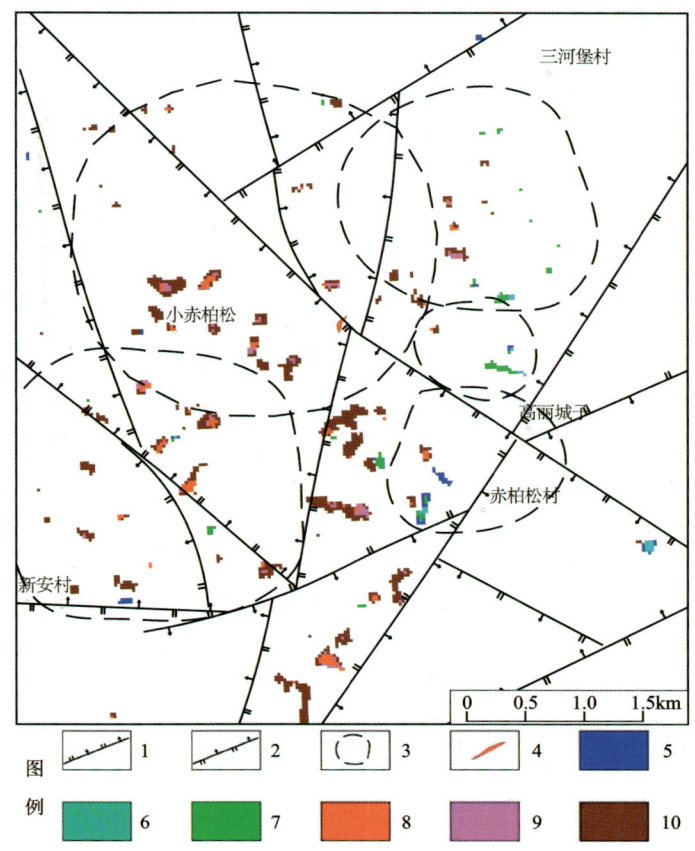

图 6-5-2 赤柏松铜镍矿遥感地质特征解译图

1.正断层;2.逆断层;3.环形构造;4.矿体;5.一级铁染异常;6.二级铁染异常;7.三级铁染异常;8.一级羟基异常;9.二级羟基异常;10.三级羟基异常

赤柏松铜镍矿位于大川-江源断裂带与四棚-青石断裂交会附近,北北东向与北西向小型断裂交会处,与隐伏岩体有关的复合环形构造内部,矿体明显受北北东向小型断裂控制,矿区西侧遥感浅色色调异常密集区,矿区内及周围遥感铁染异常和羟基异常密集分布。

第六节 锑矿种遥感地质特征

吉林省锑矿床主要是岩浆热液型,代表性矿床为青沟子锑矿。

青沟子锑矿位于吉林省临江市蚂蚁河乡胜利村附近,矿床位于前南华纪华北东部陆块(Ⅱ)胶辽吉元古代裂谷带(Ⅲ)老岭坳陷盆地内。区域内出露的地层主要为古元古界老岭(岩)群珍珠门岩组、临江岩组和大栗子(岩)组。珍珠门岩组出露于区域的北西部,主要为白云石大理岩。

临江市青沟子锑矿位于北东向果松-花山断裂带中间,各方向小型断裂较发育,北东向脆韧性变形构造带密集分布,由中生代花岗岩类引起的复合环形构造边部,遥感浅色色调异常区,矿区西北部为中元古界老岭(岩)群形成的带要素,遥感羟基异常和铁染异常集中分布(图6-6-1、图6-6-2)。

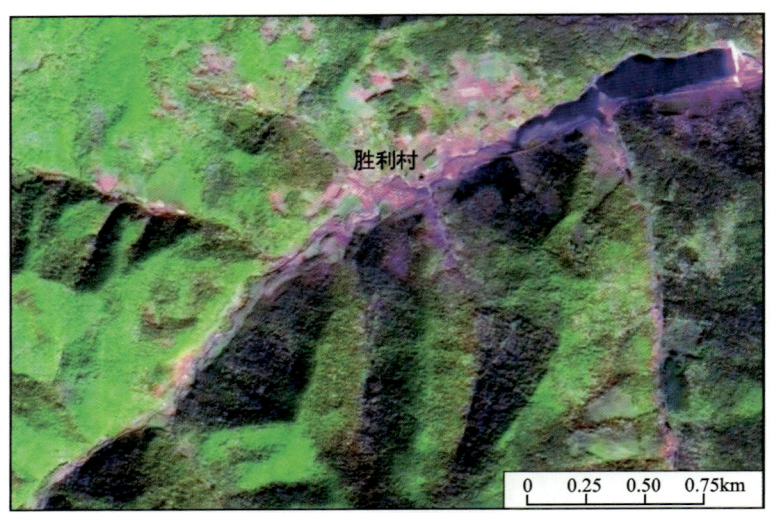

图 6-6-1　青沟子锑矿遥感影像图

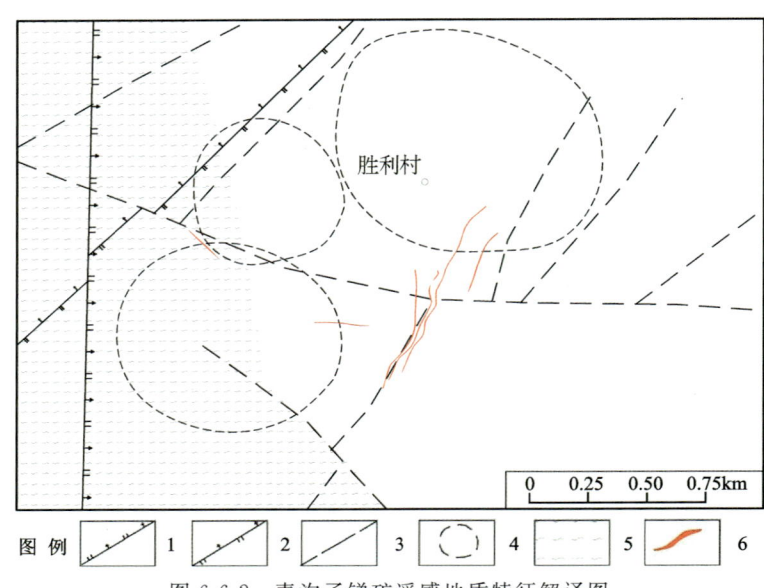

图 6-6-2　青沟子锑矿遥感地质特征解译图
1.正断层；2.逆断层；3.性质不明断层；4.环形构造；5.色调异常区；6.矿体

第七节　铬铁矿种遥感地质特征

吉林省铬铁矿床主要是岩浆热液型，代表性矿床为小绥河铬铁矿。

小绥河铬铁矿位于吉林市永吉县小绥河村附近，矿床位于天山-兴蒙-吉黑造山带（Ⅰ1）小兴安岭-张广才岭弧盆系（Ⅱ3）小顶山-张广才岭-黄松裂陷槽（Ⅲ2）双阳-永吉-蛟河上叠裂陷盆地（Ⅳ4）大地构造单元内。

出露的地层有石炭系-泥盆系通气沟组，主要岩性为砂岩、粉砂岩；志留系-泥盆系二道沟群浅海相碎屑岩，呈带状分布，主要岩性为砂岩、灰岩、板岩等。

侵入岩主要为海西期的小绥河超基性岩体，其次为通气沟岩体，岩性以橄榄岩为主。岩体已全部蛇纹石化，原生造岩矿物及原岩结构构造已被破坏，仅按次生结构划分为粗粒叶蛇纹岩和致密状蛇纹岩。

蛇纹岩是主要含矿围岩。

矿区位于依兰-伊通断裂带东南侧约 1.5km 处,并有北西向断裂相连通,矿区内为北东东向断裂构造密集分布区,有多个与隐伏岩体有关的环形构造,区内为遥感浅色色调异常区,有高度集中羟基异常及零星铁染异常分布,矿体严格受北东东向及近东西向张性断裂控制(图 6-7-1、图 6-7-2)。

图 6-7-1 小绥河铬铁矿遥感影像图

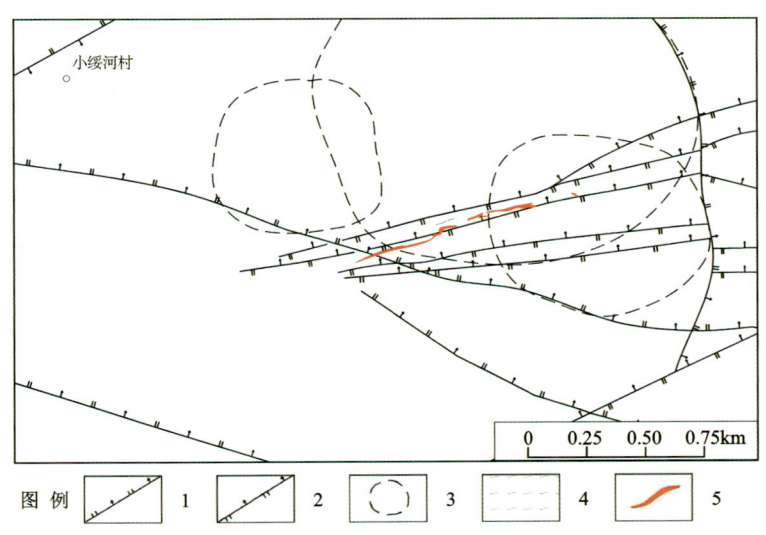

图 6-7-2 小绥河铬铁矿遥感地质特征解译图
1.正断层;2.逆断层;3.环形构造;4.色调异常区;5.矿体

第八节 硫铁矿种遥感地质特征

吉林省的硫铁矿主要有海相火山型、湖相沉积型、矽卡岩型和沉积变质型 4 种类型。代表性矿床为永吉头道沟硫铁矿。

头道沟硫铁矿位于吉林市永吉县头道沟村附近,矿床位于张广才岭-哈达岭火山-盆地区—南楼山-辽源火山-盆地群。矿床赋存于燕山期中酸性花岗岩与新元古界下震旦统西宝安(岩)群变质岩的接触带附近的矽卡岩带内,受北东向的褶皱断裂构造控制,成矿作用以岩浆-热液为特征。

矿体形成于柳河-吉林断裂带东南部北东向与北西向次级断裂集中分布区,多个环形构造在此区集中分布,遥感浅色色调异常区,矿体严格受北东向小断裂控制(图6-8-1、图6-8-2)。

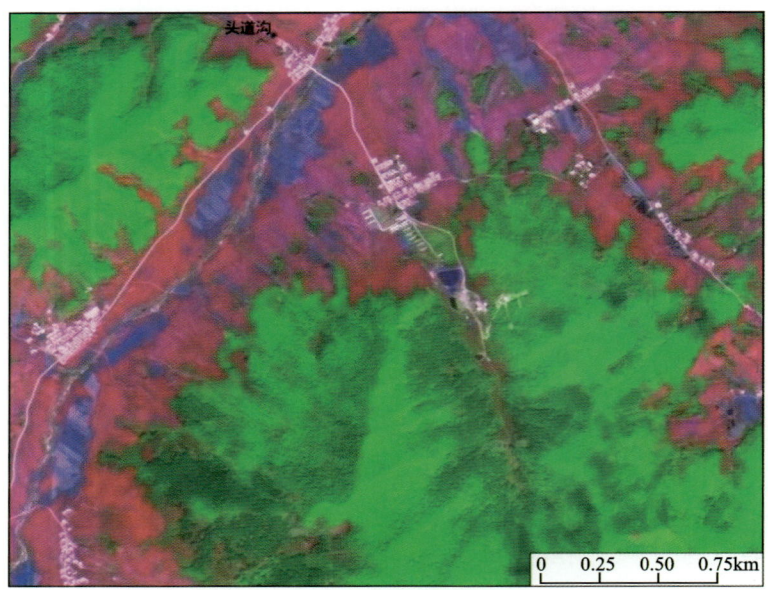

图 6-8-1　头道沟硫铁矿遥感影像图

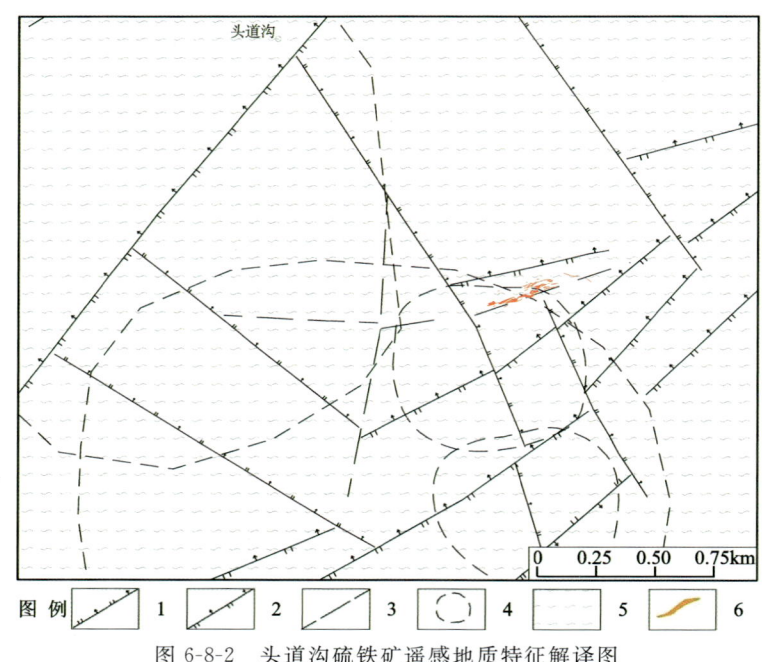

图 6-8-2　头道沟硫铁矿遥感地质特征解译图
1.正断层;2.逆断层;3.性质不明断层;4.环形构造;5.色调异常区;6.矿体

第九节　钼矿种遥感地质特征

吉林省的钼矿主要为大黑山式斑岩型、大石河式斑岩型、铜山式矽卡岩型、天合兴式斑岩型几种类型,永吉县大黑山钼矿为岩浆热液型钼矿的典型代表。

大黑山钼矿位于吉林市永吉县前撮落村附近,矿床位于小兴安岭-张广才岭弧盆系—双阳-永吉-蛟河上叠裂陷盆地内,区内岩浆活动频繁,岩浆岩种类繁多、成分复杂,钼矿床主要与印支晚期—燕山早期花岗闪长岩、花岗闪长斑岩组成的复式岩体有关,受前撮落倒转背斜核部及东西向基底断裂带与北北东向断裂带交会部位控制。矿床主要受控于早中生代印支期、晚中生代燕山期中酸性花岗岩,成矿作用以岩浆-热液为特征,成矿时代集中在印支晚期—燕山期。

吉林省永吉大黑山钼矿遥感矿产地质特征与近矿找矿标志解译图,共解译线要素5条,全部为遥感断层要素。环要素10个,其形成主要由中生代花岗岩类引起或由基性岩类引起。周围分布有与隐伏岩体有关的环形构造。色要素1处,为由绢云母化、硅化引起的。

钼矿体形成于北东向柳河-吉林断裂带与北西向桦甸-双河镇断裂带交会处的锐角区,遥感环形构造集中分布区,遥感浅色色调异常区(图6-9-1、图6-9-2)。

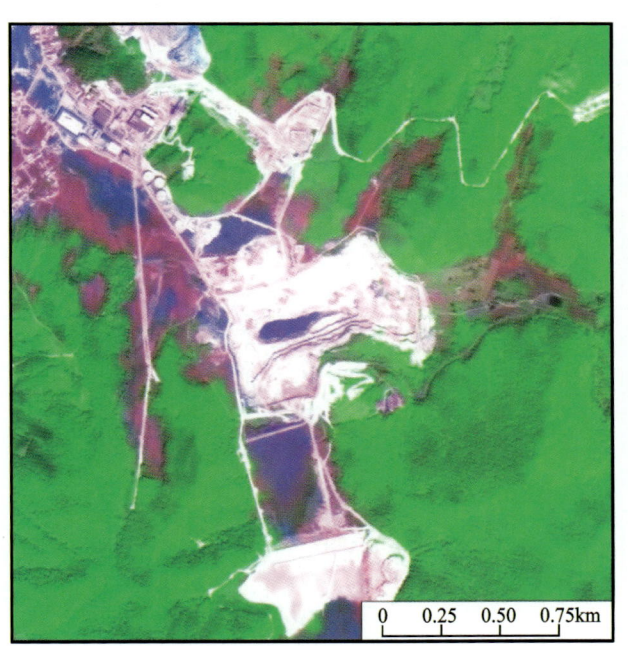

图6-9-1　大黑山钼矿遥感影像图

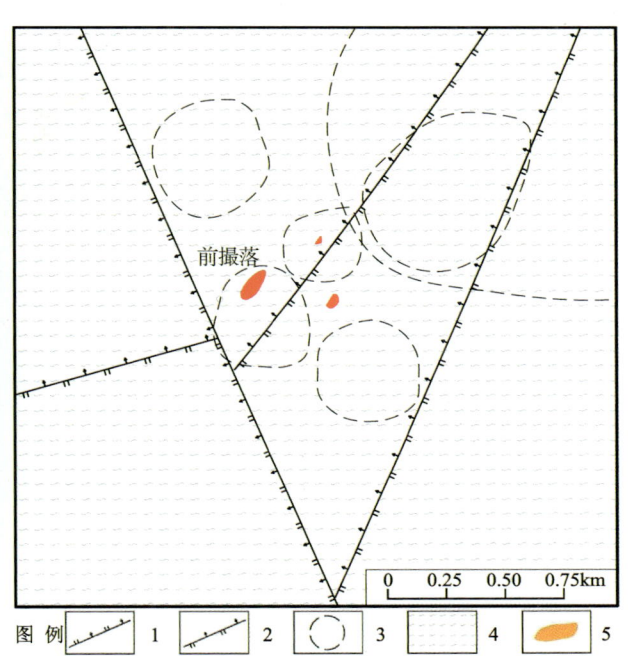

图6-9-2　大黑山钼矿遥感地质特征解译图
1.正断层;2.逆断层;3.环形构造;4.色要素;5.矿体

第十节　银矿种遥感地质特征

吉林省银矿主要类型为山门式热液型、民主屯式火山热液型、西岔式热液改造型、红太平式火山岩型、西林河式岩浆热液型、百里坪式岩浆热液型、刘家堡子-狼洞沟式热液充填型、八台岭式构造蚀变岩型。四平山门银矿及西林河银矿为热液型银矿的典型矿床。

一、山门银矿

1.地质概况

山门银矿位于吉林省四平市卧龙屯附近,山门地区山门式热液型银矿床位于张广才岭-哈达岭火山-盆地区——大黑山条垒火山-盆地群,区内加里东期——燕山期岩浆岩发育,受依兰-伊通深断裂及其次级断裂构造控制,与成矿有关的主要为印支期闪长岩。

2.遥感矿产地质特征

吉林省四平山门银矿遥感解译图,共解译线要素24条(其中21条为遥感断层要素,3条为遥感脆韧性变形构造)。环要素13个,其形成与隐伏岩体有关。色要素1处,为由绢云母化、硅化引起的。

矿床形成于北东向伊舒线性构造带的西支断裂附近,矿体严格受北东向密集的小断裂控制,并有直径约8km的岩浆侵入环形构造存在,矿区为遥感浅色色调异常区(图6-10-1、图6-10-2)。

图 6-10-1 山门银矿遥感影像图

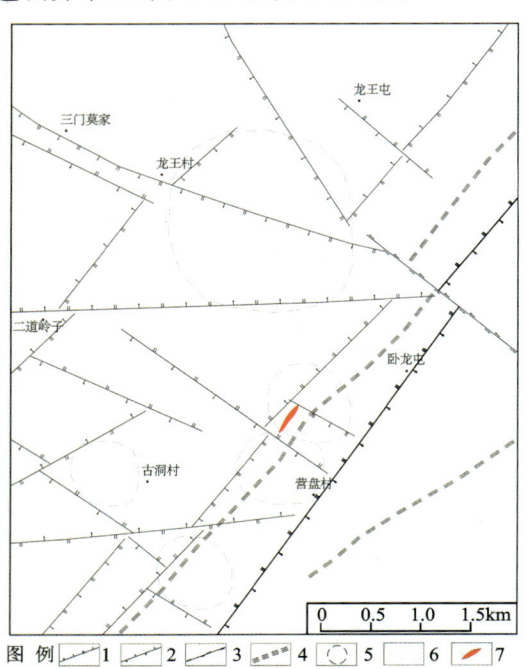
图 6-10-2 山门银矿遥感地质特征解译图
断层;2.逆断层;3.平移断层;4.韧性剪切带;5.环形构造;
6.色调异常区;7.矿体

二、西林河银矿

1.地质概况

西林河银矿位于吉林省白山市抚松县西林河林场附近。矿区位于中朝准地台(Ⅰ)辽东台隆(Ⅱ)铁岭—靖宇台拱(Ⅲ)龙岗断块(Ⅳ)的北东端。

矿体赋存在太古宙花岗岩与古元古界老岭(岩)群珍珠门岩组大理岩接触带中,受北东向断裂构造控制,矿床成因为岩浆期后中低温热液充填型,燕山期五道溜河单元西林河侵入体为成矿提供了热液来源。

2.遥感矿产地质特征

吉林省西林河银矿遥感矿产地质特征解译图(图6-10-3、图6-10-4),共解译线要素18条,全部为遥感断层要素。环要素4个,其形成与隐伏岩体有关。矿区在那尔轰-松江断裂带与北西向、北北西向断裂交会处,分布有铁染异常,有与隐伏岩体有关的环形构造分布。

图 6-10-3　西林河银矿遥感影像图

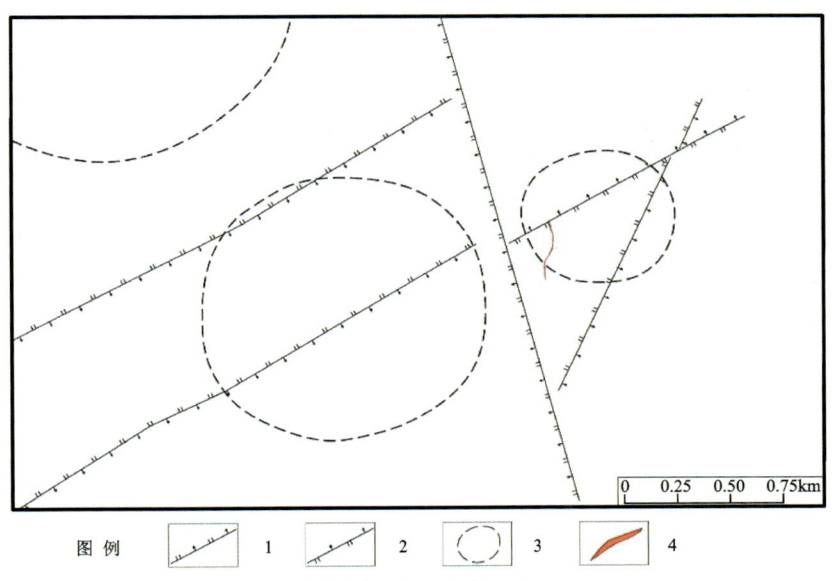

图 6-10-4　西林河银矿遥感地质特征解译图
1.正断层；2.逆断层；3.环形构造；4.矿体

第十一节　萤石矿种遥感地质特征

吉林省萤石矿划分了3种矿产预测类型，选择的典型矿床为明城地区南梨树热液充填交代型萤石矿。

南梨树萤石矿位于吉林省吉林市磐石县明城镇附近。矿床位于天山-兴安地槽褶皱区，吉黑褶皱系，吉林优地槽褶皱带，吉林复向斜，双阳-磐石褶皱束大地构造单元内。

矿区出露的地层主要是下石炭统鹿圈屯组，分布在矿区北部与东部，总体呈北北西向展布，是一套海相火山碎屑岩夹碳酸盐岩建造。岩性为灰岩、变质砂岩、板岩、硅质岩、凝灰岩等，是萤石矿体的直接围岩，其次为下侏罗统南楼山组流纹质凝灰岩和第四纪砂岩、砾岩。

区域性断裂为近东西向的梨树沟断裂。与成矿关系密切的断裂构造是梨树沟断裂内次一级的北西向断裂，该组断裂最为发育，属压扭性，是主要的控矿断裂，萤石矿体赋存于该断裂构造中。北东向断裂规模较小,是成矿后期的张扭性断裂,控制少量萤石矿体。

这两组控矿构造具有继承性和多期活动性,其后期的复活运动对矿体有一定的破坏作用。区内出露大面积的燕山早期石英正长斑岩及花岗斑岩脉,侵入鹿圈屯组和南楼山组中,为成矿提供热源与物源(含氟热液),是成矿母岩。

吉林省南梨树萤石矿,共解译线要素17条,全部为遥感断层要素。环要素3个,全部为由中生代花岗岩类引起的环形构造。色要素2处,由绢云母化、硅化引起。位于依兰-伊通断裂带与北北西向断裂交会处,北东向与北北东向断裂发育。与隐伏岩体有关的环形构造比较发育,遥感浅色色调异常区,矿区及周围遥感羟基异常密集,铁染异常零星分布。

矿区及周围遥感一级铁染异常零星分布,矿区西北部有3个级别的铁染异常集中分布(图6-11-1、图6-11-2)。

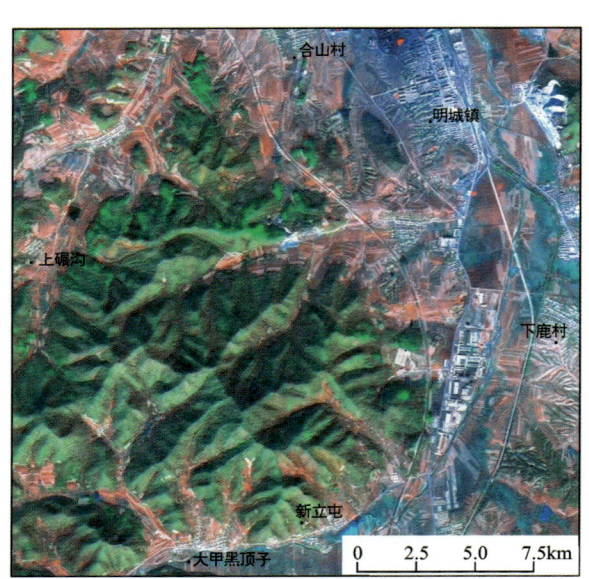

图 6-11-1　南梨树萤石矿遥感影像图

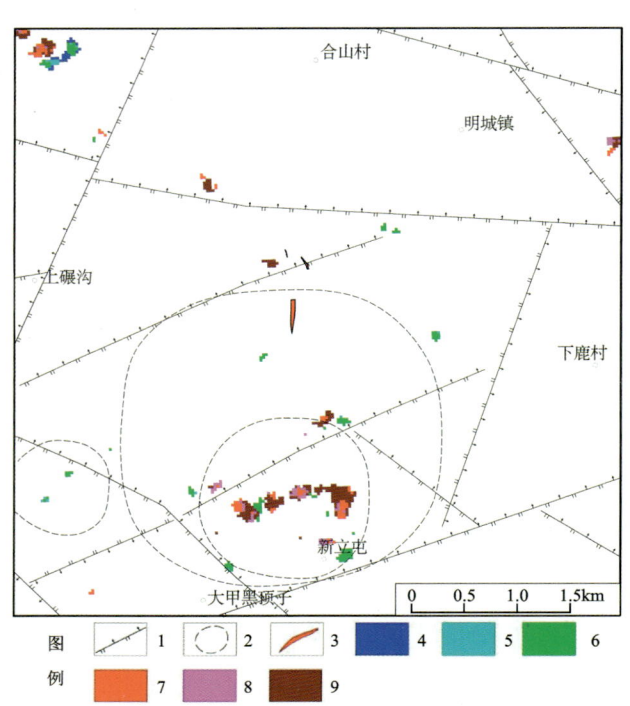

图 6-11-2　南梨树萤石矿遥感地质特征解译图

1.逆断层;2.环形构造;3.矿体;4.一级铁染异常;5.二级铁染异常;6.三级铁染异常;7.一级羟基异常;8.二级羟基异常;9.三级羟基异常

第七章　吉林省矿产资源遥感找矿预测

吉林省矿产资源潜力评价遥感专题,历经6年时间,收集了大量的遥感地质资料,完成了吉林省区域性遥感地质特征解译,并分矿种按预测工作区进行了不同矿种的成矿预测分析,为吉林省矿产资源潜力评价提供了重要的遥感依据。本次在单矿种成矿预测基础上,通过各矿种典型矿床遥感影像特征总结,同时按吉林省成矿区(带)对本次遥感工作成果进行系统总结,总结Ⅲ、Ⅳ级成矿带遥感影像特征,在Ⅴ级成矿带内进行遥感找矿综合预测。

第一节　小兴安岭-张广才岭铁、铅锌、铜、钼、钨成矿带

该成矿带位于吉林省中北部,西侧为松辽平源与大黑山条垒接触界线,东侧为敦密断裂,南侧到双阳—永吉一线,行政区包括榆树市、舒兰市、九台市、长春市北部、永吉县北部、蛟河市北部以及敦化市北部。

遥感地质特征:

(1)本成矿带内分布3条大型断裂带,为四平-德惠岩石圈断裂、依兰-伊通断裂带、敦化-密山岩石圈断裂。

A.四平-德惠岩石圈断裂:松辽平原与大黑山条垒分界线,即"松辽盆地东缘断裂",沿新立城镇、放牛沟镇、溪河镇以及土桥镇一线呈北东向控制该成矿带的西侧边缘。

B.依兰-伊通断裂带:沿万昌、吉舒镇、平安镇一线呈北东向通过成矿带,区域上为近于平行的两组断裂组成,西侧断裂位于伊通-乌拉街槽地西缘与大黑山条垒交界,东侧断裂为伊通-乌拉街槽地东缘,两条断裂间的狭长槽地中堆积巨厚的新生代陆相碎屑岩。

C.敦化-密山岩石圈断裂:沿黄泥河镇—大山咀子镇一线呈北东向控制该成矿带东侧边缘,该断裂带属郯庐断裂的一部分。

(2)成矿带内分布有6条中型断裂。

A.长岭-青沟子断裂带,沿九台市、江密峰镇、额穆镇一线呈近东西向通过成矿带,断层成群出现,控制燕山期岩浆活动和晚三叠世的火山喷发与沉积以及蛟河县附近的中基性岩浆的侵入活动。

B.抚松-蛟河断裂带,为一条近南北走向,由数条小规模的断裂组成的断裂构造带。

C.桦甸-蛟河断裂带,通过蛟河呈北北东向通过成矿带。

D.柳河-吉林断裂带,沿永吉县—小城镇一带呈北北东向展布。

E.双阳-长白断裂带,通过劝农山镇呈北西向分布。

F.新安-龙井断裂带,沿额穆镇—平安镇一线呈北西向通过成矿带。该成矿带中部的伊舒裂谷将其分为两个Ⅳ级成矿带,分别为兰家-上河湾金、铁、铜、银成矿带和福安堡-塔东钼、铁、钨、铜、金、铅、锌、银成矿带。

一、兰家-上河湾金、铁、铜、银成矿带

该成矿带处于松辽断陷与伊舒裂谷之间的大黑山断隆中北段，出露的地层主要为下二叠统范家屯组砂岩夹凝灰质砂岩，粉砂岩，板岩和上二叠统杨家沟组、马达屯组海陆交互相—陆相砂砾岩，砂岩，粉砂岩及安山岩类，属火山-类复理式-类磨拉石建造。局部地段有下白垩统营城组陆相火山岩（安山岩）和泉头组砂砾岩。区内的岩浆岩广泛发育，以燕山早地壳型二长花岗岩、花岗岩、石英闪长岩，过渡型黑云母花岗岩等岩体为主，呈岩基或岩株产出，少量海西晚期石英二长闪长岩、花岗闪长岩等过渡型岩体和双凤山单元橄榄辉长岩等幔源型小岩体。

区内已知矿产有铜、铁、金、银等，已发现矿化点、矿点、矿床30多处，主要分布在岩体与地层（范家屯组）接触带或岩体内、地层内构造裂隙控制的热液充填型脉状矿化体。其中兰家金矿、八台岭银、金矿可达中—小型规模。

区域遥感影像特征：本成矿带为两条北东向区域性深大断裂之间的窄长条垒，北西侧为四平-德惠岩石圈断裂，南东侧为依兰-伊通断裂带，在两条断裂带之间，不同方向的次级断裂密集分布，并且在不同方向断裂交会部位，多有成群分布的环形构造。

（一）兰家金、铁、铜、银、硫找矿远景区

1.地质概况

沉积岩：预测区内沉积岩地层较发育，由老至新分别为：下石炭统余富屯组细碧岩、角斑岩夹灰岩、砂岩；下—中石炭统磨盘山组灰岩、含燧石结核灰岩、泥晶灰岩、亮晶灰岩夹硅质岩；二叠系范家屯组，底部为深灰色、黑色砂岩，粉砂岩，板岩，中部为厚层生物屑灰岩透镜体和凝灰质砂岩，上部为黑色、灰色板岩夹砂岩；哲斯组砂岩、粉砂岩、泥质粉砂岩夹灰岩扁豆体；杨家沟组砂岩、粉砂岩、粉砂质泥岩夹灰岩透镜体；下白垩统沙河子组，上部为灰白色砂岩、粉砂岩、泥质粉砂岩、泥岩夹煤，下部为砂岩、凝灰质砂岩、砂砾岩；泉头组，以紫色砂岩、泥岩为主，夹灰白色含砾砂岩、细砂岩；古近系古新统缸窑组以黄灰色复成分砾岩为主，夹砂岩、粉砂岩等。

火山岩：预测区内的火山岩主要发育为上侏罗统火石岭组，上部为安山岩、安山质凝灰岩、凝灰质角砾岩、砂岩、粉砂岩、泥质粉砂岩夹煤；中部以安山质凝灰岩、凝灰质角砾岩为主，夹砂岩、粉砂岩、泥质粉砂岩及煤线；下部为流纹岩、安山岩；安民组流纹岩、安山岩、安山质凝灰岩、凝灰质角砾岩；下白垩统营城组安山岩、流纹岩、泥质粉砂岩夹煤。

侵入岩：预测区内侵入岩发育，具有多期多阶段性。分别为中二叠世橄榄岩，晚二叠世闪长岩，晚三叠世石英闪长岩，中侏罗世花岗闪长岩、二长花岗岩，早白垩世正长花岗岩、正长岩；脉岩有花岗斑岩。

上述侵入岩在区内构成北东向展布的大黑山构造岩浆岩带。

2.遥感矿产地质特征

本找矿远景区位于四平-德惠岩石圈断裂与依兰-伊通断裂带所夹的大黑山条垒东升村—黄家店段。四平-德惠岩石圈断裂呈北东向控制该远景区西北侧边缘，依兰-伊通断裂带呈北东向，控制本远景区东南侧边缘（图7-1-1、图7-1-2）。

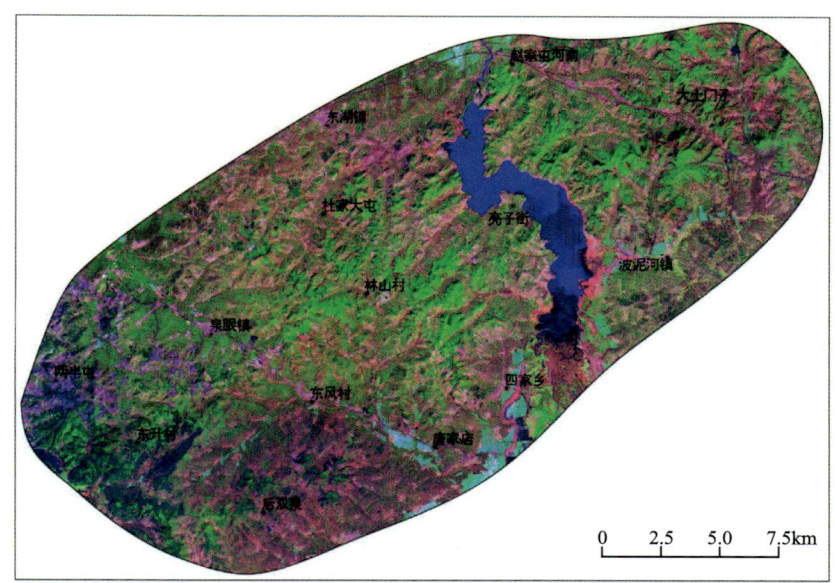

图 7-1-1　兰家金、铁、铜、银、硫找矿远景区遥感影像图

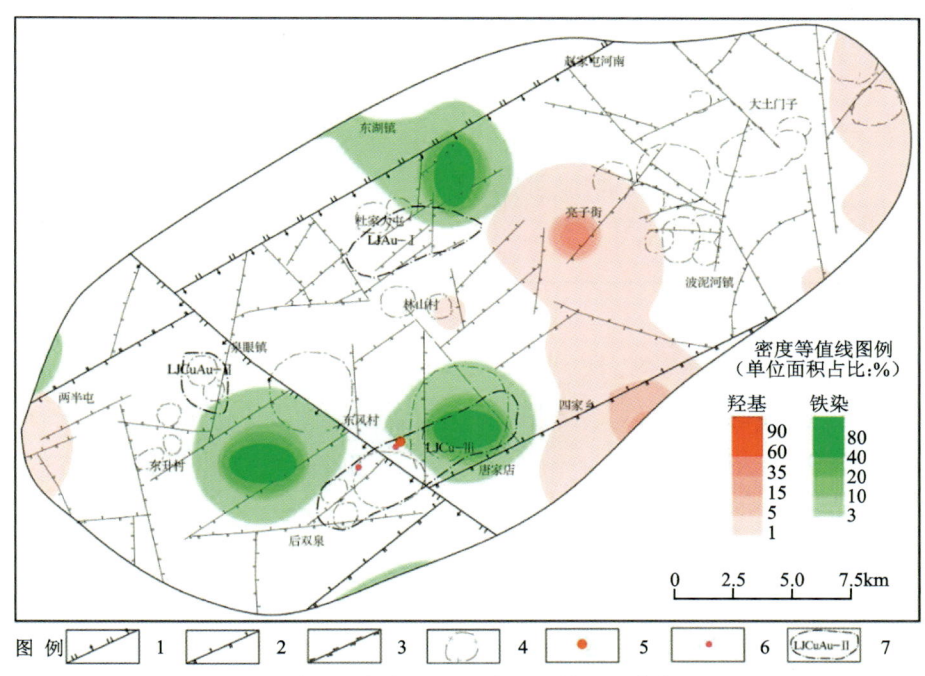

图 7-1-2　兰家金、铁、铜、银、硫找矿远景区遥感找矿预测图
1.正断层；2.逆断层；3.平移断层；4.环形构造；5.金矿床；6.铁矿点；7.最小预测区及编号

本找矿远景区内发育1条中型断裂（带），为双阳-长白断裂带。该带呈北西向沿东风村—泉眼镇一线通过远景区，遥感图像上显示为正断层，并多错断其他方向断裂。长春市双阳兰家金矿、双阳区东风硫铁矿、双阳区东风铜铁矿等均形成于该断裂带附近。

本找矿远景区内的小型断裂比较发育，预测区内的小型断裂以北东向为主，北西向和南北向次之，局部见近东西向小型断裂，其中北西向断裂多表现为张性特点，其他方向断裂多表现为压性特征。

本找矿远景区内的环形构造比较发育，共圈出27个环形构造。它们主要集中于不同方向断裂交会部位，形成波泥河镇、东湖镇南泉眼镇东、上墙缝、新安镇北等环形构造群。长春市双阳兰家金矿、双阳区东风硫铁矿、双阳区东风铜铁矿等均形成于新安镇北环形构造群附近。按其成因类型分为2类，其中与隐伏岩体有关的环形构造 23 个、中生代花岗岩类引起的环形构造 4 个。

3.遥感异常分布特征

远景区西北部团山子南部,四平-德惠岩石圈断裂的次级断裂附近,北东向断裂、北西向断裂交会部位,东湖镇南环形构造群边部,羟基异常分布比较集中,并有铁染异常分布;杂木沟附近的北西向与北东向断裂交会部位,羟基异常相对集中;双阳-长白断裂带两侧的次级北东向断裂附近以及新安镇北环形构造群内,铁染异常相对集中。

4.遥感矿产预测分析

本远景区内共圈出 3 处最小预测区,预测矿种为金、铜(表7-1-1)。

表 7-1-1　兰家金、铁、铜、银、硫找矿远景区成矿预测表

预测区编号	预测矿种	预测范围		预测面积/km²	预测依据
		东经	北纬		
LJAu-Ⅰ	金	125°38′11″—125°43′04″	43°53′11″—43°55′16″	13.19	位于四平-德惠岩石圈断裂东南侧,区内发育南北向、北东向断裂,该区位于 2 个与隐伏岩体有关的环形构造边部,区内零星分布着羟基异常
LJCuAu-Ⅱ	铜、金	125°32′22″—125°34′01″	43°49′14″—43°50′58″	5.85	区内发育南北向断裂,区内有 2 个与隐伏岩体有关的环形构造沿北西向断裂呈串珠状分布
LJCuAu-Ⅲ	铜、金	125°37′32″—125°44′41″	43°46′14″—43°50′13″	27.38	双阳-长白断裂带、依兰-伊通断裂带交会处,区内有 5 个与隐伏岩体有关的环形构造沿北东向断裂呈串珠状分布,有零星铁染异常分布,长春市双阳兰家金矿

(二)八台岭-上河湾金、银、铜、铁、萤石找矿远景区

1.地质概况

该找矿远景区位于张广才岭-哈达岭火山-盆地区—南楼山-辽源火山-盆地群,区内地层主要为古生界二叠系,其次为中生界三叠系、白垩系及新生界,二叠系范家屯组、杨家沟组为一套浅变质的火山碎屑沉积岩系;印支早期—海西晚期—燕山期岩浆岩发育,主要受北东向、北西向的断裂构造控制,区内有九台上河湾姜家沟金矿、永吉八台岭银金矿床和九台牛头山萤石矿床。

2.遥感矿产地质特征

该找矿远景区位于四平-德惠岩石圈断裂和依兰-伊通断裂带所夹的大黑山条垒左家镇—大坡镇段,四平-德惠岩石圈断裂呈北东向控制该找矿远景区西北侧边缘,依兰-伊通断裂带呈北东走向,控制本找矿远景区东南侧边缘。

长岭-罗子沟断裂带,沿预测区中南部呈近东西向横穿本区;德惠-舒兰断裂带,分布于找矿远景区中北部上河湾一带,呈近东西向通过找矿远景区。

本区内的小型断裂比较发育,主要分布于四平-德惠岩石圈断裂和依兰-伊通断裂带之间,并且以北东向和北西向为主,近东西向次之,其中的北西向断层多为正断层,其他方向断裂多为逆断层。不同方向的小断裂多集中分布,并主要集中于南天门附近及左家—红石村一带。

本区内的环形构造比较发育，主要集中于不同方向断裂交会部位，构成八家子乡、两家子乡、沙河子乡、杨树河子村、左家等环形构造群，永吉八台岭银金矿床形成于两家子乡环形构造群内。本预测区内共解译出色调异常3处，为由绢云母化、硅化引起的，在遥感图像上显示为浅色色调异常，永吉八台岭银金矿床形成于其中1处遥感色调异常区（图7-1-3、图7-1-4）。

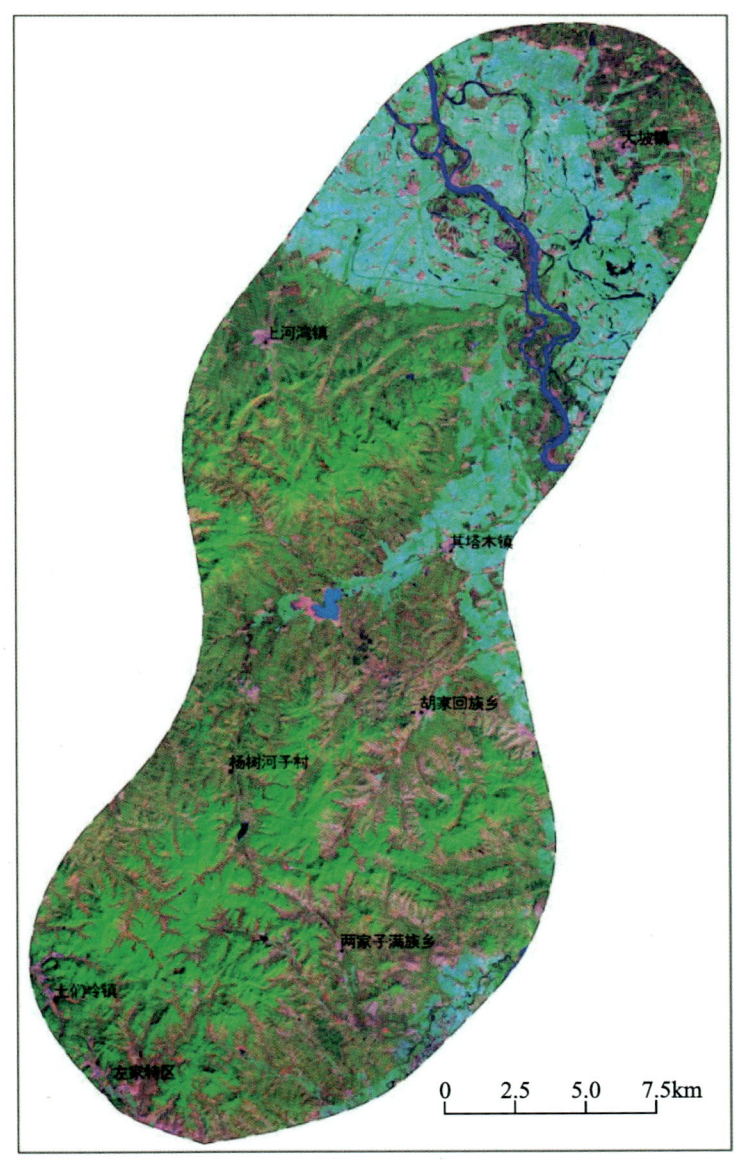

图7-1-3　八台岭-上河湾金、银、铜、铁、萤石找矿远景区遥感影像图

3.遥感异常分布特征

该找矿远景区内的遥感异常空间分布多与遥感解译五要素有关，中偏北部南天门附近，在不同方向断裂密集分布区、环形构造内部或边部以及遥感浅色色调异常区，羟基异常集中分布；找矿远景区南部，多方向小型断裂集中区、环形构造分布区以及遥感浅色色调异常区，遥感羟基异常及铁染异常相对集中。本区的遥感异常可能与矿化蚀变有关。

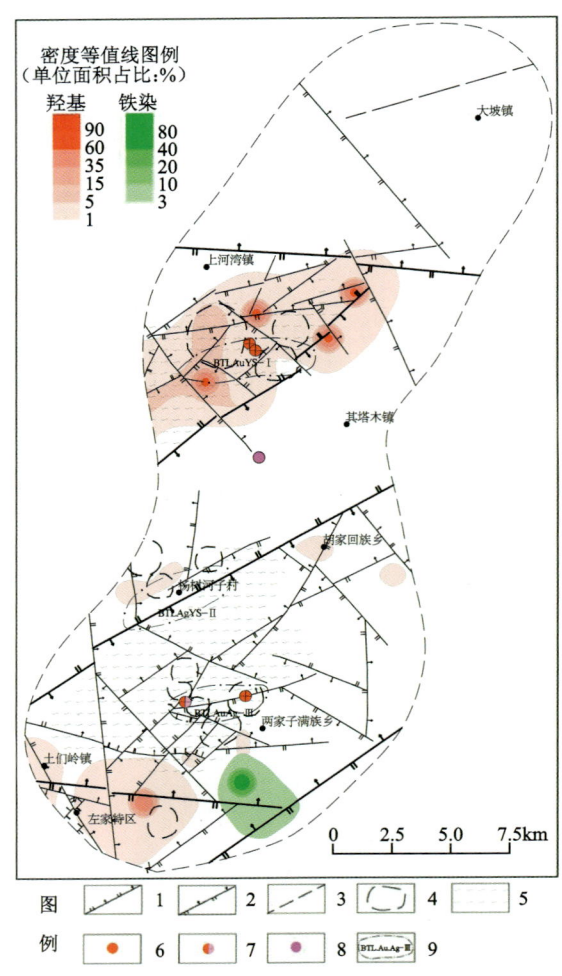

图 7-1-4　八台岭-上河湾金、银、铜、铁、萤石找矿远景区遥感找矿预测图
1.正断层;2.逆断层;3.性质不明断层;4.环形构造;5.色要素;6.金矿;7.金银矿;8.萤石;
9.最小预测区及编号

4.遥感矿产预测分析

本远景区内共圈最小预测区 3 处,预测矿种为金、银及萤石(表 7-1-2)。

表 7-1-2　八台岭-上河湾金、银、铜、铁、萤石找矿远景区成矿预测表

预测区编号	预测矿种	预测范围		预测面积 /km²	预测依据
		东经	北纬		
BTLAu YS-Ⅰ	金、萤石	126°10′06″—126°18′35″	44°23′53″—44°26′07″	32.04	四平-德惠岩石圈断裂西北侧,北西向与北东向断裂交会部位,中生代花岗岩类引起的环形构造分布区,遥感浅色色调异常区
BTLAg YS-Ⅱ	银、萤石	126°07′16″—126°13′51″	44°12′24″—44°15′29″	29.34	该区沿四平-德惠岩石圈断裂呈北东向展布,各方向小断裂交会于此,与隐伏岩体有关的环形构造分布区,遥感浅色色调异常区
BTLAg YS-Ⅲ	银、萤石	126°10′17″—126°16′20″	44°08′09″—44°10′05″	20.55	四平-德惠岩石圈断裂东南部,各方向小断裂交会于此,5 个与隐伏岩体有关的环形构造群,形成于遥感浅色色调异常区。永吉县八台岭金银矿床分布在此区域

二、福安堡-塔东钼、铁、钨、铜、金、铅、锌、银成矿带

该成矿带处于华北板块和西伯利亚板块结合带的褶皱增生带部位,张广才岭太古宙—晚古生代—中生代成矿带(Ⅲ)内,区内地层主要有新元古界塔东(岩)群拉拉沟(岩)组和朱敦店(岩)组,为一套基性海相火山含铁建造。二叠系小蜜蜂顶子组、大河深组,其岩性主要为火山碎屑岩夹少量正常沉积的陆源碎屑岩;局部有少量的三叠系(马鞍山带)分布,古近系、新近系则分布于盆地及沟谷中。区域内侵入岩主要为海西期闪长岩类、印支期和燕山期花岗岩类。区内已知的舒兰福安堡钼矿及其他众多的铜、铅、锌、金等矿点、矿化点大多分布在印支期、燕山期花岗岩小岩株内或其周围,为本矿区主要控矿因素之一。塔东(岩)群拉拉沟(岩)组为本矿区铁矿主要赋矿层位。

区域遥感影像特征:分布于依兰-伊通断裂带与敦化-密山岩石圈断裂带之间,柳河-吉林断裂带沿西阳镇—吉林市—小城镇一线呈北东向通过成矿带,桦甸-蛟河断裂带呈北东向通过蛟河分布于成矿带内,桦甸-双河镇断裂带由数条北北西向断裂组成,北段进行本成矿带永吉县及吉林市东部,新安-龙井断裂带沿额穆镇—平安镇一线呈北西向通过本带,长岭-罗子沟断裂带沿江密峰镇—额穆镇一线横穿成矿带。

(一)大绥河铜、铁、铬、萤石找矿远景区

1.地质概况

该找矿远景区主要出露沉积岩石为志留纪—早泥盆世含砾粗砂岩、粉砂岩夹灰岩透镜体;二叠纪细砂岩、粉砂岩,凝灰质砂岩、细砾岩、砂砾岩、砾岩。粉砂质板岩、泥质板岩夹细砂岩。古近纪吉舒组(E_2j):砂岩夹煤建造。第四纪全新世(Qh^{al})河漫滩相砂砾石松散堆积。

火山岩:为中生代陆相喷发—降落—涌流相火山岩。

侵入岩:晚泥盆世超基性岩、中侏罗世花岗闪长岩($J_2\gamma\delta$)、二长花岗岩($J_2\eta\gamma$);晚泥盆世超基性岩(D_3)有橄榄岩、含辉橄榄岩,岩石呈黑绿色、暗绿色,发生蛇纹石化。

超基性岩体特征:岩体长轴方向与围岩一致,其片理和碎裂方向也与围岩相同,近东西向展布;具蛇纹石化、透闪石化橄榄岩、滑石化橄榄岩、蛇纹岩等;橄榄岩石建造组合具有铬矿产形成与赋存的地质构造背景。

2.遥感矿产地质特征

大绥河铜、铁、铬、萤石找矿远景区内的断裂构造及环形构造均较发育,依兰-伊通断裂带呈北东向通过远景区西北角,其东南侧发育一条与之平行的宽约8km的断裂构造密集带,密集带内的小断裂以北东向为主,并发育一些北北西向、北西向、北西西向及近南北向断裂。断裂密集带内环形构造发育,沙河子乡环形构造群、大绥河镇环形构造群、商登站镇环形构造群均分布在该带内,该带内的大部分地区为遥感浅色色调异常区,并有零星的铁染异常分布,为一重要的铜、铁、铬、萤石成矿地带,小绥河铬铁矿形成于该带内。柳河-吉林断裂带呈北东向通过远景区中部,该带为钼矿、钨矿、铜矿、金、铁和多金属矿等重要成矿带;桦甸-双河镇断裂沿丰满—大崴子一线呈北北西向分布在远景区内(图7-1-5、图7-1-6)。

3.遥感矿产预测分析

本找矿远景区内共圈出3处最小预测区,预测矿种为银、铬铁矿、萤石(表7-1-3)。

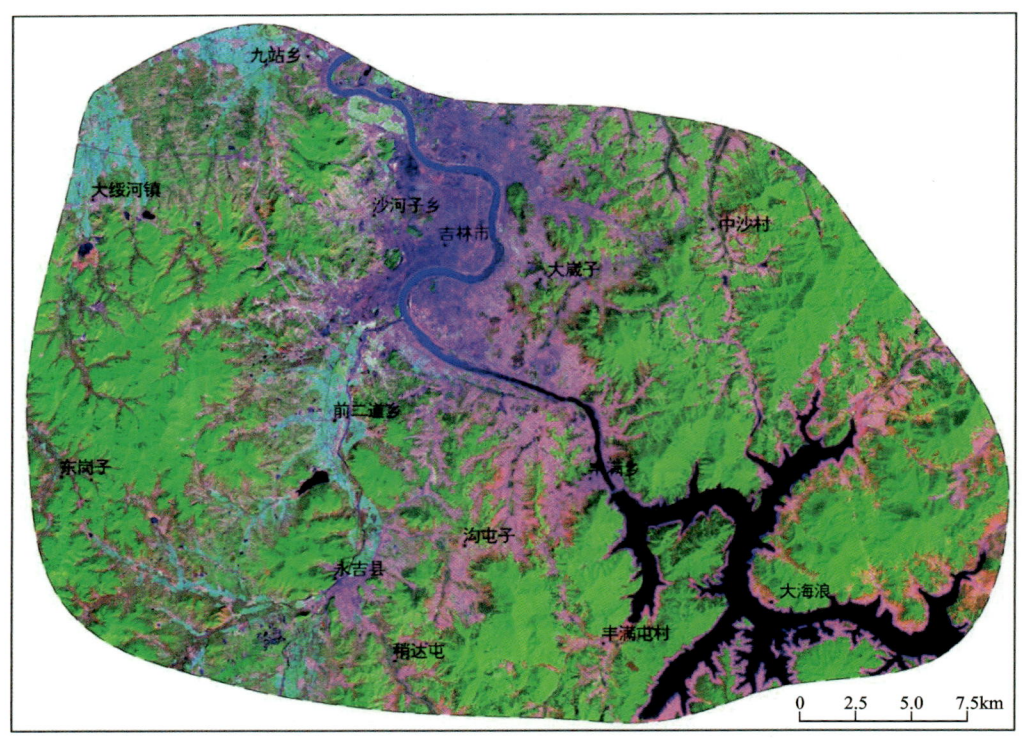

图 7-1-5　大绥河铜、铁、铬、萤石找矿远景区遥感影像图

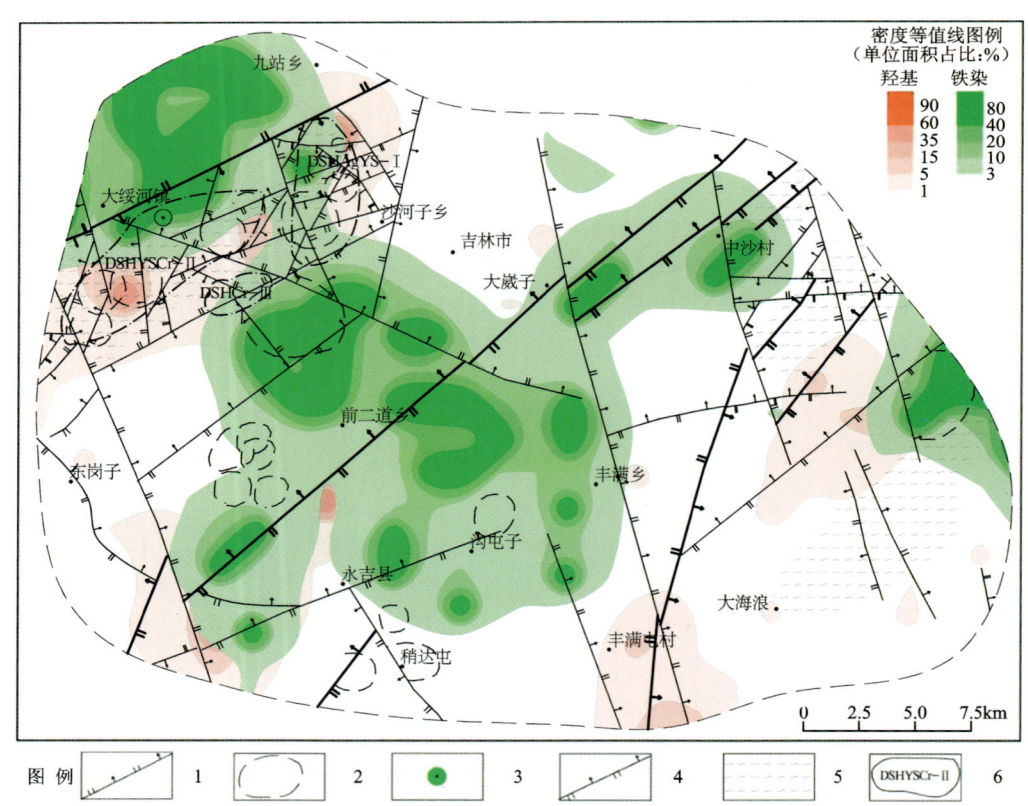

图 7-1-6　大绥河铜、铁、铬、萤石找矿远景区遥感找矿预测图
1.正断层;2.环形构造;3.铬铁矿;4.逆断层;5.色要素;6.最小预测区及编号

表 7-1-3 大绥河铜、铁、铬、萤石找矿远景区成矿预测表

预测区编号	预测矿种	预测范围		预测面积/km²	预测依据
		东经	北纬		
DSHAgYS-Ⅰ	银、萤石	126°26′32″—126°29′19″	43°50′24″—43°55′16″	28.09	依兰-伊通断裂带东南侧,次级断裂高度集中区,北东向与北西向小断裂构成格子状构造,多个与隐伏岩体有关的环形构造集中分布,区内为遥感浅色色调异常区,有铁染异常,高度集中羟基异常分布
DSHYSCr-Ⅱ	萤石、铬铁矿	126°16′47″—126°25′17″	43°47′35″—43°52′48″	52.66	依兰-伊通断裂带东南侧,次级断裂高度集中区,多个由隐伏岩体形成的环形构造在此区集中分布,遥感浅色色调异常区,有羟基、铁染异常分布,小绥河铬铁矿分布于此区内
DSHCr-Ⅲ	铬铁矿	126°22′55″—126°25′48″	43°48′42″—43°50′08″	7.00	依兰-伊通断裂带北东侧,有北东向、北西向断裂穿过此区,有3个与隐伏岩体有关的环形构造,区内为遥感浅色色调异常区,遥感羟基异常高度集中区,有零星铁染异常分布

(二)福安堡-马鹿沟钼、铁、铜、金、银、铅多金属找矿远景区

1.地质概况

该远景区位于小兴安岭-张广才岭弧盆系—双阳-永吉-蛟河上叠裂陷盆地内,区内岩浆岩种类繁多、成分复杂,钼矿床主要与印支晚期似斑状二长花岗岩有关。区内有敦化大石河钼矿床、舒兰季德屯钼矿床、舒兰福安堡钼矿床。

2.遥感矿产地质特征

本区内的断裂构造及环形构造均较发育,新安-龙井断裂带沿民主屯—新安乡一线呈北西向斜穿工作区,沿该构造带两侧,不同方向次级断裂密集分布,构成一宽约20km的北西向断裂构造带,区内的环形构造主要分布于该断裂带附近,区内的3个钼矿床均分布于该断裂带内。该断裂带与其他方向断裂交会部位,为重要成矿地带。柳河-吉林断裂带沿小城镇—福安堡一线呈北北东向通过远景区西北部,舒兰季德屯钼矿床、舒兰福安堡钼矿床均形成于该断裂与新安-龙井断裂带交会部位。敦化大石河钼矿床形成于新安-龙井断裂带与一北北东向断裂交会部位,大荒顶子环形构造群边部(图7-1-7、图7-1-8)。

3.遥感矿产预测分析

本找矿远景区内共圈出2个最小预测区,预测矿种为铜、钼(表7-1-4)。

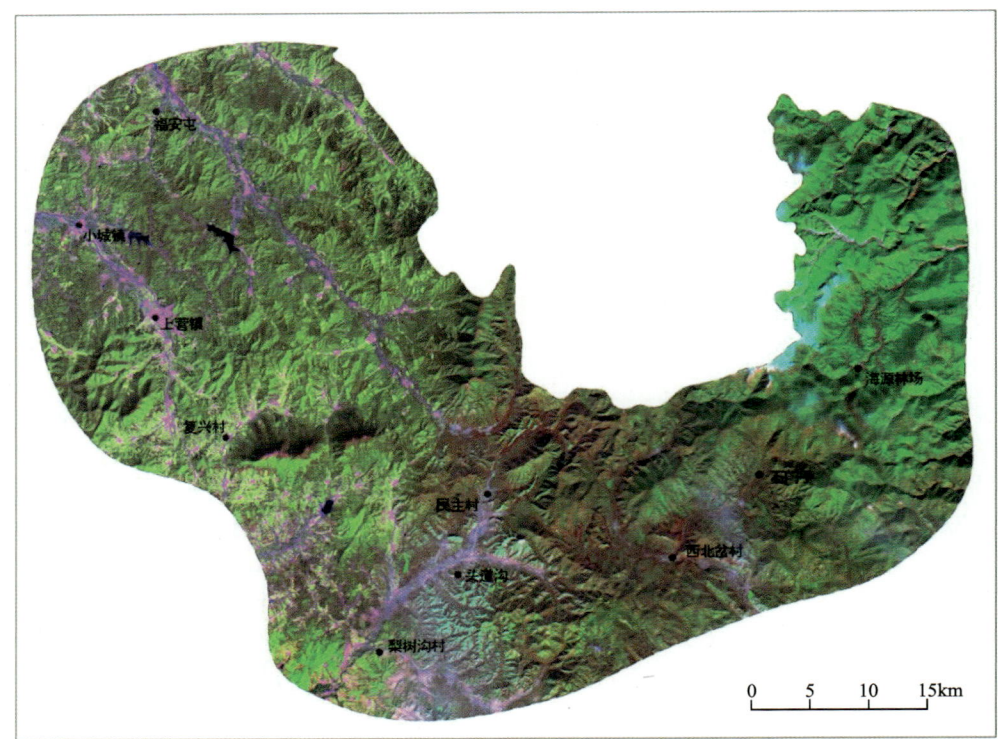

图 7-1-7　福安堡-马鹿沟钼、铁、铜、金、银、铅多金属找矿远景区遥感影像图

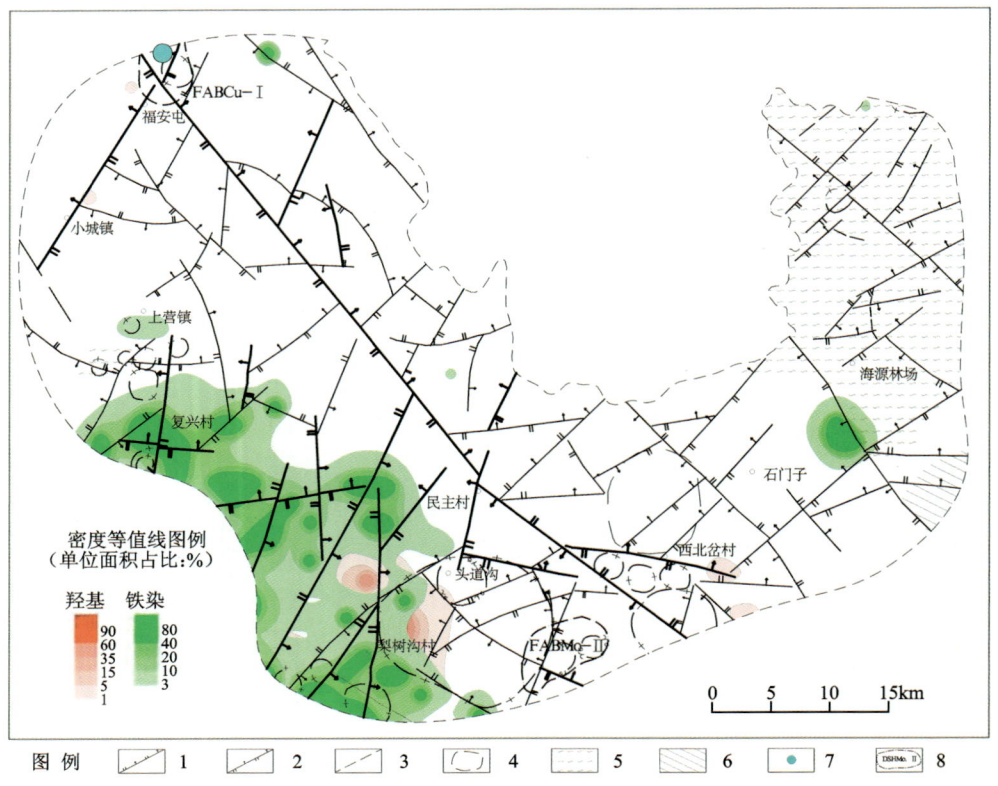

图 7-1-8　福安堡-马鹿沟钼、铁、铜、金、银、铅多金属找矿远景区遥感找矿预测图
1.正断层；2.逆断层；3.性质不明断层；4.环形构造；5.色要素；6.带要素；7.铜矿床；8.最小预测区及编号

表 7-1-4　福安堡-马鹿沟钼、铁、铜、金、银、铅多金属找矿远景区成矿预测表

预测区编号	预测矿种	预测范围		预测面积/km²	预测依据
		东经	北纬		
FAPCu-Ⅰ	铜	127°14′07″—127°18′19″	44°21′22″—44°24′14″	28.17	本区位于北西新安-龙井断裂带与北东柳河-吉林断裂带交会部位,福安堡环形构造边部,区内有铁染异常分布,舒兰市福安堡铜矿床分布于此区
FAPMo-Ⅱ	钼	127°44′47″—127°51′20″	43°47′00″—43°51′26″	44.6	长岭-青沟子断裂带与其他方向断裂交会部位,两个环形构造分布于此区,有零星的铁染异常分布

(三)塔东-额穆铁、金、铜、镍找矿远景区

1.地质概况

该找矿远景区位于吉林省东部敦化市西北,主要出露塔东(岩)群斜长角闪岩、角闪岩、透辉斜长变粒岩、白云石英岩、片岩夹大理岩及磁铁矿,有奥陶纪花岗闪长岩、晚三叠世二长花岗岩侵入。区内发现基性—超基性杂岩体47个,岩体分布在敦化-密山断裂的次一级构造北东侧、黑石-烟筒山断裂带内。

2.遥感矿产地质特征

区内的断裂构造及环形构造均较发育,长岭-罗子沟断裂带沿清沟子乡—老营沟一线呈近东西向横穿远景区,东段北侧,多方向次级断裂密集分布,主要为北东向及北北西向小断裂,此区亦为遥感环形构造集中分布区,秃顶子林场环形构造群、小北沟环形构造群均分布于此区,并有两处古元古界塔东(岩)群形成的带要素(图7-1-9、图7-1-10)。此区亦为遥感羟基异常高度集中区,为重要的铁、镍成矿区。

图 7-1-9　塔东-额穆铁、金、铜、镍找矿远景区遥感影像图

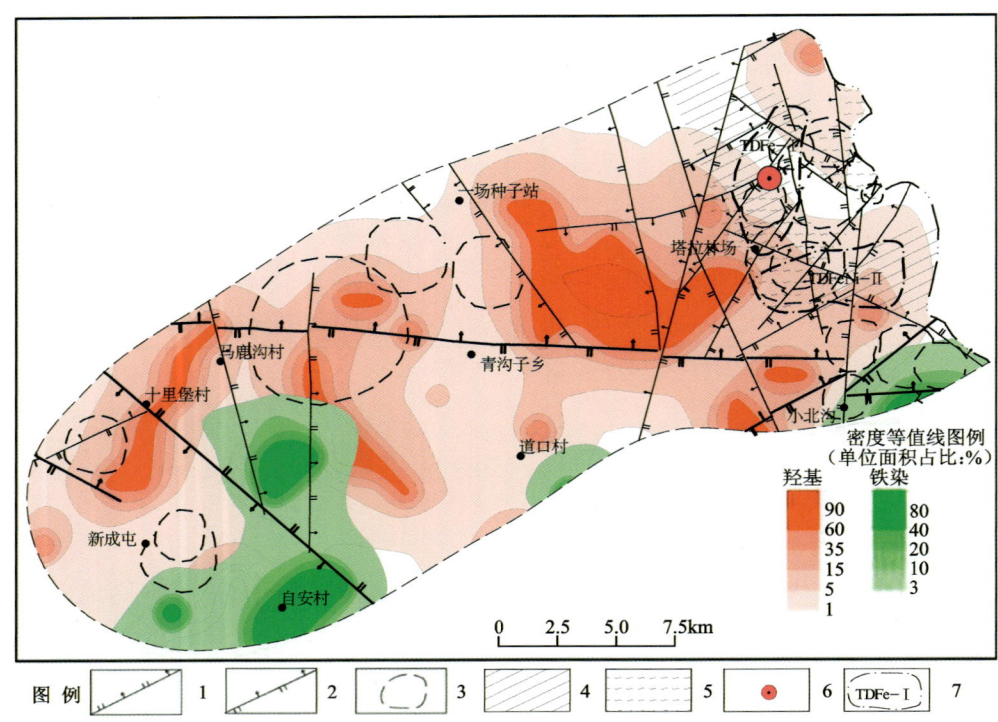

图 7-1-10　塔东-额穆铁、金、铜、镍找矿远景区遥感找矿预测图
1.正断层；2.逆断层；3.环形构造；4.带要素；5.色要素；6.铁矿床；7.最小预测区及编号

3.遥感矿产预测分析

本远景区内圈出 2 处预测区,预测矿种为铁、镍(表 7-1-5)。

表 7-1-5　塔东-额穆铁、金、铜、镍找矿远景区成矿预测表

预测区编号	预测矿种	预测范围		预测面积 /km²	预测依据
		东经	北纬		
TDFe-Ⅰ	铁	128°32′07″—128°35′25″	43°51′10″—43°56′09″	28.52	新元古界塔东(岩)群斜长角闪岩、角闪岩、透辉斜长变粒岩、白云石英岩、片岩夹大理岩及磁铁矿分布区,北东向与北北东向断裂构造交会部位,隐伏岩体形成的环形构造集中区,新元古界塔东(岩)群形成的带要素内,遥感浅色色调异常区。羟基、铁染异常集中分布区。塔东铁矿分布于此区内
TDFeNi-Ⅱ	铁、镍	128°32′58″—128°39′51″	43°49′13″—43°51′39″	29.83	敦化-密山岩石圈断裂北西侧,区内分布有不同方向的断裂,与隐伏岩体有关的环形构造成群分布,新元古界塔东(岩)群带要素分布于此区,有遥感浅色色调异常,区内有羟基异常分布

第二节 吉中-延边钼、金、砷、铜、锌、铁、镍成矿带

区域地质矿产特征：沿四平、敦化、汪清一线呈近东西向不规则带状展布，南侧边缘为华北地台北缘断裂带，行政区隶属四平市、东辽县、伊通县、磐石县、双阳县（部分）、永吉县（部分）、桦甸市（部分）、敦化市（部分）、安图县（部分）、和龙市（部分）、龙井市、图们市、汪清县（部分）、珲春市（部分）。

遥感影像特征：成矿带南侧边缘为华北地台北缘断裂带，在断裂带内及其两侧有自太古宙至新生代碱性、酸性、中性、基性、超基性岩浆侵入和喷发；西侧边缘为四平-德惠岩石圈断裂，依兰-伊通断裂带沿小孤山—双阳一线呈北东向展布，并构成北东向槽形谷地；敦化-密山岩石圈断裂，沿辉南—敦化一线呈北东向通过成矿带，并使成矿带东侧向北位移上百千米；集安-松江岩石圈断裂通过安图县呈北东向斜穿成矿带。

一、山门-乐山银、金、铜、铁、铅锌、镍成矿带

该成矿带处于松辽断陷与伊舒裂谷之间的大黑山断隆中南段，呈北东向带状展布。本区地层主要为下古生界西宝安（岩）群的基性火山岩-硅铁建造，岩性为角闪片岩、角闪变粒岩、云母片岩；放牛沟火山岩、桃山组中酸性火山-类复理式建造的变英安岩，变流纹岩夹变质粉砂岩，大理岩等。在大顶山一带有上古生界上石炭统磨盘山组和石嘴子组硅质条带大理岩，结晶灰岩，厚层大理岩夹硅质岩、板岩、酸性熔岩等。

区内侵入岩发育，从加里东晚期到燕山期均有分布，主要有加里东晚期黑云母角闪岩、含黑云母二长花岗岩和闪长岩等，海西期斜长花岗岩、花岗闪长岩和石英闪长岩等，印支期和燕山期二长花岗岩、流纹斑岩等。上述岩类均呈岩基或岩株呈北东向分布，形成区内明显的以北东向为主的构造-岩浆岩带，各期次侵入岩分别与不同类型的矿化有关，成为本区主要控矿因素之一。

本区已发现贵重金属和有色金属矿床、矿点、矿化点共计40多处，其中大型银矿（山门卧龙银矿）1处，中型银矿（山门龙王银矿）1处，中型铅锌矿（放牛沟多金属矿）1处，小型铜矿2处，铅锌矿1处，镍矿1处。

遥感影像特征：成矿带严格受四平-德惠岩石圈断裂和依兰-伊通断裂带控制，形成于两条断裂带所夹的北东向条垒中，伊通-辉南断裂带呈北西向通过成矿带东北部，在依兰-伊通断裂带北西侧，发育与该断裂带平行的脆韧性变形构造，以及由两组断裂围限的菱形块体。成矿带内的小型断裂比较发育，多方向断裂交叉部位，环形构造成群分布，并为金及多金属矿产集中分布区。

（一）山门银、金、镍找矿远景区

1.地质概况

山门银、金、镍找矿远景区位于张广才岭-哈达岭火山-盆地区—大黑山条垒火山-盆地群，区内加里东期—燕山期岩浆岩发育，受依兰-伊通深断裂及其次级断裂构造控制，与成矿有关的主要为印支期闪

长岩。区内有山门银矿床、四平市山门镍矿、梨树县大顶子多金属矿、集安市西岔-金厂沟,以及多处金银矿点。

2. 遥感矿产地质特征

本远景区内解译出两条大型断裂(带):四平-德惠岩石圈断裂,沿上二台—四台子村一线呈北东向穿过预测工作区,为松辽平原与大黑山条垒分界线;依兰-伊通断裂带,为近于平行的两组断裂组成,沿预测工作区东南部边缘呈北东向穿过本区,其中西侧断裂为伊通-乌拉街槽地西缘与大黑山条垒交界线断裂带内发育走向北东的菱形块体,根据菱形块体长轴与断裂之间的夹角,证明该断裂带具有左行走滑特点。该断裂西侧发育一系列与之平行的次级断裂构造,这些次级断裂为该区银矿的形成提供了良好的存储空间。在两条大型断裂带之间,小型断裂比较发育,并以北东向、北北东向和北西向为主,近东西向次之,局部见近南北向小型断裂。小型断裂密集区以及不同方向小型断裂交会部位,环形构造密集分布,形成龙王屯、孟家岭镇、前乌拉脚沟、山门镇、吴家屯、叶赫镇西等环形构造群。四平市山门银矿卧龙段、四平市山门镇营盘村银矿形成于吴家屯环形构造群内,梨树团山子矿段银金矿分布于叶赫镇西北环形构造9的边部。在依兰-伊通断裂带西侧,发育多条北东走向的脆韧性变形构造,构成一规模较大的北东向脆韧性变形构造带。另外,本区色调异常发育由绢云母化、硅化引起。空间上与断裂构造及环形构造有关,在北东向断裂带上与其他方向断裂交会部位及环形构造集中区,色调异常呈不规则状分布(图7-2-1、图7-2-2)。

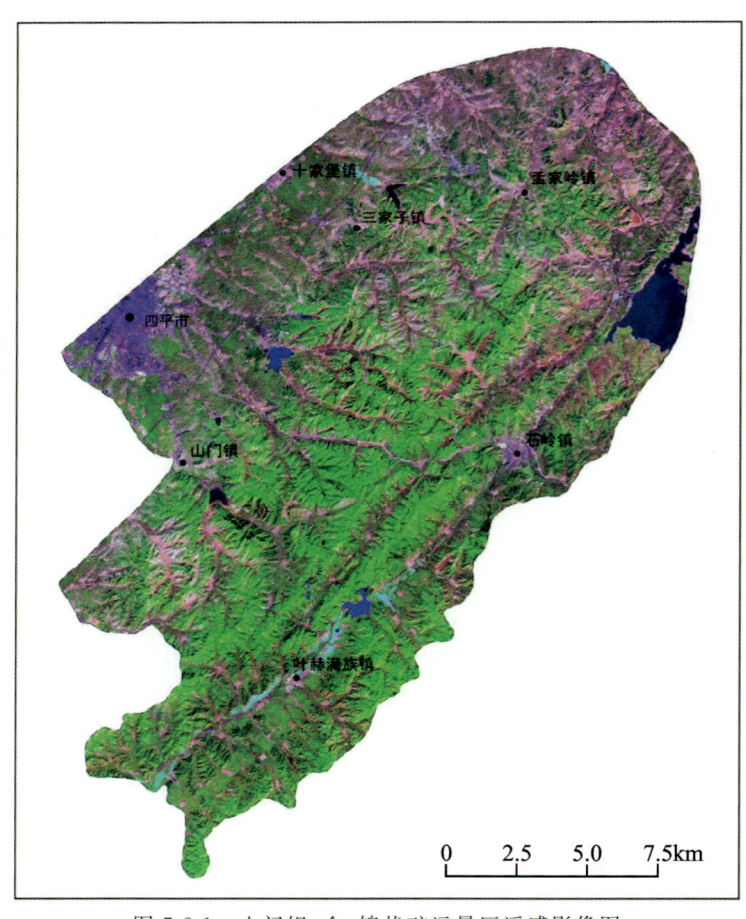

图 7-2-1　山门银、金、镍找矿远景区遥感影像图

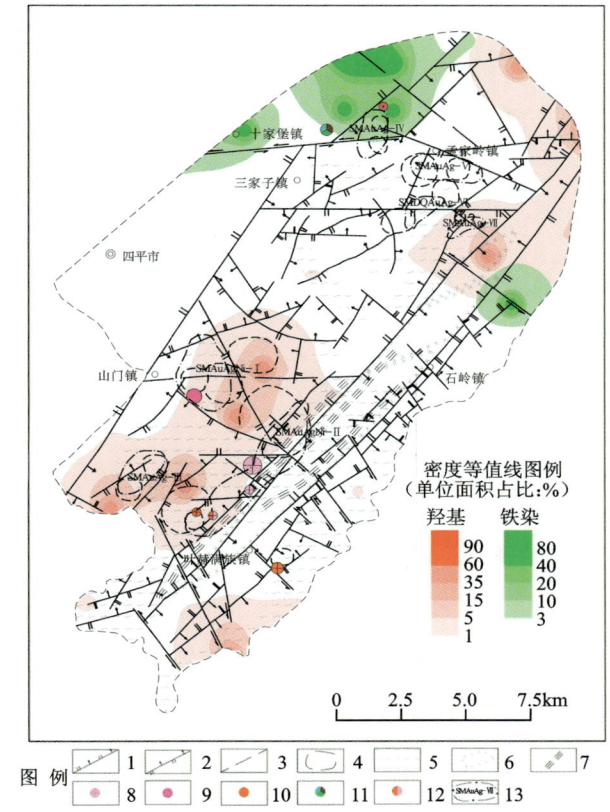

图 7-2-2 山门银、金、镍找矿远景区遥感找矿预测图
1.正断层;2.逆断层;3.性质不明断层;4.环形构造;5.色要素;6.平移断层;7.脆韧性变形构造带;8.银矿;9.镍矿;10.金矿;11.多金属矿;12.金银矿;13.最小预测区及编号

3.遥感矿产预测分析

根据本区已知矿床遥感地质特征及远景区遥感地质特征,在本区内共圈出 7 处遥感最小预测区,预测矿种为银、金和镍(表 7-2-1)。

表 7-2-1 山门银、金、镍找矿远景区成矿预测表

预测区编号	预测矿种	预测范围		预测面积 /km²	预测依据
		东经	北纬		
SMAuAgNi-Ⅰ	金、银、镍	124°27′00″—124°29′56″	43°02′50″—43°06′28″	20.20	位于依兰-伊通断裂带西侧,区内发育北东向、北东东向、北北东向断裂,区内有 1 个性质不明的和 2 个由中生代花岗岩类引起的环形构造呈串珠状分布,区内有遥感浅色色调异常,四平市山门镍矿分布在此区内
SMAuAgNi-Ⅱ	金、银、镍	124°27′56″—124°34′57″	42°57′11″—43°03′40″	35.20	位于依兰-伊通断裂带北西侧,区内发育北西向、北东向、北东东向断裂,区内有脆韧性变形构造通过,有 6 个由中生代花岗岩类引起的环形构造呈北东向排列,分布于遥感浅色色调异常区,四平市山门银矿、梨树团山子矿段银金矿、梨树县叶赫镇大窝铺村金矿点分布在此区

续表 7-2-1

预测区编号	预测矿种	预测范围 东经	预测范围 北纬	预测面积 /km²	预测依据
SMAuAg-Ⅲ	金、银	124°23′42″—124°26′26″	42°58′57″—43°01′07″	8.90	位于依兰-伊通断裂带与四平-德惠岩石圈断裂之间,区内发育北西向、北东向断裂,区内有3个由中生代花岗岩类引起的环形构造呈串珠状分布,形成于遥感浅色色调异常
SMAuAg-Ⅳ	金、银	124°36′54″—124°38′45″	43°14′44″—43°17′07″	7.75	位于依兰-伊通断裂带与四平-德惠岩石圈断裂之间偏四平-德惠岩石圈断裂一侧,区内发育北西向、北东东向断裂,区内有2个与隐伏岩体有关的环形构造和2个由中生代花岗岩类引起的环形构造呈串珠状分布,区内有零星分布的铁染异常
SMAuAg-Ⅴ	金、银	124°40′08″—124°44′32″	43°13′51″—43°15′11″	11.00	位于依兰-伊通断裂带与四平-德惠岩石圈断裂之间,区内发育北西向、北东东向断裂,区内有2个与隐伏岩体有关的环形构造和4个由中生代花岗岩类引起的环形构造呈串珠状分布,区内有零星分布的羟基异常
SMAuAg-Ⅵ	金、银	124°39′57″—124°42′18″	43°11′36″—43°13′17″	5.01	位于依兰-伊通断裂带北西侧,区内发育北西向、北东向及东西向断裂,该区位于2个与隐伏岩体有关的环形构造和1个由中生代花岗岩类引起的环形构造的边部
SMAuAg-Ⅶ	金、银	124°42′33″—124°44′52″	43°11′15″—43°12′26″	2.85	位于依兰-伊通断裂带北西侧,区内发育北西向、北东向断裂,该区位于1个与隐伏岩体有关的环形构造和2个由火山机构或通道引起的环形构造的边部,遥感浅色色调异常区

(二)放牛沟金、铜、铅锌找矿远景区

1.地质概况

地层:下白垩统泉头组,以紫色砂岩、泥岩为主,夹灰白色含砾砂岩、细砂岩;第四系中更新统东风组、荒山组、黄土层、亚砂土、砂砾石层;上更新统哈尔滨组、东岗组、黄土层、亚砂土;青山头组、顾乡屯组、亚黏土、粗砂砾。

侵入岩:晚志留世闪长岩,晚三叠世辉长岩、石英闪长岩,早侏罗世花岗闪长岩、二长花岗岩、正长花岗岩,中侏罗世石英二长岩、二长花岗岩,晚侏罗世闪长岩,早白垩世正长花岗岩。

变质岩:仅发育于古生代,分布于预测区的东北部,总体呈北西向展布。上奥陶统放牛沟火山岩,为片理化流纹质凝灰岩、英安质凝灰熔岩夹大理岩;下志留统桃山组,为灰黑色板岩、砂质板岩与砂岩、粉砂岩互层;中志留统石缝组,其上部为千枚状板岩夹结晶灰岩,下部为变质砂岩与大理岩互层;弯月组,为变质流纹岩、变质安山岩夹大理岩。

2.遥感矿产地质特征

本找矿远景区位于四平-德惠岩石圈断裂与依兰-伊通断裂带所夹的条垒部分,伊通-辉南断裂带中北西向通过远景区中南部,区内的小型断裂以北北东向和北东向为主,北西向次之,局部发育近南北向及近东西向小断裂,在不同方向小断裂交会部位,环形构造成群分布,构成乐山镇环形构造群、莫里青乡

环形构造群、黄岭子乡环形构造群。伊通西大城铜矿形成于四平-德惠岩石圈断裂东南侧次级断裂集中区，乐山镇环形构造群东部边缘；伊通县马鞍乡王家油房铜矿、伊通孟家沟多金属矿等均形成于依兰-伊通断裂带北西侧小型断裂密集分布区，莫里青乡环形构造群内部（图 7-2-3、图 7-2-4）。

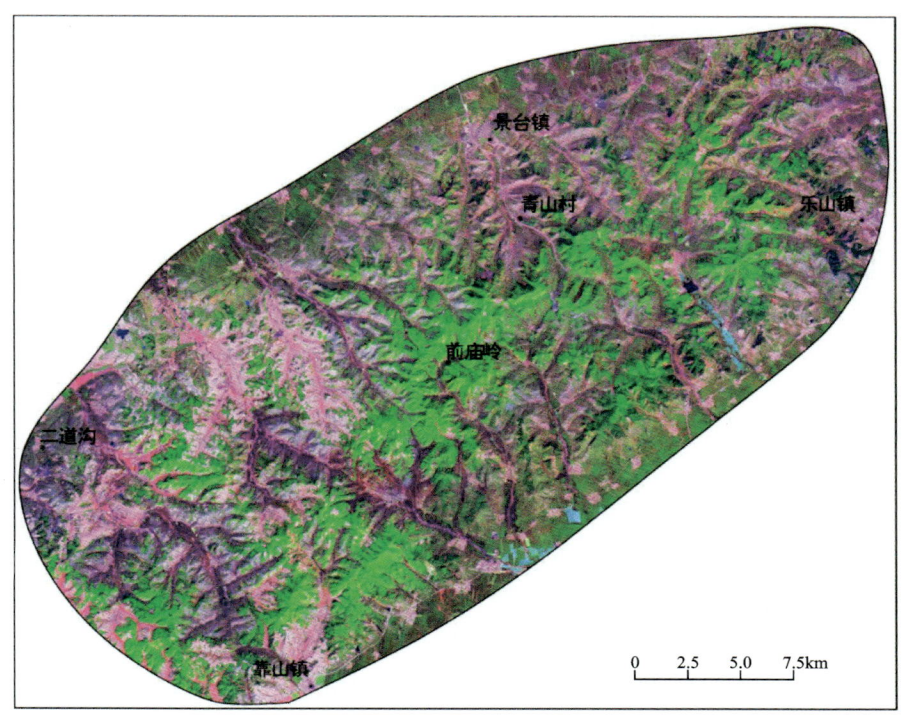

图 7-2-3　放牛沟金、铜、铅锌找矿远景区遥感影像图

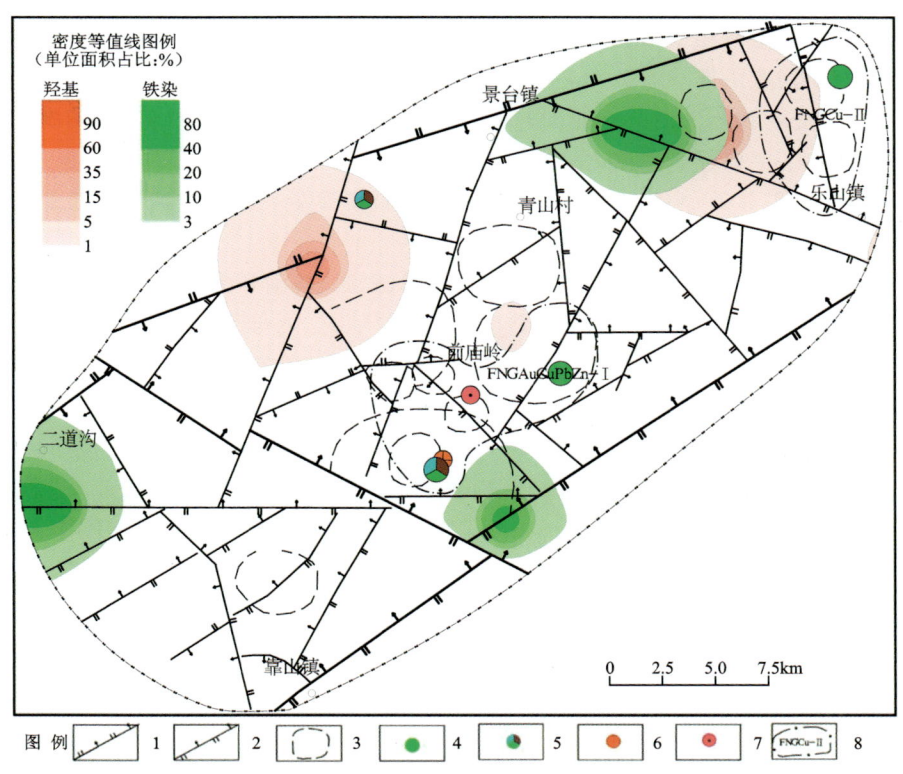

图 7-2-4　放牛沟金、铜、铅锌找矿远景区遥感找矿预测图

1.正断层；2.逆断层；3.环形构造；4.铜矿；5.多金属矿；6.金矿；7.铁矿；8.最小预测区及编号

3.遥感矿产预测分析

根据找矿远景区遥感矿产地质特征及已知矿产的分布情况,在找矿远景区内圈出两处遥感找矿预测区,预测矿种为金、铜、铅锌(表7-2-2)。

表7-2-2 放牛沟金、铜、铅锌找矿远景区成矿预测表

预测区编号	预测矿种	预测范围		预测面积/km²	预测依据
		东经	北纬		
FNGAcCuPbZn-Ⅰ	金、铜、铅锌	125°02′42″—125°09′21″	43°27′29″—43°31′57″	39.26	分布在依兰-伊通断裂带北西侧,伊通-辉南断裂带北东侧,北东向、北西向小断裂密集分布区,6个大小不等的环形构造集中分布,伊通县马鞍乡王家油房铜矿、伊通孟家沟多金属矿等分布于此区
FNGCu-Ⅱ	铜	125°13′45″—125°17′04″	43°34′05″—43°38′11″	24.45	四平-德惠岩石圈断裂东南侧,北东向与北西向小断裂构成菱形块状,3个直径约2km的环形构造在此区集中分布

二、那丹伯-一座营金、钼、银、铅锌、铜、镍成矿带

该成矿带大地构造位置处于下二台-呼兰-伊泉陆缘岩浆弧内。本区地层主要为中上侏罗统德仁组砾岩、砂岩、页岩类、劣质煤,上部以安山岩为主夹少量凝灰质砂岩;上侏罗统久大组砂岩、粉砂岩、页岩及煤层,安民组中性火山岩,个别地区出现酸性火山岩,凝灰质砂岩夹薄层煤;局部地段出露少量西宝安(岩)群角闪质岩石、石缝组海相中酸性火山岩、碎屑岩、灰岩,西部见白垩系登楼库组碎屑岩。区内侵入岩发育,从加里东晚期到燕山期均有分布,主要有加里东晚期花岗闪长岩、海西期有斜长花岗岩、花岗闪长岩、二长花岗岩、印支期和燕山期二长花岗岩等。它们均呈岩基或岩株产出。各期次侵入岩多与不同类型的矿化有关,为本区主要控矿因素之一。

区内已发现小型金矿2处,小型铅锌矿1处,小型萤石矿2处,金及多金属矿点10余处,它们多形成于岩体与地层或不同期岩体接触带附近。

遥感影像特征:成矿带西侧边缘为依兰-伊通断裂带,伊通-辉南断裂带通过成矿带北侧呈北西向展布,沿断裂有花岗斑岩、流纹斑岩等次火山岩侵入和石英脉填充,老母猪山-团山子基性岩体群沿断裂走向展布,断裂带内部或边部的次级断裂集中区,为金、铅锌矿成矿的有利地区。辽源-东丰断裂带在成矿带中南北呈北西西向展布,沿断裂带有成群的燕山期花岗岩株侵入。

该区域内圈出了西苇-沙河镇金、铜、银、钼、镍、铅锌找矿远景区,该远景区位于大兴安岭弧形盆地—锡林浩特岩浆弧—白城上叠裂陷盆地内,区内岩浆活动频繁,岩浆岩种类繁多、成分复杂,主要为印支晚期—燕山早期石英闪长岩、斜长花岗岩、花岗闪长岩、花岗闪长斑岩。区内物化探异常发育。

依兰-伊通断裂带通过找矿远景区西侧边缘,伊通-辉南断裂带分布在找矿远景区北部,该断裂带内部或边部的次级断裂密集分布区,环形构造集中分布,新家乡东环形构造群、安石镇环形构造群、沙河镇环形构造群等均分布在伊通-辉南断裂带内部次级断裂带集中分布区。本区内遥感色调异常发育,多分布在小型断裂密集区或环形构造集中区,为绢云母化、硅化引起,在遥感图像上均显示为浅色色调异常(图7-2-5、图7-2-6)。

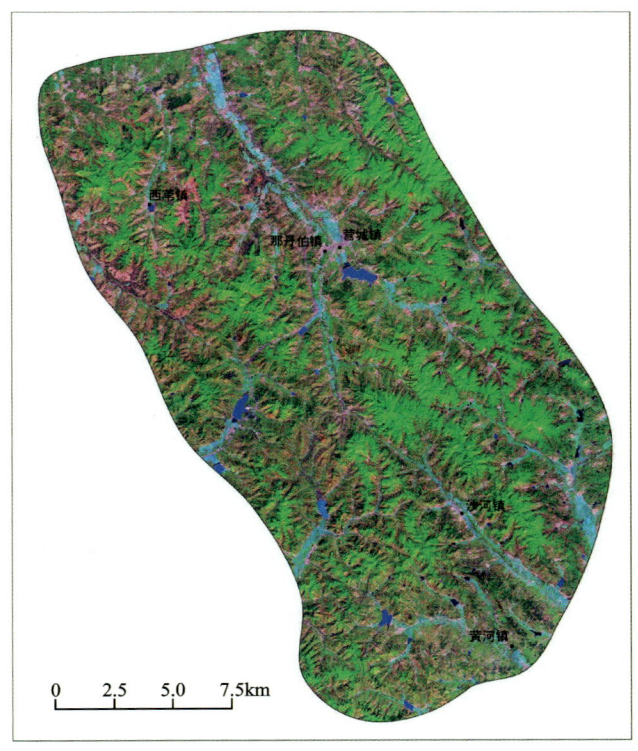

图 7-2-5　西苇-沙河镇金、铜、银、钼、镍、铅锌找矿远景区遥感影像图

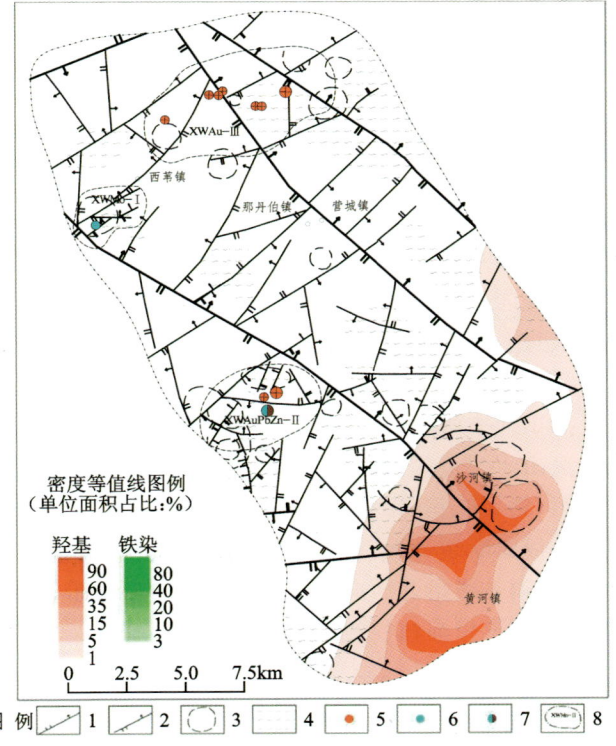

图 7-2-6　西苇-沙河镇金、铜、银、钼、镍、铅锌找矿远景区遥感找矿预测图
1.正断层；2.逆断层；3.环形构造；4.色要素；5.金矿；6.钼矿；7.铅锌矿；8.最小预测区及编号

根据区内已知矿产与遥感地质特征的关系,在本远景区内圈出3处遥感找矿预测区,预测矿种为金、钼、铅锌(表7-2-3)。

表7-2-3 西苇-沙河镇金、铜、银、钼、镍、铅锌找矿远景区成矿预测表

预测区编号	预测矿种	预测范围		预测面积/km²	预测依据
		东经	北纬		
XWMo-Ⅰ	钼	125°14′15″—125°18′43″	43°09′16″—43°12′09″	22.97	分布在依兰-伊通断裂带东南侧,伊通-辉南断裂带内部,北东向、北东东向及近南北向小断裂在此区交会,1个由花岗岩类引起的环形构造分布于此区,遥感浅色色调异常区,西苇钼矿分布于此区
XWAuPbZn-Ⅱ	金、铅锌	125°22′27″—125°39′34″	43°00′13″—43°04′21″	55.74	分布在伊通-辉南断裂带东南侧,不同方向小断裂在此区密集分布,安石镇环形构造群及椅山乡环形构造分布于此区,遥感浅色色调异常区,辽源弯月东山金矿、东辽县辰隆金矿以及西林河银矿分布于此区
XWAu-Ⅲ	金	125°18′24″—125°29′44″	43°13′13″—43°18′53″	111.27	分布在依兰-伊通断裂带东南侧,伊通-辉南断裂带内部,北东向小断裂密集分布区,局部见近南北向小断裂,预测区边部分布有5个小环形构造,遥感浅色色调异常区,集安复兴屯等多个金矿床分布于此区

三、山河-榆木桥子金、银、钼、镍、铜、铁、铅锌成矿带

该成矿带位于吉中中生代火山盆地区,区内晚古生代处于被动大陆边缘构造环境,于晚石炭世在八道河子东部和北部形成了碳酸盐岩-碎屑岩建造。早二叠世在暖木条子—民主屯—大顶子山一带,形成了海相中酸性火山岩-沉积岩建造,其他地区形成了浅海陆棚相类复理石建造。区内的已知矿床(点)均赋存在早二叠世地层内。

区域海西期和印支期及燕山期中酸性侵入岩较发育。中生代区内陆相火山-岩浆活动强烈,形成了以中性火山岩为主的中酸性火山岩建造。火山热液活动与金、砷矿化关系密切。

区内已知矿产有铜、金、银、铅、锑、钨、钼等,已发现矿床、矿点及矿化点20余处。

区域遥感影像特征:依兰-伊通断裂带控制该成矿带西北侧边缘,南侧边缘为伊通-辉南断裂带,双阳-长白断裂带沿石嘴镇—山河镇一线呈北西向通过,柳河-吉林断裂带分布在磐石县—官马镇一带,桦甸-双河镇断裂带沿榆木桥子镇—五里河镇一线呈北西向通过成矿带。

(一)头道-官马金、镍、铁、银、铜、萤石找矿远景区

1.地质概况

头道-官马金、镍、铁、银、铜、萤石找矿远景区位于吉中地区伊通县南,区内主要出露石炭系鹿圈屯

组灰色、褐色中粒砂岩,细砂岩,灰岩或粉砂岩,页岩,余富屯组石英角斑岩、细碧岩、角斑质凝灰岩互层夹凝灰质砂岩,磨盘山组厚层、中厚层灰岩、含燧石结核(或条带)灰岩、砂屑灰岩、泥晶、亮晶灰岩,侏罗系安民组中性火山岩、南楼山组安山岩、安山质凝灰角砾岩、中酸性熔岩,二叠系寿山沟组砂质板岩、含砾粉砂岩、千枚状粉砂岩、粉砂质细砂岩夹灰岩透镜体,三叠系大酱缸组砾岩、砂岩、粉砂岩、页岩或板岩,有早侏罗世斜长花岗岩、正长岩,中侏罗世碱长花岗岩,中三叠世石英正长岩等岩体侵入。

2.遥感矿产地质特征

该找矿远景区位于依兰-伊通断裂带东南侧的双阳-长白断裂带上,柳河-吉林断裂带沿磐石—官马镇一线呈北北东向通过远景区东南部,区内的小型断裂以北东向、北北东向和北西向为主,局部见近东西向断裂,在不同方向小型断裂交会部位,环形构造集中分布,构成金家满族乡、双河镇、小梨河乡、筒子沟村、三泉西、幸福村、石嘴镇等环形构造群。本区内遥感色调异常发育,多分布在小型断裂密集区或环形构造集中区,为绢云母化、硅化引起,在遥感图像上均显示为浅色色调异常(图7-2-7、图7-2-8)。

3.遥感矿产预测分析

根据区内已知矿产与遥感地质特征的关系,在本远景区内圈出10处遥感成矿预测区,预测矿种为金、银、铜、铁、钼、萤石(表7-2-4)。

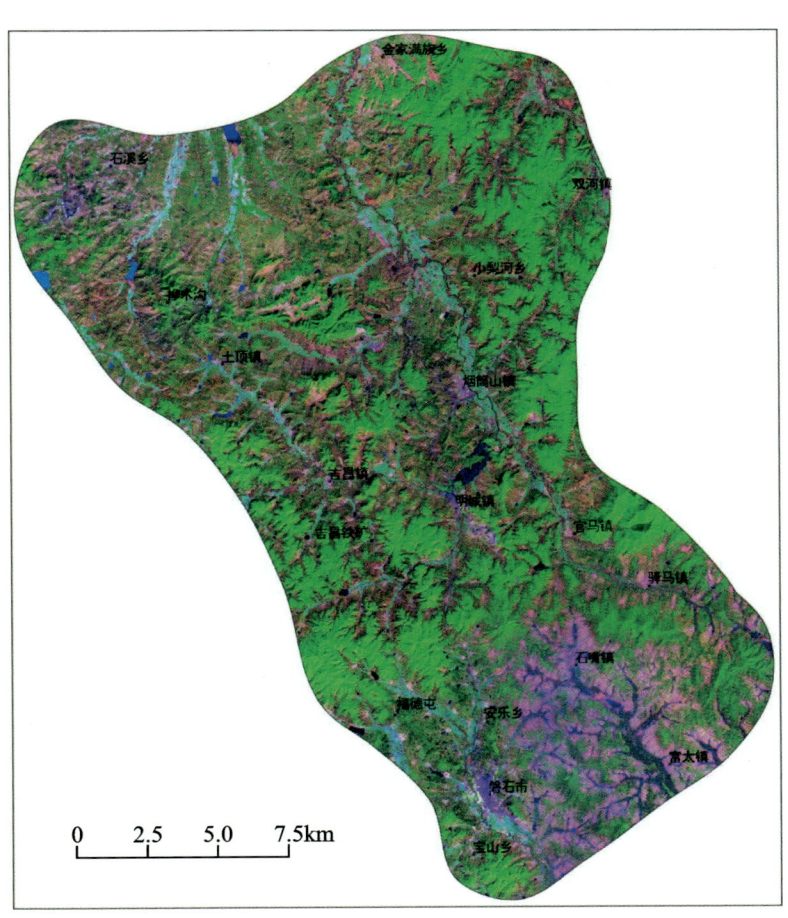

图7-2-7 头道-官马金、镍、铁、银、铜、萤石找矿远景区遥感影像图

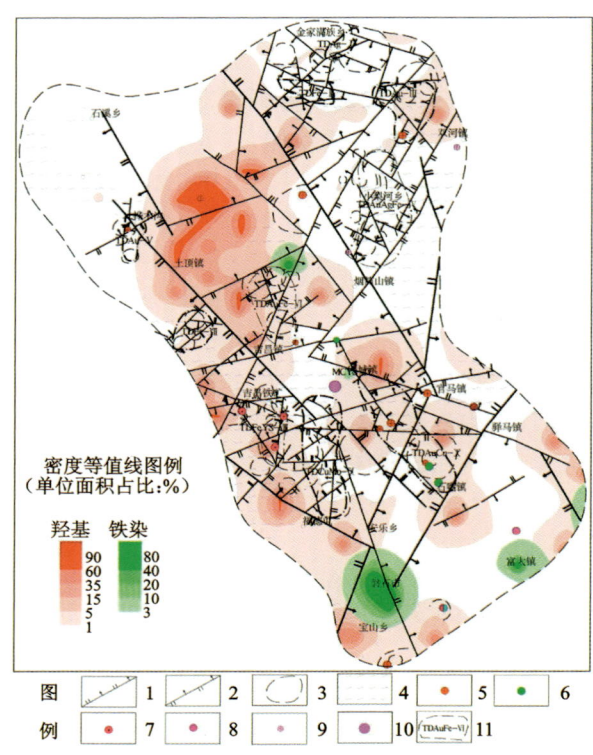

图 7-2-8 头道-官马金、镍、铁、银、铜、萤石找矿远景区遥感找矿预测图
1.正断层;2.逆断层;3.环形构造;4.色要素;5.金矿床;6.铜矿床;7.铁矿床;8.镍矿床;9.银矿床;10.萤石矿床;11.最小预测区及编号

表 7-2-4 头道-官马金、镍、铁、银、铜、萤石找矿远景区成矿预测表

预测区编号	预测矿种	预测范围 东经	预测范围 北纬	预测面积 /km²	预测依据
TDAg-Ⅰ	银	125°56′50″—126°00′08″	43°33′29″—43°35′36″	8.77	双阳-长白断裂带西南侧,各方向断裂交会部位,中生代花岗岩类引起的环形构造相交部位,有少量遥感羟基异常分布
TDFe-Ⅱ	铁	125°52′47″—125°57′58″	43°30′08″—43°32′26″	14.70	分布于侏罗纪花岗岩、二叠纪正长花岗岩与泥盆纪石英砂岩接触带附近,北北东向与北西西向断裂及北北东向与北东东向断裂交会部位,金家满族乡环形构造边部,遥感浅色色调异常区,区内铁染异常集中分布,西部有零星羟基异常分布,黄榆乡北拐脖子屯铁矿分布于该区内
TDAu-Ⅲ	金	126°01′32″—126°05′41″	43°30′25″—43°31′52″	14.73	区内发育北北东向、北西向断裂,区内有 1 个与隐伏岩体有关的环形构造和 2 个由中生代花岗岩类引起的环形构造呈串珠状分布,该预测区的西部有遥感浅色色调异常,区内有零星分布的铁染异常和羟基异常
TDAuAgFe-Ⅳ	金、银、铁	125°59′42″—126°05′43″	43°18′43″—43°27′16″	84.00	双阳-长白断裂带内,北北东向与北西向断裂交会部位,多个环形构造在此区集中分布,遥感浅色色调异常区,遥感铁染异常相对集中区,磐石县烟筒山石棚北屯银矿点分布在此区

续表 7-2-4

预测区编号	预测矿种	预测范围		预测面积 /km²	预测依据
		东经	北纬		
TDAu-Ⅴ	金	125°39′01″—125°41′05″	43°18′45″—43°22′02″	12.09	双阳-长白断裂带通过该预测区,区内发育北西向、北东向及南北向断裂,区内有1个由中生代花岗岩类引起的环形构造和2个与隐伏岩体有关的环形构造呈南北向排列,该区北侧有遥感浅色色调异常,且有1个金矿点
TDAuFe-Ⅵ	金、铁	125°50′58″—125°55′06″	43°13′00″—43°18′49″	46.88	位于双阳-长白断裂带北东侧,区内发育北东向、北北西向断裂,区内有3个与隐伏岩体有关的环形构造呈串珠状分布,区内有遥感浅色色调异常,且区内分布着高度集中的羟基异常和铁染异常
TDFe-Ⅶ	铁	125°44′01″—125°47′33″	43°12′37″—43°15′31″	20.43	区内以侏罗纪、二叠纪花岗岩为主,分布大量石炭纪厚层灰岩、结晶灰岩。北东向与近东西向断裂密集分布区,2个环形构造分布于此区,遥感浅色色调异常区,遥感羟基、铁染异常相对集中区。吉昌乡满井屯铁矿点、磐石县三泉眼西屯铁矿点分布于该区
TDFeYS-Ⅷ	铁、萤石	125°50′33″—125°54′48″	43°04′37″—43°09′31″	33.24	双阳-长白断裂带内,北东向与北西向次级断裂密集分布区,有近南北向断裂通过,多个环形构造在此区集中分布,遥感浅色色调异常区,铁染异常相对集中区,磐石市吉昌镇天生铁矿、磐石市吉昌铁矿、磐石县大汞洞铁矿分布在此区
TDCuMo-Ⅸ	铜、钼	125°57′47″—126°02′39″	43°00′27″—43°09′22″	51.63	双阳-长白断裂带与柳河-吉林断裂带交会,与中生代花岗岩类引起的环形构造呈环状分布,有铁染异常分布。区内为遥感浅色色调异常区
TDAuCu-Ⅹ	金、铜	126°01′43″—126°10′20″	43°03′08″—43°11′35″	78.44	双阳-长白断裂带边部,柳河-吉林断裂带通过预测区,区内发育北东向、北西向及东西向断裂,该区位于中生代花岗岩类引起的环形构造边部,区内有遥感浅色色调异常,桦甸市二道金矿、磐石县官马上鹿村金矿、磐石市圈岭铜矿、磐石县石嘴子铜矿分布在此区

(二)大黑山-倒木河钼、金、银、铬、铜、铁、铅锌、硫找矿远景区

1.地质概况

大黑山-倒木河钼、金、银、铬、铜、铁、铅锌、硫找矿远景区位于张广才岭-哈达岭火山-盆地区—南楼山-辽源火山-盆地群。区内地层主要有新元古界下震旦统西宝安(岩)群变质岩及中生代侏罗纪中酸性火山碎屑岩,岩浆岩有印支期基性—超基性岩及燕山期中酸性侵入岩,均受北东向褶皱断裂构造控制,在岩体与地层的接触带附近矽卡岩化普遍。区内有永吉头道沟硫铁矿床、永吉县前撮落钼矿、磐石市加兴顶子铜矿、永吉锅盔顶子铜矿、桦甸地局子村铅矿、桦甸新立屯铅矿、桦甸市隆廷砷金矿、桦甸市兴隆钼矿。

2.遥感矿产地质特征

该找矿远景区处于柳河-吉林断裂带内部及边部,断裂带内及附近,次级断裂密集分布,在不同方向小断裂交会部位及小断裂密集分布区,环形构造集中分布,构成二道沟、新立屯、四道等环形构造群。远景区西部及北部小断裂密集分布区以及环形构造集中区,遥感图像上显示为浅色色调异常(图 7-2-9、图 7-2-10)。

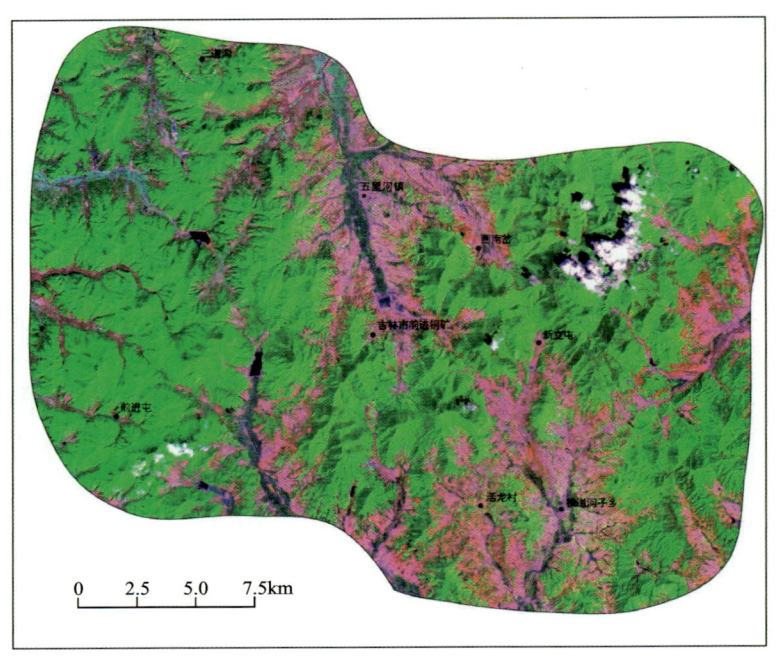

图 7-2-9 大黑山-倒木河钼、金、银、铬、铜、铁、铅锌、硫找矿远景区遥感影像图

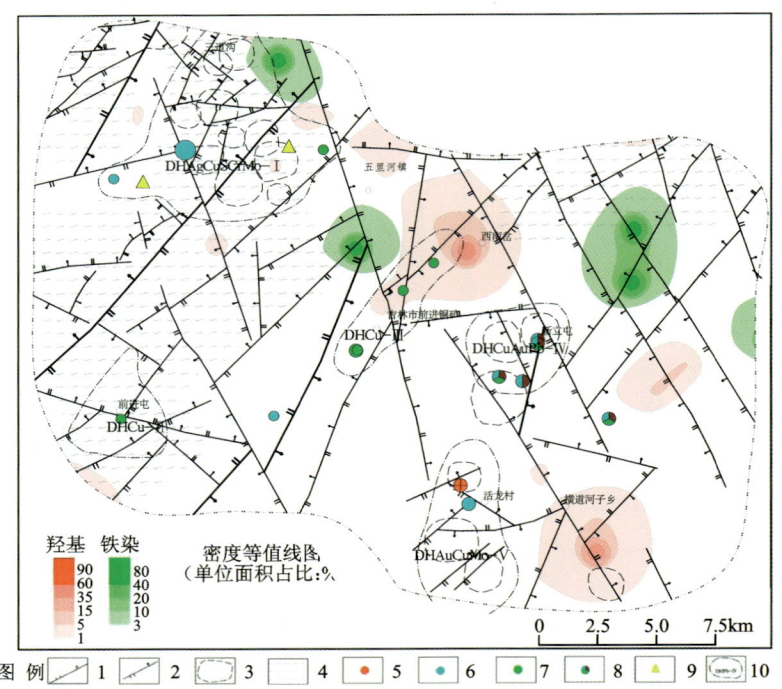

图 7-2-10 大黑山-倒木河钼、金、银、铬、铜、铁、铅锌、硫找矿远景区遥感找矿预测图

1.正断层;2.逆断层;3.环形构造;4.色要素;5.金矿;6.钼矿;7.铜矿;8.多金属矿;9.硫铁矿;10.最小预测区及编号

3.遥感矿产预测分析

根据区内已知矿产与遥感地质特征的关系,在本远景区内共圈出5处找矿预测区,预测矿种为金、铜、钼、铅锌、铁、硫(表7-2-5)。

表7-2-5　大黑山-倒木河钼、金、银、铬、铜、铁、铅锌、硫找矿远景区成矿预测表

预测区编号	预测矿种	预测范围		预测面积 /km²	预测依据
		东经	北纬		
DHAgCuS CrMo-Ⅰ	银、铜、硫、铬、钼	126°14′19″— 126°27′18″	43°26′15″— 43°34′26″	146.95	分布于柳河-吉林断裂带内,多方向小型断裂密集分布区,多个环形构造在此区集中分布,遥感浅色色调异常区,遥感铁染异常相对集中区,并有羟基异常分布,永吉县前撮落钼矿、双河镇长岗钼矿、永吉县倒木河硫铁矿、永吉头道沟硫铁矿分布于此区内
DHCu-Ⅱ	铜	126°14′23″— 126°19′10″	43°16′16″— 43°20′44″	36.13	分布于柳河-吉林断裂带内,北东向小型断裂密集分布区,并发育北西西向断裂构造,遥感浅色色调异常区,局部有铁染异常分布,磐石市加兴顶子铜矿分布于此区
DHCu-Ⅲ	铜	126°27′28″— 126°34′21″	43°20′20″— 43°26′25″	39.35	分布于柳河-吉林断裂带内,北东向、北北东向及北西向小型断裂交会部位,遥感铁染异常相对集中区,永吉锅盔顶子铜矿、永吉县团山铜矿点、永吉县五里河香水河子铜矿点分布于此区
DHCuAu Pb-Ⅳ	金、铜、铅锌	126°34′27″— 126°39′58″	43°19′43″— 43°23′32″	40.55	分布于柳河-吉林断裂带内,北西向小型断裂密集分布区,3个环形构造在此区集中分布,遥感铁染异常集中分布区,桦甸地局子村铅矿、桦甸新立屯铅矿分布于此区
DHAuCu Mo-Ⅴ	金、铜、钼	126°32′15″— 126°37′25″	43°11′06″— 43°17′55″	66.52	分布于柳河-吉林断裂带内,北东向小型断裂密集分布区,见近东西向断裂及北西向断裂,3个环形构造在此区集中分布,桦甸市隆廷砷金矿、桦甸市兴隆钼矿分布于此区

四、红旗岭-漂河川镍、金、铜成矿带

该成矿带位于敦密深大断裂带的北侧,呈北西向带状展布,出露地层主要有早古生界呼兰(岩)群变质岩系,岩性主要有变质砂岩、板岩、粉砂岩、碳质页岩、结晶灰岩及中基性变质火山岩;石炭系、二叠系英安岩、英安质凝灰角砾岩、凝灰岩夹灰岩等。呼兰(岩)群变质岩系是含铜镍基性、超基性岩体的围岩,同时也是金矿的赋矿层位,如二道甸子金矿主矿带产于碳质页岩和斜长角闪岩的互层带中。

区域内岩浆岩较发育,与铜镍成矿有关的岩浆活动为海西早期基性—超基性岩侵入,主要有红旗岭岩群、漂河川岩群。单个岩体多为脉状、岩墙状、透镜状,呈串珠状排列,岩石类型为辉长岩-辉石岩-橄

榄岩型及斜长辉石岩-苏长岩型等。区内还分布有大面积的燕山期黑云母花岗岩及闪长岩、花岗闪长岩，脉岩发育，主要有煌斑岩、细晶岩等，这些岩浆活动与金矿成矿关系密切。

区内已知矿床有红旗岭大型铜镍矿床（由1号岩体及7号岩体组成）、漂河川小型铜镍矿床（以4号岩体为主），成矿时代为海西早期，矿床成因类型为岩浆熔离型和深熔贯入型。二道甸子大型铜镍矿床，成矿时代为燕山期，成因类型为岩浆热液型。金矿带内还发现与燕山期岩浆热液活动有关的金、锑矿化。

区域遥感地质特征：沿敦化-密山岩石圈断裂带北西侧呈北东向条带状展布，伊通-辉南断裂带呈北西西向通过红旗岭镇，双阳-长白断裂带呈北西向在红旗岭镇附近相交，东辽-桦甸断裂带在桦甸市附近通过成矿带，丰满-崇善断裂带在漂河镇南呈北西向通过，江源-新合断裂带在漂河镇北呈北西向通过。

结合遥感地质特征及化探资料等，该成矿带区域圈出红旗岭-漂河川镍、金、铜、硫、铁、锑找矿远景区。

1. 地质概况

沉积岩：预测区内沉积岩地层分布较少，仅见有下白垩统小南沟组，为一套砾岩夹砂岩建造，分布于预测区东南部，构成红石东沉积盆地及二道甸子沉积盆地。

火山岩：预测区内火山岩主要分布于北西和南东两侧，沿着敦化-密山断裂带分布，为中—新生代火山岩。下白垩统安民组，主要岩性组合为以安山岩为主夹砂岩、页岩，以喷溢相为主，其间具有火山喷发间断；中新统船底山组，岩石组合类型为致密块状玄武岩、气孔状玄武岩及橄榄玄武岩；上新统军舰山组，主要岩石类型为橄榄玄武岩、玄武岩。

侵入岩：预测区内侵入岩发育，具有多期多阶段性。分别为晚三叠世辉长岩，早侏罗世辉长岩、二长花岗岩，中侏罗世花岗闪长岩，早白垩世二长花岗岩、晶洞花岗岩、闪长玢岩、花岗斑岩。各期次侵入岩沿北东向分布，其中早侏罗世花岗闪长岩与二长花岗岩呈岩基状产出，其余均以小岩株状、岩瘤状产出，构成吉林东部火山-岩浆岩带的一部分。

区内发现基性—超基性杂岩体47个，岩体分布在敦化-密山断裂的次一级构造——黑石-烟筒山断裂带内。找到大型铜镍矿床2处，小型铜镍矿床9处，区内分布有磐石红旗岭大型铜镍矿床。

变质岩：区内变质岩呈大面积分布，以寒武系黄莺屯组变粒岩与大理岩为主，夹斜长角闪岩；奥陶系小三个顶子（岩）组，为大理岩夹变粒岩。

2. 遥感矿产地质特征

本找矿远景区分布在敦化-密山岩石圈断裂带北西侧，区内发育与敦化-密山岩石圈断裂带相连通的次级断裂构造，并构成一北东走向的断裂构造密集带，伊通-辉南断裂带、双阳-长白断裂带、东辽-桦甸断裂带、丰满-崇善断裂带及江源-新合断裂均通过本区，在不同方向断裂交会部位，环形构造多集中分布，如漂河镇环形构造群、漂河镇东环形构造群、金龙村环形构造群、上火龙环形构造群、泉眼沟环形构造群均分布在不同方向断裂交会部位（图7-2-11、图7-2-12）。

3. 遥感矿产预测分析

根据区内已知地质矿产以及遥感地质特征，在本远景区内共圈出5处找矿预测区，预测矿种为金、铜、镍、钼（表7-2-6）。

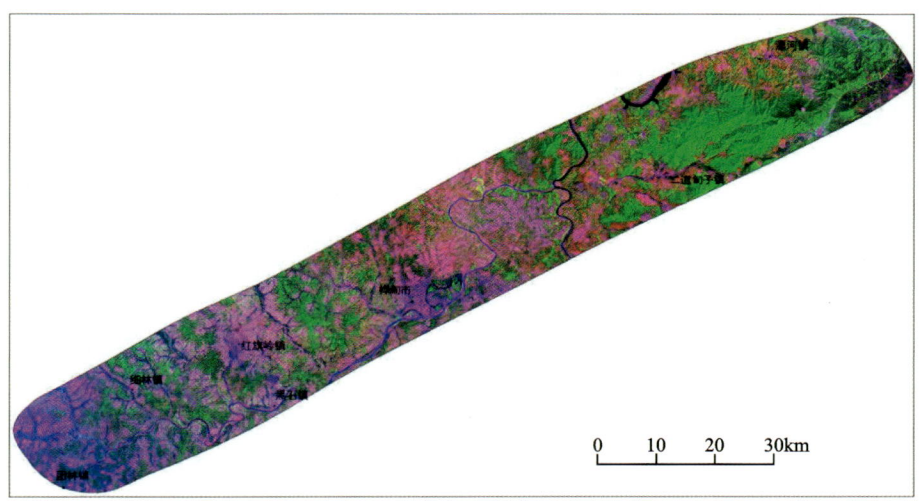

图 7-2-11 红旗岭-漂河川镍、金、铜、硫、铁、锑找矿远景区遥感影像图

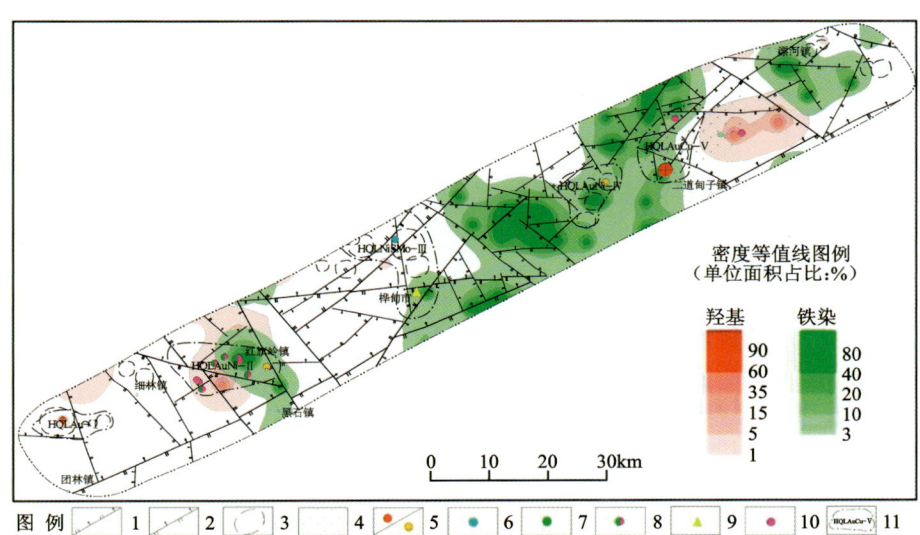

图 7-2-12 红旗岭-漂河川镍、金、铜、硫、铁、锑找矿远景区遥感找矿预测图

1.正断层；2.逆断层；3.环形构造；4.色要素；5.金、砂金矿；6.钼矿；7.铜矿；8.铜镍矿；9.硫铁矿；
10.镍矿；11.最小预测区及编号

表 7-2-6 红旗岭-漂河川镍、金、铜、硫、铁、锑找矿远景区成矿预测表

预测区编号	预测矿种	预测范围		预测面积 /km²	预测依据
		东经	北纬		
HQLAu-Ⅰ	金	126°04′50″—126°13′01″	42°47′12″—42°49′46″	35.06	敦化-密山岩石圈断裂带北西侧，北西向与近东西向次级断裂交会部位，4个环形构造在此区集中分布，遥感羟基异常及铁染异常相对集中区，磐石县宝山乡帽山金矿分布在此区
HQLAuNi-Ⅱ	金、镍	126°18′26″—126°30′05″	42°50′58″—42°55′24″	87.29	敦化-密山岩石圈断裂带北西侧，双阳-长白断裂带与伊-辉南断裂带交会部位，发育北东向及北西向次级断裂，磐石县红旗岭镍矿、磐石县茶尖岭镍矿分布于此区

续表 7-2-6

预测区编号	预测矿种	预测范围		预测面积 /km²	预测依据
		东经	北纬		
HQLNiSMo-Ⅲ	镍、钼、硫铁矿	126°36′02″—126°45′36″	42°57′17″—43°05′59″	103.18	敦化-密山岩石圈断裂带北西侧，桦甸-蛟河断裂带与东辽-桦甸断裂带交会部位，发育次级近南北向小断裂，环形构造集中分布区，遥感铁染异常相对集中，桦甸市火龙岭钼矿、桦甸西台子硫铁矿分布在此区
HQLAuNi-Ⅳ	金、镍	126°57′49″—127°04′14″	43°04′42″—43°09′58″	50.32	敦化-密山岩石圈断裂带北西侧，北东向与北西向次级断裂密集分布区，4个环形构造在此区集中分布，遥感羟基异常及铁染异常相对集中区，桦甸徐家屯砂金矿分布在此区
HQLAuCu-Ⅴ	金、铜	127°05′58″—127°12′32″	43°08′23″—43°14′47″	71.19	敦化-密山岩石圈断裂带北西侧，北东向与北西向及近东西向次级断裂密集分布区，二道甸子镇环形构造分布在此区，遥感羟基异常及铁染异常高度集中区，桦甸市二道甸子金矿、桦甸市二道沟镍矿分布于此区

五、海沟-红太平金、铁、铜、铅锌、银、钼、镍成矿带

该成矿带处于龙岗地块与佳木斯-兴凯地块之间古生代陆缘增生褶皱带的晚古生代庙岭-开山屯裂陷槽的北东段。区内出露有新元古界、中生界、新生界。在该裂陷槽内相继发现了多处有色金属矿床（点）。

遥感地质特征：该成矿带西侧为敦化-密山岩石圈断裂带，东侧为集安-松江岩石圈断裂带，南侧为华北地台北缘断裂带，北侧为长岭-罗子沟断裂带，丰满-崇善断裂带沿成矿带南部大蒲柴河一带呈北西向通过成矿带；红石-西城断裂带通过贤儒镇呈北西向分布在成矿带内；新安-龙井断裂带沿大石头镇至秋梨沟镇一线通过成矿带。

（一）海沟金、铁、银、镍找矿远景区

1. 地质概况

沉积岩有新太古界老牛沟岩组黑云角闪变粒岩、斜长角闪岩以及磁铁石英岩；古元古界张三沟岩组黑云变粒岩与角闪变粒岩互层夹变质砾岩；新元古界东方红岩组变质流纹岩、黑云石英云母片岩、角闪片岩、绿泥片岩等；新元古界金银别岩组灰绿色角闪石岩、灰绿色绿泥绢云片岩、暗灰色角闪片岩；新元古界团结岩组大理岩、变质砂岩、变质粉砂岩；新元古界新东村岩组黑云斜长片麻岩、含石墨方解石大理岩、细粒斜长角闪岩等；南华系钓鱼台组黄色厚层石英砂岩；南华系南芬组紫色－黄绿色页岩夹泥灰岩，局部有少量三叠系及白垩系出露。

火山岩由上三叠统托盘沟组浅灰色流纹岩、流纹质角砾凝灰岩，上侏罗统屯田营组灰黑色蚀变安山岩、灰绿色气孔杏仁状安山岩组成。

侵入岩有新太古代英云闪长质片麻岩、变质二长花岗岩、晚三叠世碱长花岗岩、早侏罗世石英闪长岩、花岗闪长岩、二长岩、二长花岗岩、中侏罗世二长花岗岩等。

变质岩有黑云长石变粒岩、黑云角闪斜长片麻岩、黑云长石浅粒岩、灰绿色斜长角闪岩、角闪变粒岩、灰白色英云闪长质片麻岩、浅肉红色变质二长花岗岩、深灰色—灰绿色黑云变粒岩、黑云角闪片岩、角闪片岩、角闪变粒岩夹变质砾岩、变质流纹岩、黑云母石英片岩、绿泥角闪片岩、绿黑色角闪石岩、灰绿色绢云绿泥片岩、暗灰绿色角闪片岩、变质粉砂岩、长石石英砂岩、含角砾大理岩、硅质大理岩、绢云石英片岩、黑云斜长片麻岩、含石墨方解石大理岩、细粒斜长角闪岩、黑云长石变粒岩、黑云角闪斜长片麻岩、黑云长石浅粒岩等。变质相带为绿片岩相—角闪岩相。

2.遥感矿产地质特征

华北地台北缓断裂带呈向南突起的弧形穿过远景区，该带两侧，不同方向小型断裂密集分布，在小型断裂集中分布区以及不同方向小型断裂交会部位，环形构造密集分布，组成滩头村、双阳村、石人沟村、两江镇北等环形构造群。沿华北地台北缘断裂带北侧，发育与之平行的区域性脆韧性变形构造带（图7-2-13、图7-2-14）。

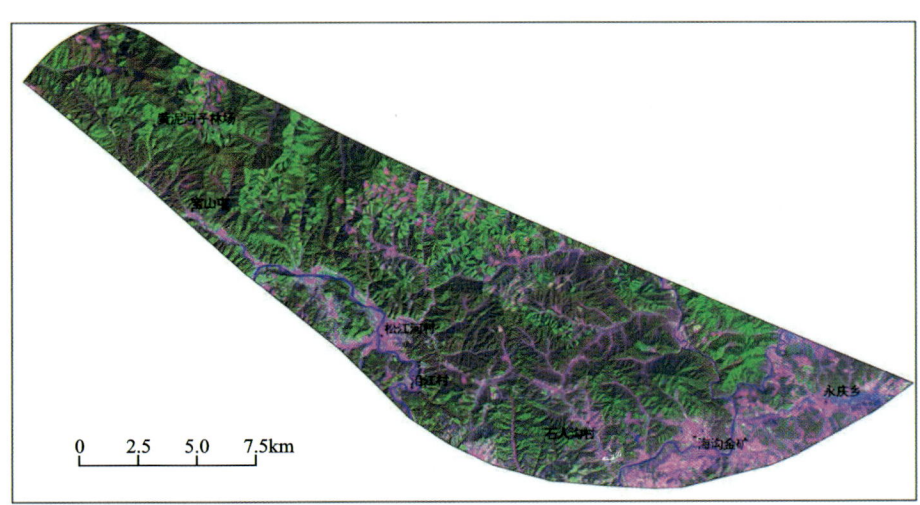

图7-2-13　海沟金、铁、银、镍找矿远景区遥感影像图

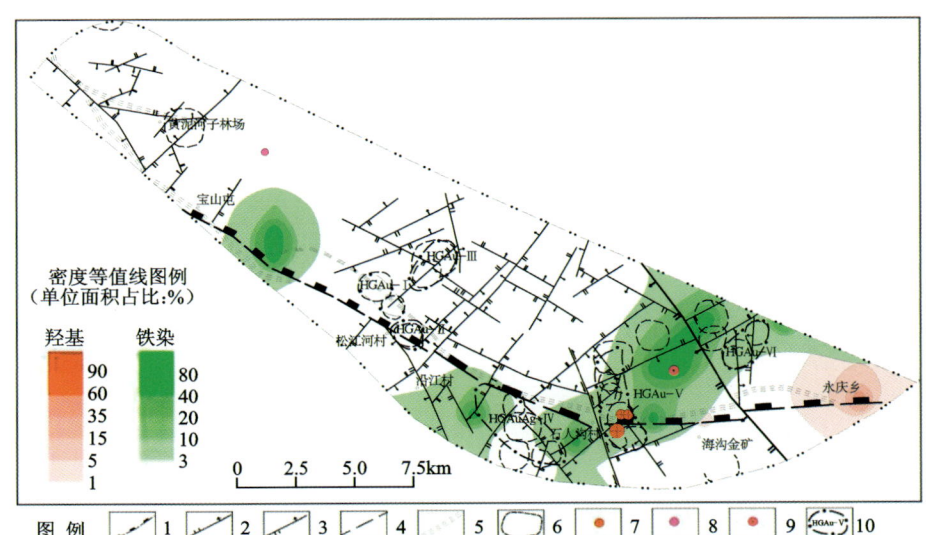

图7-2-14　海沟金、铁、银、镍找矿远景区遥感找矿预测图
1.板块结合带；2.正断层；3.逆断层；4.性质不明断层；5.脆性断裂；6.环形构造；7.金矿；8.镍矿；
9.铁矿；10.最小预测区及编号

3.遥感矿产预测分析

根据区内已知地质矿产以及遥感地质特征,在本远景区内共圈出 5 处找矿预测区,预测矿种为金、铜、镍、钼(表 7-2-7)。

表 7-2-7　海沟金、铁、银、镍找矿远景区成矿预测表

预测区编号	预测矿种	预测范围		预测面积 /km²	预测依据
		东经	北纬		
HGAu-Ⅰ	金	127°48′16″—127°50′52″	42°46′55″—42°48′43″	6.67	位于华北地台北缘断裂带北东侧,有北东向断裂及北西西向脆韧性变形构造通过,区内有 2 个与隐伏岩体有关的环形构造沿北西西向脆韧性变形构造呈串珠状分布。有零星的铁染异常分布
HGAu-Ⅱ	金	127°50′07″—127°51′57″	42°45′27″—42°46′46″	4.67	华北地台北缘断裂带及北西向脆韧性变形构造通过该预测区,区内有 1 个古生代花岗岩类引起的环形构造,有零星的羟基异常分布
HGAu-Ⅲ	金	127°51′08″—127°53′53″	42°47′59″—42°50′13″	9.66	位于北西向与北东向断裂交会处,区内有 2 个古生代花岗岩类引起的环形构造沿北东向断裂呈串珠状分布
HGAuAg-Ⅳ	金、银	127°56′19″—127°59′40″	42°40′40″—42°43′44″	13.07	位于华北地台北缘断裂带东南侧,有北东向及北西向断裂通过,区内有 4 个与隐伏岩体有关的环形构造沿北西向断裂呈串珠状分布
HGAu-Ⅴ	金	128°01′50″—128°04′51″	42°41′27″—42°45′41″	18.83	华北地台北缘断裂带通过该预测区,有北西向、北东向、北北东向和东西向断裂及东西向脆韧性变形构造通过,区内有 3 个与隐伏岩体有关的环形构造、1 个中生代花岗岩类引起的环形构造和 1 个古生代花岗岩类引起的环形构造沿北北西向断裂呈串珠状分布。区内有 1 处大型金矿床
HGAu-Ⅵ	金	128°09′02″—128°11′41″	42°44′41″—42°46′53″	8.84	位于丰满-崇善断裂带北东侧,有南北向和北西向断裂通过,区内有 2 个古生代花岗岩类引起的环形构造呈串珠状分布。区内有零星的羟基异常分布

(二)大蒲柴河金、铜、铁、银、镍、稀土找矿远景区

1.地质概况

该找矿远景区位于包尔汉图-温都尔庙弧盆系下冶-呼兰-伊泉陆源岩浆弧内,区内岩浆活动频繁,钼矿床主要与燕山早期的二长花岗岩、二长花岗斑岩有关。区内有安图刘生店钼矿床、龙井天宝山多金属矿床、安图县双山多金属矿、敦化市六合金矿。

2.遥感矿产地质特征

该找矿远景区位于华北地台北缘断裂带北东侧,丰满-崇善断裂带呈北西西向通过远景区西南部,

有两处遥感浅色色调异常区分布在该断裂带上;敦化-杜荒子断裂带呈近东西向分布在找矿远景区西南部,保忠桥环形构造群分布在该带与丰满-崇善断裂带交会部位;江源-新合断裂带沿新合村—钓鱼台农场一线呈北西西向通过远景区,老头店环形构造群、鱼亮子林场环形构造群,并发育与之平行的脆韧性变形构造,老头店环形构造群、鱼亮子林场环形构造群分布于该断裂带内及其附近的次级断裂上,安图县刘生店钼矿床分布在该断裂带内;红石-西城断裂带呈北西向通过远景区东北角,新合乡环形构造分布于该断裂带附近的次级断裂密集分布区,安图县三岔子北山金矿、敦化三岔子钼矿、安图县双山多金属矿分布在该断裂带附近的次级断裂带内(图 7-2-15、图 7-2-16)。

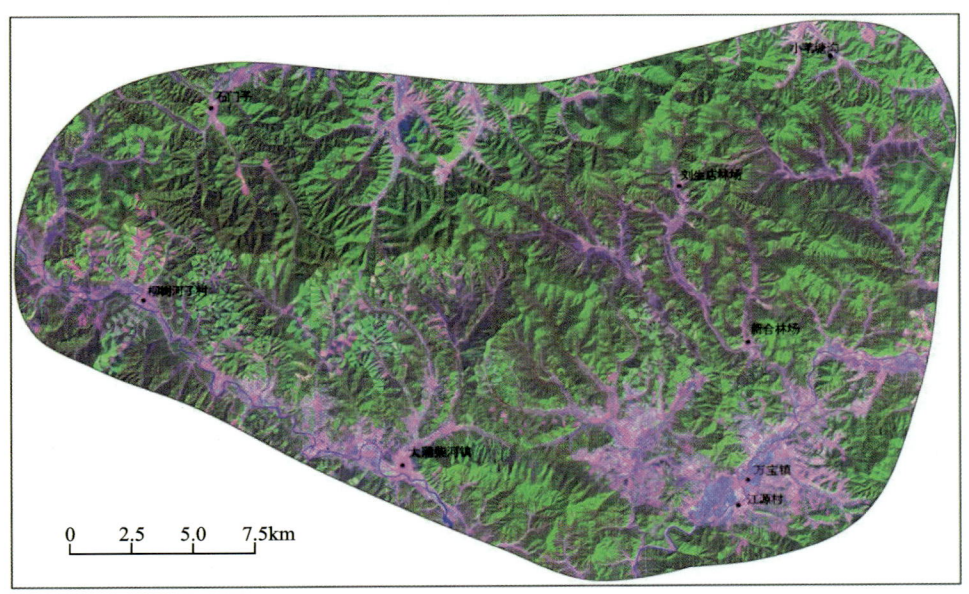

图 7-2-15　大蒲柴河金、铜、铁、银、镍、稀土找矿远景区遥感影像图

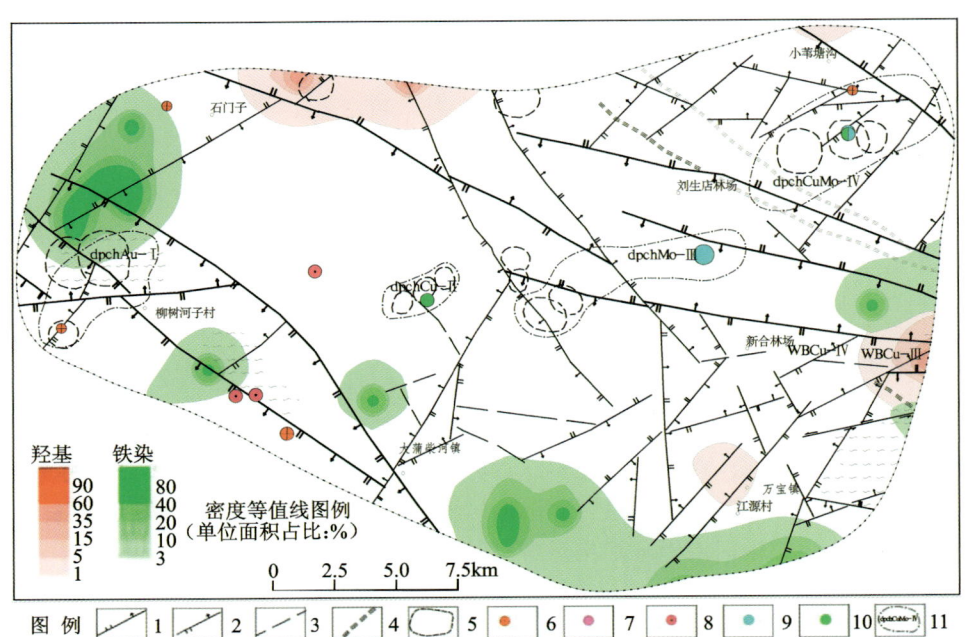

图 7-2-16　大蒲柴河金、铜、铁、银、镍、稀土找矿远景区遥感找矿预测图

1.正断层;2.逆断层;3.性质不明断层;4.平移断层;5.脆韧性变形构造或构造带;6.环形构造;7.金矿;8.镍矿;9.铁矿;10.钼矿;11.铜矿;12.最小预测区及编号

3.遥感矿产预测分析

根据区内已知地质矿产以及遥感地质特征,在本远景区内共圈出4处找矿预测区,预测矿种为金、铜、钼(表7-2-8)。

表7-2-8　大蒲柴河金、铜、铁、银、镍、稀土找矿远景区成矿预测表

预测区编号	预测矿种	预测范围		预测面积/km²	预测依据
		东经	北纬		
DPSHAu-Ⅰ	金	127°41′46″—127°48′05″	42°57′39″—43°02′26″	45.15	丰满-崇善断裂带与敦化-杜荒子断裂带交会部位,北北东向次级断裂通过此区,3个环形构造在此区集中分布,遥感浅色色调异常区
DPSHCu-Ⅱ	铜	128°00′08″—128°04′20″	42°58′57″—43°01′47″	14.11	丰满-崇善断裂带与江源-新合断裂带之间的次级北西向断裂上,3个小环形构造呈北东向串珠状分布,敦化市官瞎沟铜钼矿分布在此区
DPSHMo-Ⅲ	钼	128°13′14″—128°25′30″	44°20′59″—44°26′37″	99.35	江源-新合断裂带内,有北西向次级断裂通过,西南端有2个环形构造集中分布,安图县刘生店钼矿床分布于此区
DPSHCuMo-Ⅳ	铜、钼	128°20′01″—128°25′13″	44°05′46″—44°08′49″	30.62	江源-新合断裂带与红石-西城断裂带之间,北东向次级断裂密集分布区,3个环形构造呈北东东向串珠状分布,安图县三岔子北山金矿、敦化三岔子钼矿、安图县双山多金属矿分布在此区

(三)亮兵铜、铁、银找矿远景区

1.地质概况

该找矿远景区位于包尔汉图-温都尔庙弧盆系—下冶-呼兰-伊泉陆源岩浆弧内,区内二叠系庙岭组为多金属矿的主要含矿地层;区内岩浆活动频繁,为成矿提供了热源,带来了丰富的成矿物质。

2.遥感矿产地质特征

新安-龙井断裂带呈北西向通过远景区,敦化-杜荒子断裂带呈近东西向通过远景区南部,并在亮兵镇附近与新安-龙井断裂带交会,在交会部位,环形构造集中分布,构成亮兵镇环形构造群,同时发育走向近东西、向北凸起的弧形断裂。在远景区西北部沙河沿镇北,新安-龙井断裂带与北东向断裂交会部位,环形构造集中分布,组成沙河沿镇环形构造群(图7-2-17、图7-2-18)。

3.遥感矿产预测分析

根据区内已知地质矿产以及遥感地质特征,在本远景区内共圈出2处找矿预测区,预测矿种为镍、钼、银(表7-2-9)。

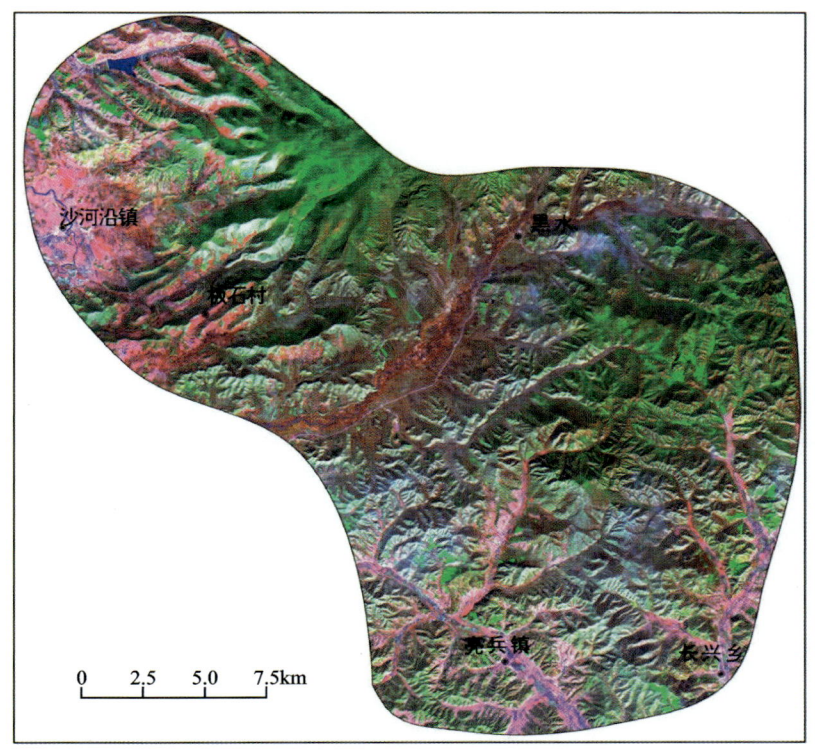

图 7-2-17　亮兵铜、铁、银找矿远景区遥感影像图

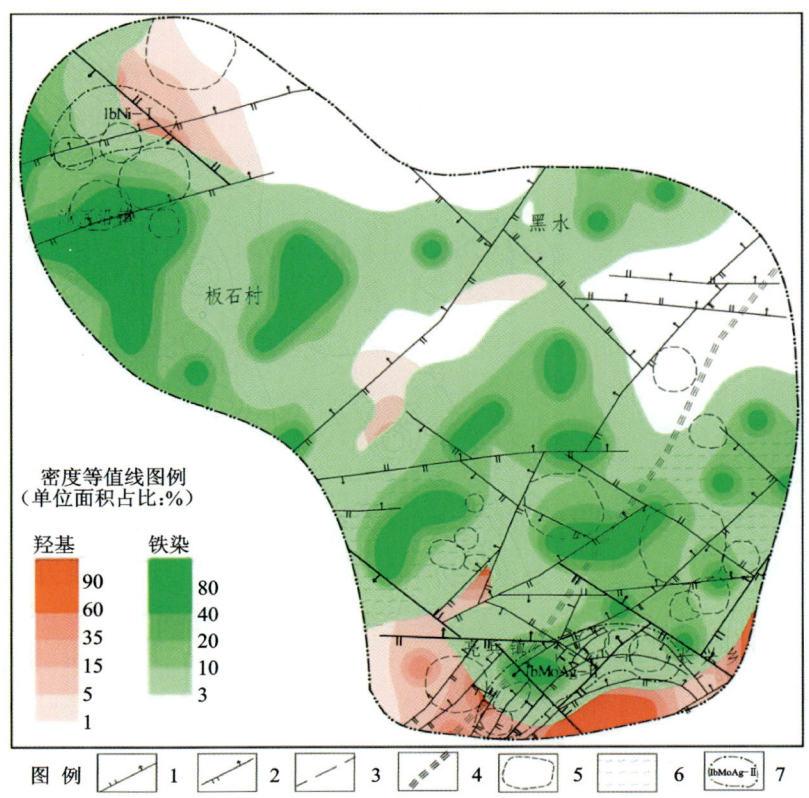

图 7-2-18　亮兵铜、铁、银找矿远景区遥感找矿预测图

1.正断层；2.逆断层；3.性质不明断层；4.脆韧性变形构造；5.环形构造；6.色要素；7.最小预测区及编号

表 7-2-9　亮兵铜、铁、银找矿远景区成矿预测表

预测区编号	预测矿种	预测范围		预测面积/km²	预测依据
		东经	北纬		
LBNi-Ⅰ	镍	128°26′05″—128°31′52″	43°27′53″—43°30′52″	25.97	新安-龙井断裂带与北东向断裂交会部位，3个环形构造在此区集中分布
DPSHCu-Ⅱ	铜	128°45′16″—128°54′38″	43°08′52″—43°12′41″	42.89	新安-龙井断裂带与敦化-杜荒子断裂带交会部位，并发育向北凸起的弧形断裂，沿弧形断裂，有6个环形构造呈串珠状分布

（四）红太平铅锌、铜、金、银、镍找矿远景区

1. 地质概况

沉积岩：上二叠统庙岭组，以灰色、绿灰色长石石英砂岩、杂砂岩、粉砂岩为主，夹有薄层灰岩透镜体；上三叠统滩前组，为河流相长石岩屑粗砂岩、粉砂岩；马鹿沟组，由灰色砂岩、含砾砂岩、粉砂岩组成；下白垩统大拉子组，为砾岩、砂砾岩、砂岩、粉砂岩、泥岩；上白垩统龙井组，为紫红色砾岩、砂岩夹粉砂岩、泥灰岩。

火山岩：上三叠统托盘沟组安山岩、英安岩及中酸性火山碎屑岩；天桥岭组流纹质和英安质火山岩、火山碎屑岩；上二叠统庙岭组中所夹火山碎屑岩、凝灰岩；下白垩统刺猬沟组安山岩、英安岩及火山碎屑岩；金沟岭组玄武岩、玄武安山岩及火山碎屑岩和第三系老爷岭组橄榄玄武岩、气孔状玄武岩等。构成天桥岭火山洼地。

侵入岩：预测区内侵入岩亦发育，并且在区域上显示出具有多期、多阶段性特点。分别为二叠纪花岗石英闪长岩、二长花岗岩；三叠纪花岗闪长岩、二长花岗岩；早侏罗世花岗闪长岩、二长花岗岩等；脉岩仅见有早侏罗纪花岗斑岩、呈脉体出露。上述侵入岩在区域上构成大致呈近北东向带状展布的花岗岩浆岩带。

2. 遥感矿产地质特征

望天鹅-春阳断裂带呈北东向通过远景区东部，春阳-汪清断裂带呈北西向通过远景区，并在太平屯附近与望天鹅-春阳断裂带交会，在两断裂带交会部位，环形构造集中分布，构成天桥岭镇环形构造群，汪清县红太平多金属矿于此部位；长岭-罗子沟断裂带呈近东西向通过远景区（图7-2-19、图7-2-20）。

3. 遥感矿产预测分析

根据区内已知地质矿产以及遥感地质特征，在本远景区内圈出1处找矿预测区，预测矿种为镍、铜、银（表7-2-10）。

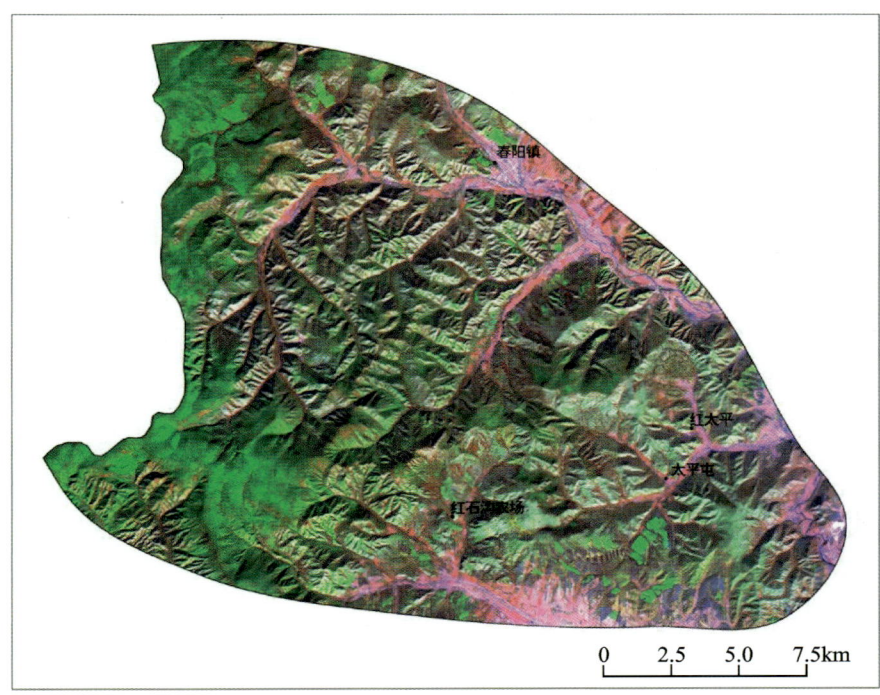

图 7-2-19 红太平铅锌、铜、金、银、镍找矿远景区遥感影像图

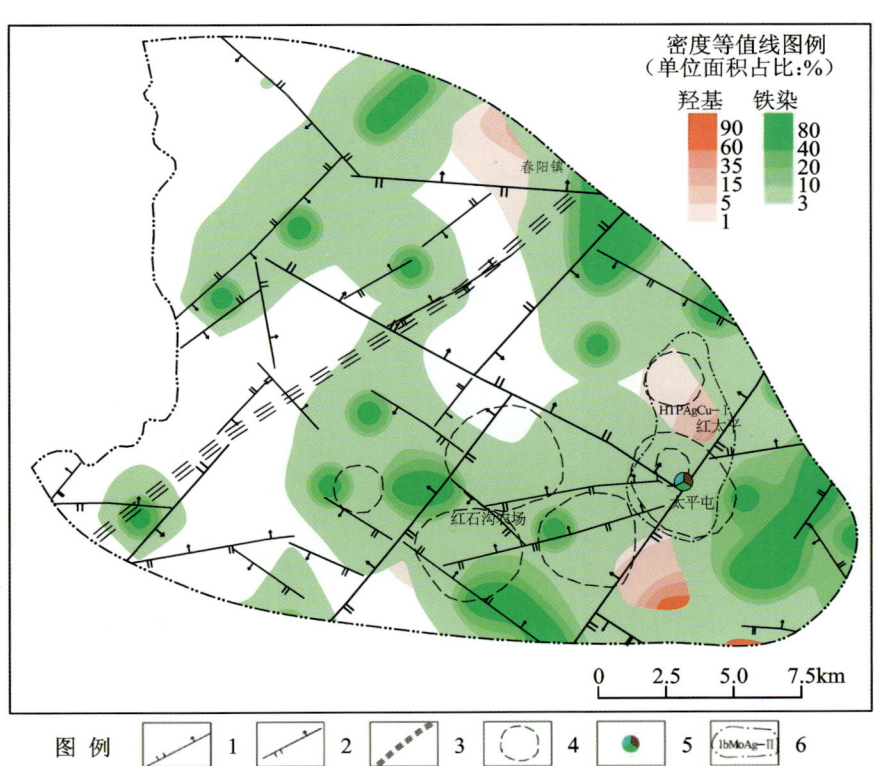

图 7-2-20 红太平铅锌、铜、金、银、镍找矿远景区遥感找矿预测图

1.正断层；2.逆断层；3.脆韧性变形构造；4.环形构造；5.多金属矿床；6.最小预测区及编号

表 7-2-10　红太平铅锌、铜、金、银、镍找矿远景区成矿预测表

预测区编号	预测矿种	预测范围		预测面积/km²	预测依据
		东经	北纬		
HTPCuAg-Ⅰ	铜、银、铅	129°31′04″—129°35′25″	43°31′21″—43°37′35″	43.43	望天鹅-春阳断裂带与春阳-汪清断裂带交会，区内有3个环形构造呈串珠状分布。有铁染、羟基异常分布，汪清县红太平多金属矿分布在此区

六、五凤-百草沟金、铜、银、铅锌、铁找矿远景区

1. 地质概况

该找矿远景区位于兴凯地块南缘的延边中生代火山岩带上，为一东西向的金铜成矿带。以金为主的金铜矿化主要受东西向火山-次火山岩带控制。出露地层主要有五道沟群绿泥片岩、片麻岩、变粒岩、角闪质岩石等。属中基性火山沉积建造，形成兴凯地块南西缘震旦纪—早古生代裂陷槽环境。火山作用后的脉岩活动，是成矿的主要热源。

该找矿远景区已知有五凤-五星山、刺猬沟、闹枝、九三沟等多处小型金矿床和众多的金、铜矿点及矿化点。成矿时代为燕山期，成因类型以火山热液型为主，次为岩浆热液型。

2. 遥感矿产地质特征

该找矿远景区内的断裂构造极为发育，并以北东向和北西向为主，集安-松江岩石圈断裂呈北西向通过找矿远景区西部，并在安图县北东与望天鹅-春阳断裂带交会，智新-长安断裂带沿长安镇—东光镇一线呈北北东向通过找矿远景区，敦化-杜荒子断裂带呈北西西向通过找矿远景区中南部，春阳-汪清断裂带呈北西向通过找矿远景区东北部。在不同方向断裂带或次级断裂交会部位，环形构造相对集中，构成一系列环形构造群。在找矿远景区中部发育一条北东东走向的大规模脆韧性变形构造带，带内及两侧多为遥感浅色色调异常带。区内的金、铅锌等矿产主要分布在脆韧性变形构造附近的不同方向断裂交会部位，环形构造集中区，遥感浅色色调异常区（图7-2-21、图7-2-22）。

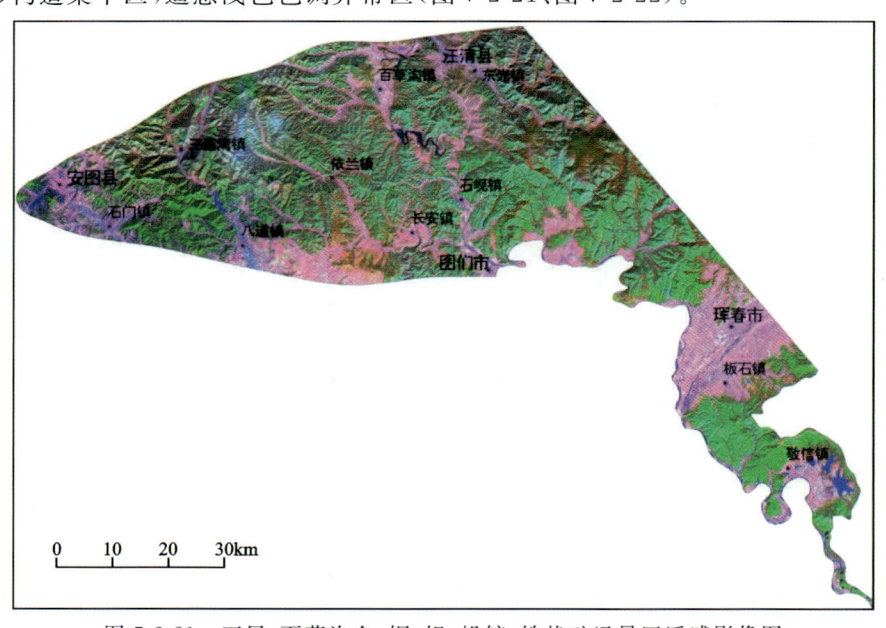

图 7-2-21　五凤-百草沟金、铜、银、铅锌、铁找矿远景区遥感影像图

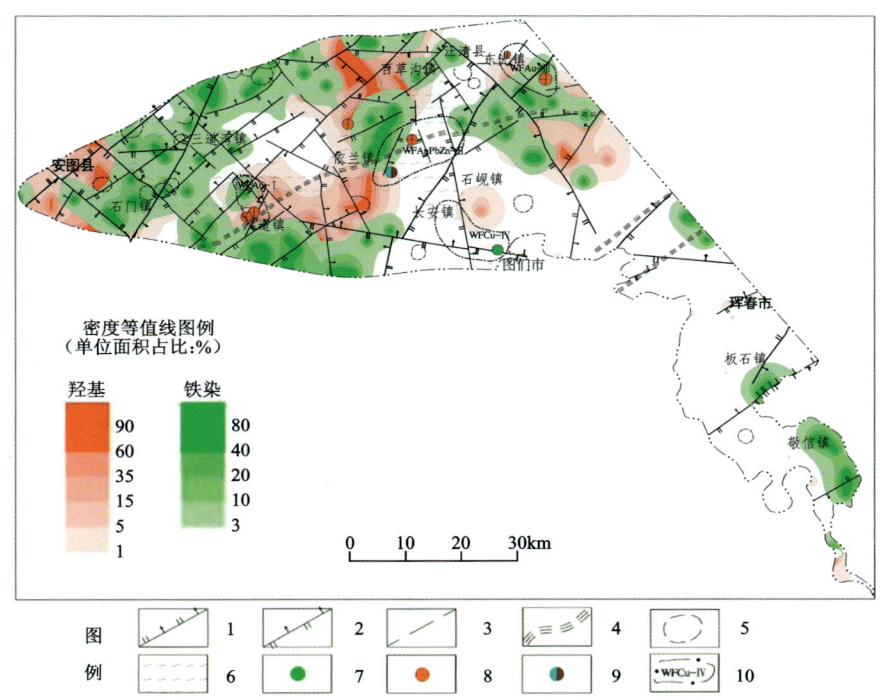

图 7-2-22　五凤-百草沟金、铜、银、铅锌、铁找矿远景区遥感找矿预测图

1.正断层;2.逆断层;3.性质不明断层;4.脆韧性变形构造;5.环形构造;6.色要素;7.铜矿;
8.金矿;9.铅锌矿;10.最小预测区及编号

3.遥感矿产预测分析

根据区内已知地质矿产以及遥感地质特征,在本远景区内圈出 4 处找矿预测区,预测矿种为金、铅锌、铜(表 7-2-11)。

表 7-2-11　五凤-百草沟金、铜、银、铅锌、铁找矿远景区成矿预测表

预测区编号	预测矿种	预测范围		预测面积/km²	预测依据
		东经	北纬		
WFAu-Ⅰ	金	129°16′32″—129°21′24″	43°01′28″—43°06′50″	41.04	脆韧性变形构造通过该预测区,区内发育北北西向、北东向、北北东向断裂,2 个与隐伏岩体有关的环形构造分布在此区,遥感浅色色调异常区,延吉五星山金矿、龙井市五凤山金矿分布于此区
WFAuPbZn-Ⅱ	金、铅锌	129°34′40″—129°46′46″	43°05′40″—43°12′28″	129.43	智新-长安断裂带边部,区域性脆韧性变形构造通过本区,区内发育北西西向及北东向次级断裂,遥感浅色色调异常区,汪清县闹枝金矿、棉田铅锌矿分布于此区
WFAu-Ⅲ	金	129°51′16″—129°59′06″	43°14′20″—43°19′33″	61.57	春阳-汪清断裂带与智新-长安断裂带交会部位,区域性脆韧性变形构造边部,区内发育北西向、北东向及近东西向次级断裂,汪清县刺猬沟金矿及汪清县明星屯金矿点分布于此区
WFCu-Ⅳ	铜	129°42′45″—129°52′36″	42°58′18″—43°04′08″	85.23	敦化-杜荒子断裂带与北北西向断裂交会部位,北部为遥感浅色色调异常区,图们市前安山村铜矿分布于此区

七、天宝山-开山屯铅锌、金、银、镍、钼、铜、铁找矿远景区

1. 地质概况

天宝山地区铅锌矿成矿与多种建造有关。矽卡岩型,与晚石炭世天宝山组灰岩建造和晚三叠世石英闪长岩有关。爆破角砾岩筒型铅锌矿,与晚三叠世流纹岩、英安岩夹火山碎屑岩建造有关,热液充填型,与晚三叠世—早白垩世石英闪长岩、二长花岗岩及早白垩世花岗闪长岩的关系密切,总的说来,区内侵入岩自晚三叠世—早白垩世具多期、多次活动的特征。

天宝山矿区重要的控矿断裂为两条北西向断裂和两条东西向断裂,北西向断裂与东西向断裂的交会部位是成矿的有利部位,天宝山铅锌矿立山坑就位于北西向与东西向的交会处。

2. 遥感矿产地质特征

西南侧边部为华北地台北缘断裂带,并发育与该断裂带相伴生的区域性脆韧性变形构造,新安-龙井断裂带呈北西向分布在智新镇—龙井市一带,望天鹅-春阳断裂带在远景区西部呈北北西向分布,红石-西城断裂带在找矿远景区西南部呈北西向通过;敦化-杜荒子断裂带在找矿远景区西北部呈近东西向展布,并在天宝山村附近与望天鹅-春阳断裂带相交;长白-图们断裂带呈北东向分布在找矿远景区东部,并在智新附近与新安-龙井断裂带交会;在找矿远景区西部天宝山—长仁一带及远景区东部智新—新丰一带,不同方向次级断裂密集分布。在不同方向断裂带交会部位及次级断裂密集分布区,环形构造集中分布,形成天宝山村、柳树沟、智新镇东等环形构造群,且各环形构造群分布区在遥感图像上多表现为浅色色调异常(图 7-2-23、图 7-2-24)。

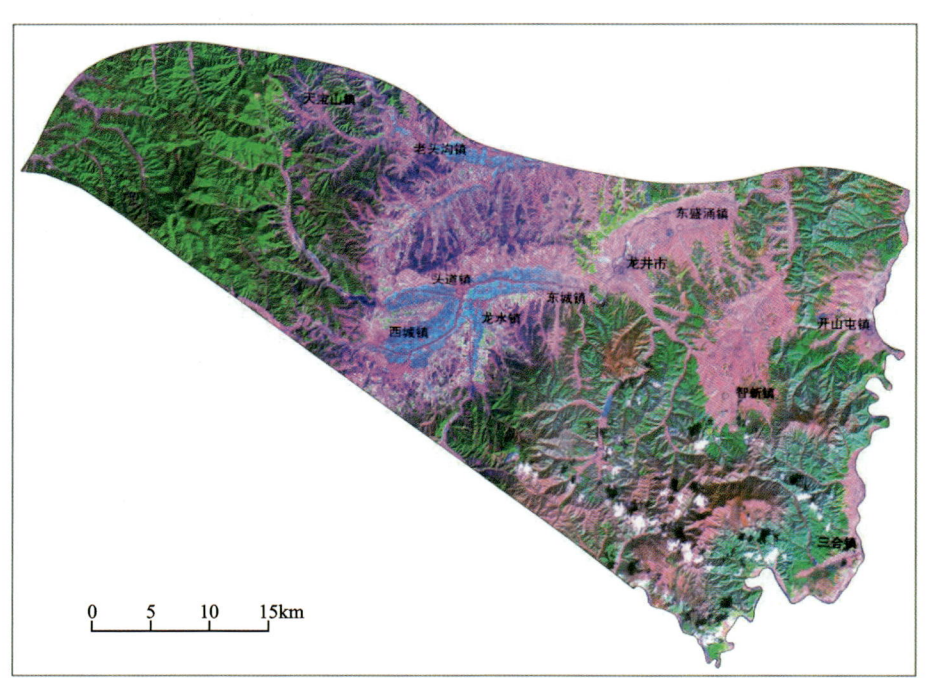

图 7-2-23 天宝山-开山屯铅锌、金、银、镍、钼、铜、铁找矿远景区遥感影像图

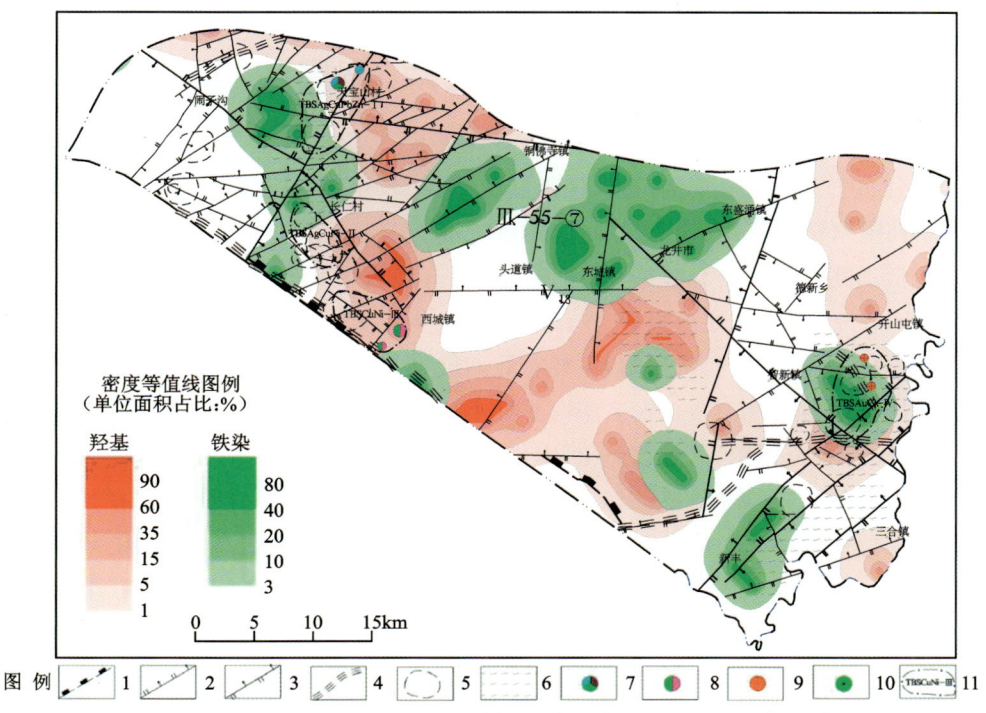

图 7-2-24　天宝山-开山屯铅锌、金、银、镍、钼、铜、铁找矿远景区遥感找矿预测图

1. 板块结合带；2. 正断层；3. 逆断层；4. 脆韧性变形构造；5. 环形构造；6. 色要素；7. 多金属矿床；8. 铜镍矿床；9. 金矿床；10. 铬铁矿；11. 最小预测区及编号

3. 遥感矿产预测分析

根据区内已知地质矿产以及遥感地质特征，在本远景区内圈出 4 处找矿预测区，预测矿种为金、银、铅锌、铜、镍、铬（表 7-2-12）。

表 7-2-12　天宝山-开山屯铅锌、金、银、镍、钼、铜、铁找矿远景区成矿预测表

预测区编号	预测矿种	预测范围		预测面积/km²	预测依据
		东经	北纬		
TBSAgCuPbZn-Ⅰ	银、铜、铅锌	128°55′44″—129°01′16″	42°52′27″—42°57′58″	50.55	望天鹅-春阳断裂带与敦化-杜荒子断裂带交会部位，2 个环形构造在此区集中分布，遥感浅色色调异常区，天宝山多金属矿分布于此区
TBSAgCuNi-Ⅱ	银、铜、镍	128°54′54″—128°59′08″	42°45′27″—42°49′25″	26.31	华北地台北缘断裂带北东侧，红石-西城断裂带边部，区内发育北东向及北西向次级断裂，4 个环形构造在此区集中分布，遥感浅色色调异常区
TBSCuNi-Ⅲ	铜、镍	128°58′25″—129°04′18″	42°40′13″—42°44′08″	37.14	华北地台北缘断裂带北东侧边部，区内发育次级北东向及北西向断裂，西北部发育 1 个环形构造，和龙市 305 矿区铜镍矿、长仁 11 号矿体分布于此区
TBSAuCr-Ⅳ	金、铬	129°38′49″—129°43′42″	42°34′24″—42°40′26″	53.48	长白-图们断裂带与新安-龙井断裂带交会部位，2 个环形构造在此区集中分布，遥感浅色色调异常区，龙井市金谷山金矿床、龙井市后底洞金矿床及龙井市开山屯铬铁矿均分布在此区

第三节　佳木斯-兴凯铁、金、磷、石墨、夕线石成矿带

吉林省部分分布于吉林省最东部，行政区隶属汪清县（部分）和珲春市（部分），并且只划分一条成矿带，为新华村-小西南岔金、铜、钨、铅锌、银、铁、钼、铂、钯成矿带。该带处于东西向中生代火山构造带与北东向晚古生代活动陆缘带的交会部位，出露地层主要有晚古生代斜长角闪片麻岩、斜长角闪岩、石墨云母片岩、二云片岩、千枚岩、红柱石板岩、夕线石板岩夹少量大理岩；二叠纪砾岩、砂岩夹薄层灰岩、中酸性火山岩、凝灰岩等。岩浆岩广泛出露，主要有海西晚期斜长花岗岩、黑云母斜长花岗岩、闪长岩、石英闪长岩等。已知有小西南岔大型金铜矿床及多处小型金、铜矿床，矿点。小西南岔金铜矿由两个矿段组成，北山矿段为斑岩型金铜矿，见有钼矿化；南山矿段为岩浆热液型金铜矿。它是一重要的与燕山期侵入作用有关的斑岩型-岩浆热液型金铜矿及与超基性—基性岩浆岩有关的铂、钯矿成矿区。

区域遥感影像特征：集安-松江岩石圈断裂呈北东向通过成矿带西北部，桶子沟-六道崴子断裂呈近东西向分布在成矿带北部响水林场一带，长岭-罗子沟断裂带呈近东西向分布在成矿带北部的民主屯—金星屯一带；长白-图们断裂带呈北东向分布于三安村—杜荒子村一线，珲春-杜荒子断裂带呈北北东向分布在成矿带东部，和龙-春化断裂带呈北东向分布在成矿带东南部边缘，鸡冠-复兴断裂带沿复兴—春阳一线通过成矿带，长岭-罗子沟断裂带沿春阳—罗子沟一线呈近东西向展布。

一、新华村铅锌、银、铁、钼、金、铜找矿远景区

1.地质概况

该找矿远景区位于放牛沟-里水-五道沟陆缘岩浆弧—汪清-珲春上叠裂陷盆地北部。区内出露地层有二叠系庙岭组、柯岛组，庙岭组为银多金属矿的主要含矿地层；燕山期中酸性侵入岩发育。

2.遥感矿产地质特征

集安-松江岩石圈断裂沿小东沟—罗子沟一线呈北东向分布于远景区东南部，长岭-罗子沟断裂带在远景区中南部呈近东西向展布，桶子沟-六道崴子断裂呈东西向分布在响水村北侧，望天鹅-春阳断裂带呈北北西向分布在远景区西部边缘。北东向、北西向及近东西向次级断裂在响水村—新华村一带密集分布，在不同方向断裂交会部位多有环形构造形成，在新华村附近，有3个环形构造集中分布，构成新华村环形构造群（图7-3-1、图7-3-2）。

3.遥感矿产预测分析

根据区内已知地质矿产以及遥感地质特征，在本远景区内圈出1处找矿预测区，预测矿种为金、银（表7-3-1）。

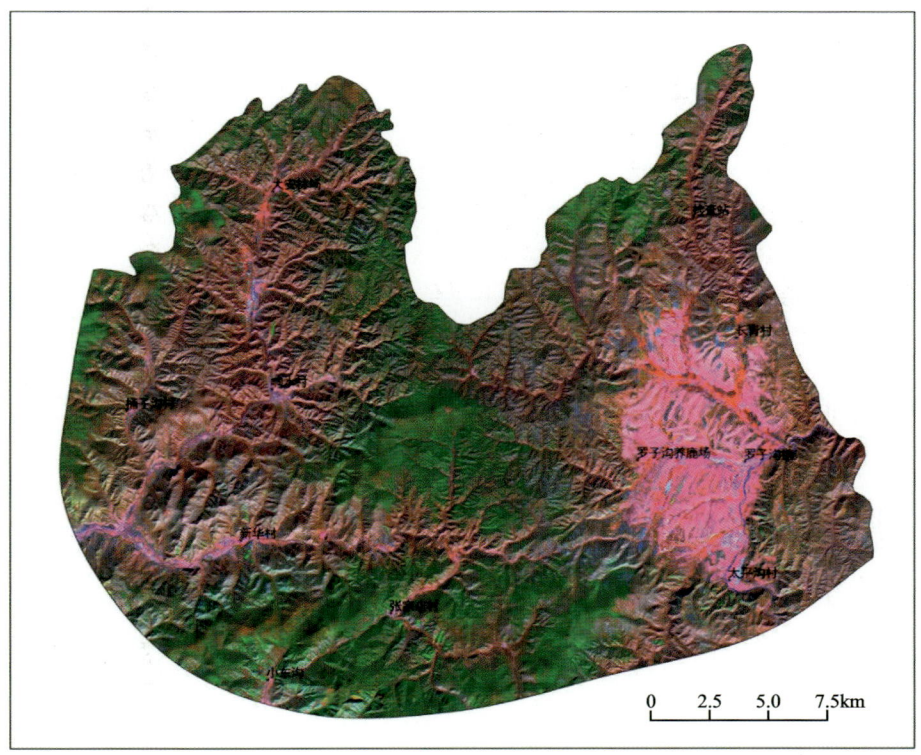

图 7-3-1 新华村铅锌、银、铁、钼、金、铜找矿远景区遥感影像图

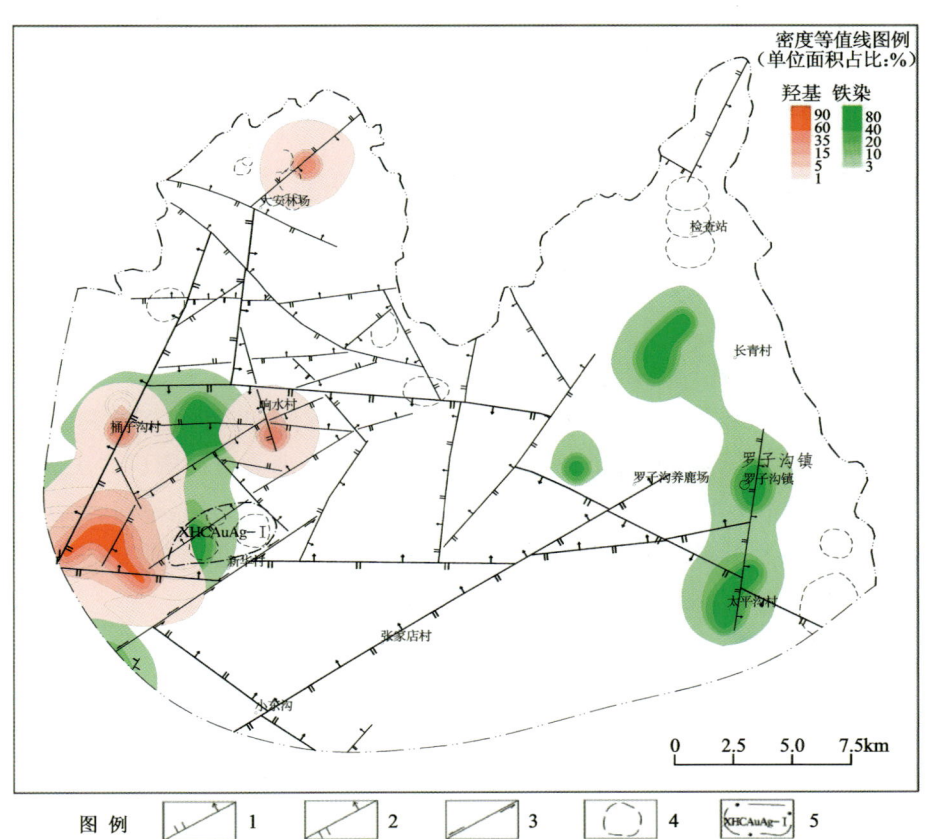

图 7-3-2 新华村铅锌、银、铁、钼、金、铜找矿远景区遥感找矿预测图

1.正断层;2.逆断层;3.平移断层;4.环形构造;5.最小预测区及编号

表 7-3-1　新华村铅锌、银、铁、钼、金、铜找矿远景区成矿预测表

预测区编号	预测矿种	预测范围		预测面积/km²	预测依据
		东经	北纬		
XHCAuAg-Ⅰ	金、银	129°46′32″—129°52′51″	43°40′43″—43°43′21″	30.09	长岭-罗子沟断裂带边部,北东向与北西向次级断裂交会部位,3个环形构造在此区集中分布

二、九三沟-杜荒岭金、铜、银找矿远景区

1.地质概况

沉积岩:解放村组,以深灰色砂岩、粉砂岩为主,局部夹板岩;马路沟组,岩性以灰色细砂岩、含砾砂岩为主,其下伏地层为托盘沟组火山岩,上覆地层为天桥岭组火山岩;亮子川组灰黑色凝灰质砂岩、碳质粉砂岩、长石砂岩;大东沟组灰色、深灰色复成分砂岩,长石岩屑砂岩,泥质岩,砂质泥岩;珲春组,以黄灰色砂岩、砾岩为主,局部夹煤线。

火山岩:托盘沟组,灰绿色流纹质含角砾凝灰熔岩、灰黄色流纹岩、深灰色(黑灰色)安山质含角砾凝灰熔岩夹安山质凝灰岩、安山岩、安山质角砾凝灰熔岩、安山质角砾岩和安山集块岩;金沟岭组,安山岩、安山质角砾凝灰岩、安山质集块岩、安山质角砾岩、安山质凝灰角砾岩、闪长玢岩等。

侵入岩:新元古代英云闪长岩,晚三叠世闪长岩、石英闪长岩、二长花岗岩,早侏罗世花岗闪长岩,早白垩世辉长岩、闪长岩、碱长花岗岩、花岗斑岩碱长花岗岩等。

脉岩:区内脉岩比较发育,其中有花岗斑岩、花岗细晶岩、次安山岩、石英脉等。区内的脉岩和次火山岩与金的形成有密切关系。

2.遥感矿产地质特征

长白-图们断裂带沿三安村—杜荒子村一线呈北东向通过找矿远景区东南部,并有区域性脆韧性变形构造与之伴生;智新-长安断裂带呈北北东向通过找矿远景区西部;鸡冠-复兴断裂带沿杜荒子村—复兴镇一线呈北西西向通过找矿远景区东北部。在断裂带附近以及断裂带所围成的块体内,次级断裂多集中分布,并在次级断裂密集分布区,环形构造集中分布,构成复兴镇、复兴镇南、红星等环形构造群。另外,在东南岔南,发育一条近东西向规模巨大的弧形脆韧性变形构造(图7-3-3、图7-3-4)。

3.遥感矿产预测分析

根据区内已知地质矿产以及遥感地质特征,在本远景区内圈出4处找矿预测区,预测矿种为金、铜(表7-3-2)。

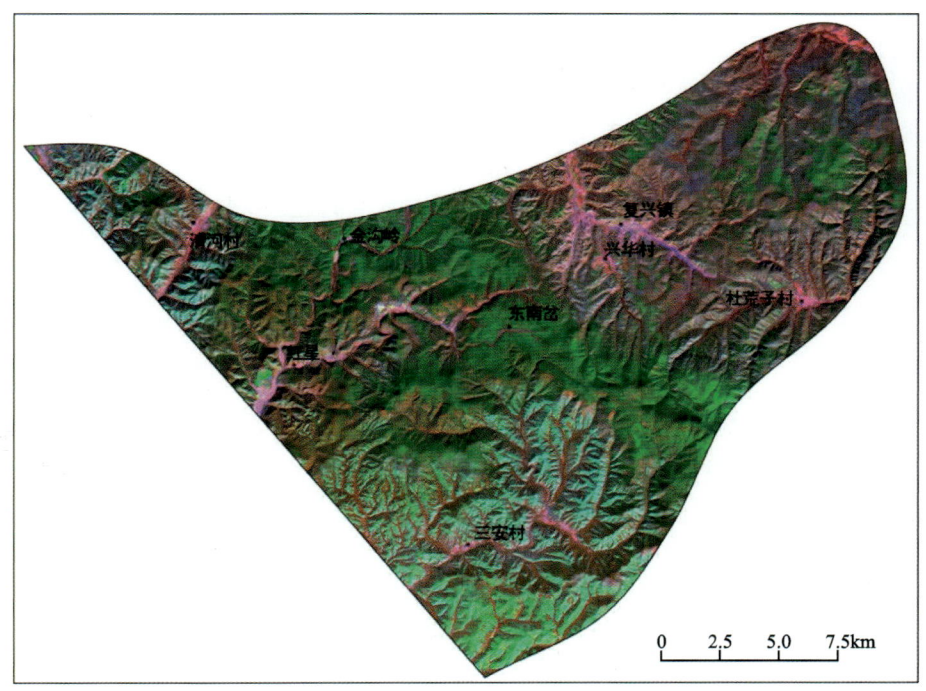

图 7-3-3　九三沟-杜荒岭金、铜、银找矿远景区遥感影像图

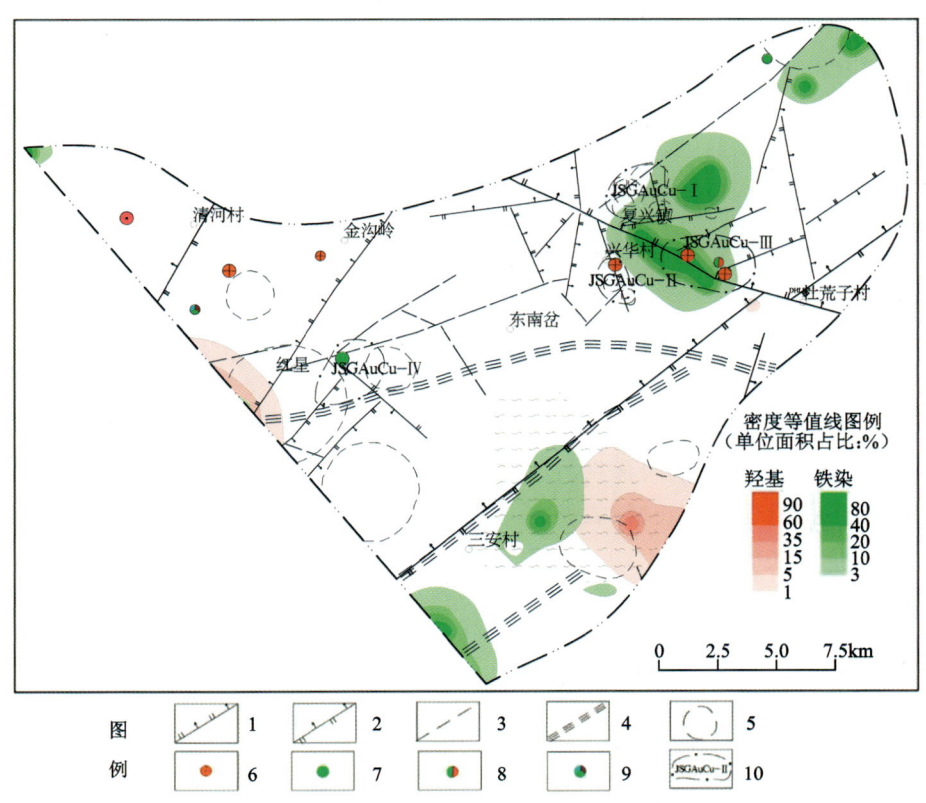

图 7-3-4　九三沟-杜荒岭金、铜、银找矿远景区遥感找矿预测图

1.正断层；2.逆断层；3.性质不明断层；4.脆韧性变形构造；5.环形构造；6.金矿床；7.铜矿床；8.铜金矿床；9.多金属矿床；10.最小预测区及编号

表 7-3-2　九三沟-杜荒岭金、铜、银找矿远景区成矿预测表

预测区编号	预测矿种	预测范围		预测面积 /km²	预测依据
		东经	北纬		
JSGAuCu-Ⅰ	金、铜	130°27′41″—130°31′51″	43°22′04″—43°24′47″	22.24	智新-长安断裂带边部次级断裂密集分布区,4 个环形构造在此区集中分布
JSGAuCu-Ⅱ	金、铜	130°26′57″—130°29′37″	42°40′13″—42°44′08″	10.09	智新-长安断裂带边部,北东向与北西向次级断裂交会部位,2 个环形构造呈北西向串珠状分布,汪清九三沟金-多金属矿分布于此区
JSGAuCu-Ⅲ	金、铜	130°31′13″—130°37′21″	43°18′27″—43°21′09″	33.87	智新-长安断裂带与次级北东向断裂交会锐角区,汪清县杜荒岭金矿、汪清金仓砂金矿、汪清县杜荒岭金铜矿均分布在此区
JSGAuCu-Ⅳ	金、铜	130°08′39″—130°13′09″	43°13′14″—43°16′15″	25.87	北东向次级断裂密集分布区,有北西向小断裂通过,红星环形构造群附近,汪清县苍林铜矿分布在此区

三、小西南岔-农坪金、铜、钨、铂、钯找矿远景区

1.地质概况

地层:马滴达组变色变质砂岩、变质粉砂岩夹变质英安岩;杨金沟组黑灰色角闪石英片岩、绿色角闪黑云片岩、黑云石英片岩夹条带状大理岩及片理化变质粉砂岩,局部夹变质英安岩;香房子组黑灰色红柱石二云石英片岩、含榴黑云母石英片岩、红柱石二云片岩,角闪石英片岩夹变质细砂岩;中二叠统关门嘴子组灰色片理化安山岩,局部安山质碎屑岩夹灰岩;中二叠统解放村组深灰色细砂岩、粉砂岩夹粉砂质板岩;上三叠统托盘沟组黄灰色流纹岩,灰绿色安山质含角砾凝灰熔岩;中新统土门子组土黄色半固结粗砂岩、砾岩。

侵入岩:中二叠世闪长岩,该期闪长岩与金铜的成矿关系密切;中二叠世辉长岩;晚三叠世辉长岩;晚三叠世闪长岩;晚三叠世花岗闪长岩、二长花岗岩;早白垩世闪长玢岩,该期侵入岩与 Au、Cu 矿产的形成有密切关系,这期闪长玢岩即为 Au、Cu、W 的含矿侵入岩,可称之为目的层。

脉岩:预测区内的主要脉岩有闪长玢岩脉、花岗斑岩脉和石英脉。闪长玢岩脉、花岗斑岩脉与金铜钨矿关系密切。

变质岩:马滴达组灰色变质砂岩、变质粉砂岩夹变质英安岩;杨金沟组灰色角闪石英片岩、绿色角闪黑云片岩、黑云石英夹薄层状变质英安岩;香房子组灰黑色红柱石二云石英片岩、含榴石黑云石英片岩、红柱石二云片岩、角闪石英片岩夹变质细砂岩。

2.遥感矿产地质特征

找矿远景区中南部为和龙-春化断裂带分布区,敦化-杜荒子断裂带呈近东西向通过找矿远景区南部,鸡冠-复兴断裂带呈北西西向通过找矿远景区北部,珲春-杜荒子断裂带呈北北东向分布在找矿远景

区西部。在不同方向断裂带交会部位,次级断裂相对集中,形成一些次级断裂密集带。在断裂带附近或不同方向断裂带交会部位,环形构造集中分布,小西南岔西环形构造群形成于珲春-杜荒子断裂带边部近南北向次级断裂上;小西南岔环形构造群形成于和龙-春化断裂带与鸡冠-复兴断裂带交会部位锐角区,珲春市小西南岔铜金矿、珲春县大六道沟金矿形成于该环形构造群内部;五道沟村环形构造群形成于和龙-春化断裂带内,珲春杨金沟屯金矿、珲春四道沟金矿化点分布于此环形构造群内;烟筒砬子村环形构造群形成于和龙-春化断裂带与敦化-杜荒子断裂带交会部位,珲春市柳树河子砂金矿、珲春市瓦岗寨金矿分布在此区。在三道沟林场—大北城一带,遥感图像上显示为大面积的浅色色调异常(图7-3-5、图7-3-6)。

3.遥感矿产预测分析

根据区内已知地质矿产以及遥感地质特征,在本找矿远景区内圈出6处找矿预测区,预测矿种为金、铜、钨(表7-3-3)。

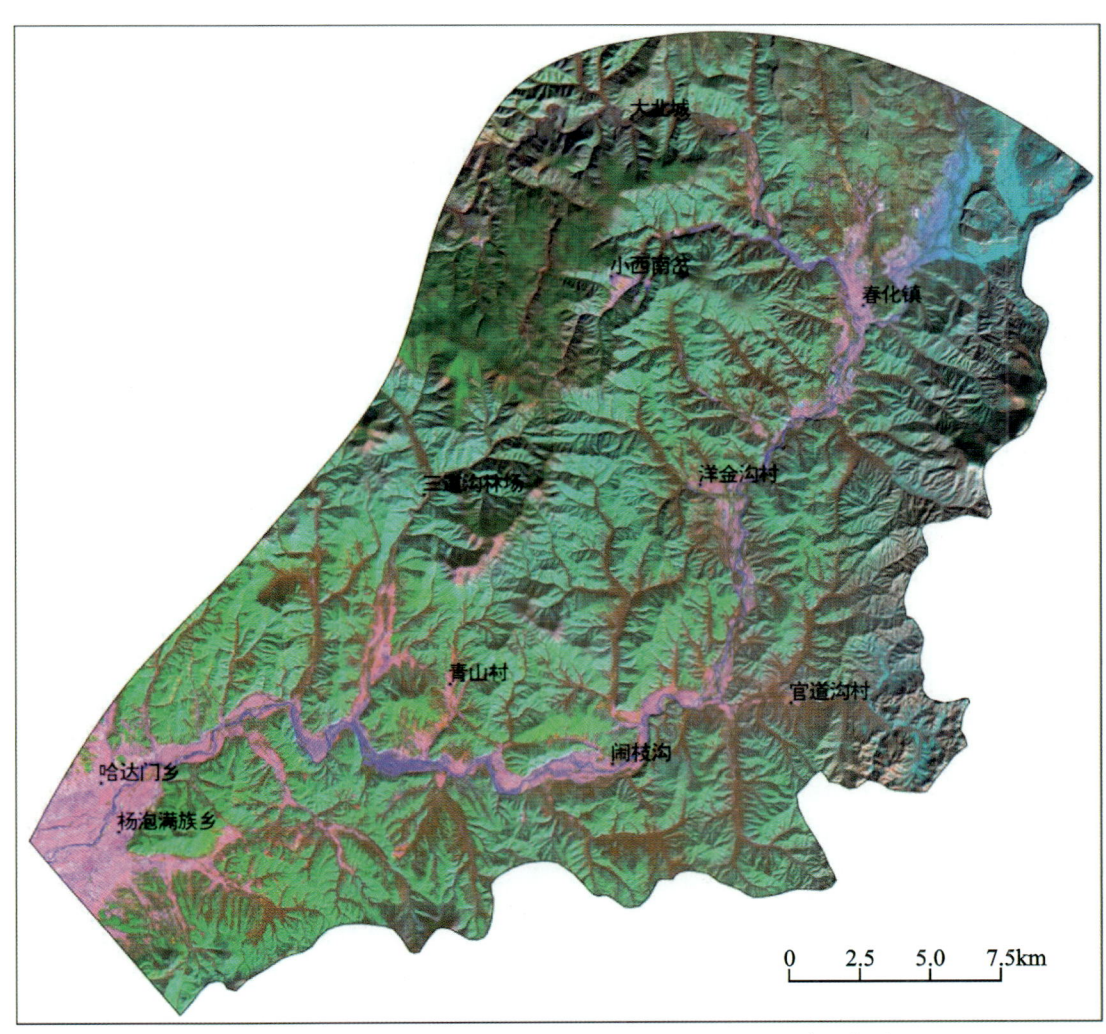

图7-3-5　小西南岔-农坪金、铜、钨、铂、钯找矿远景区遥感影像图

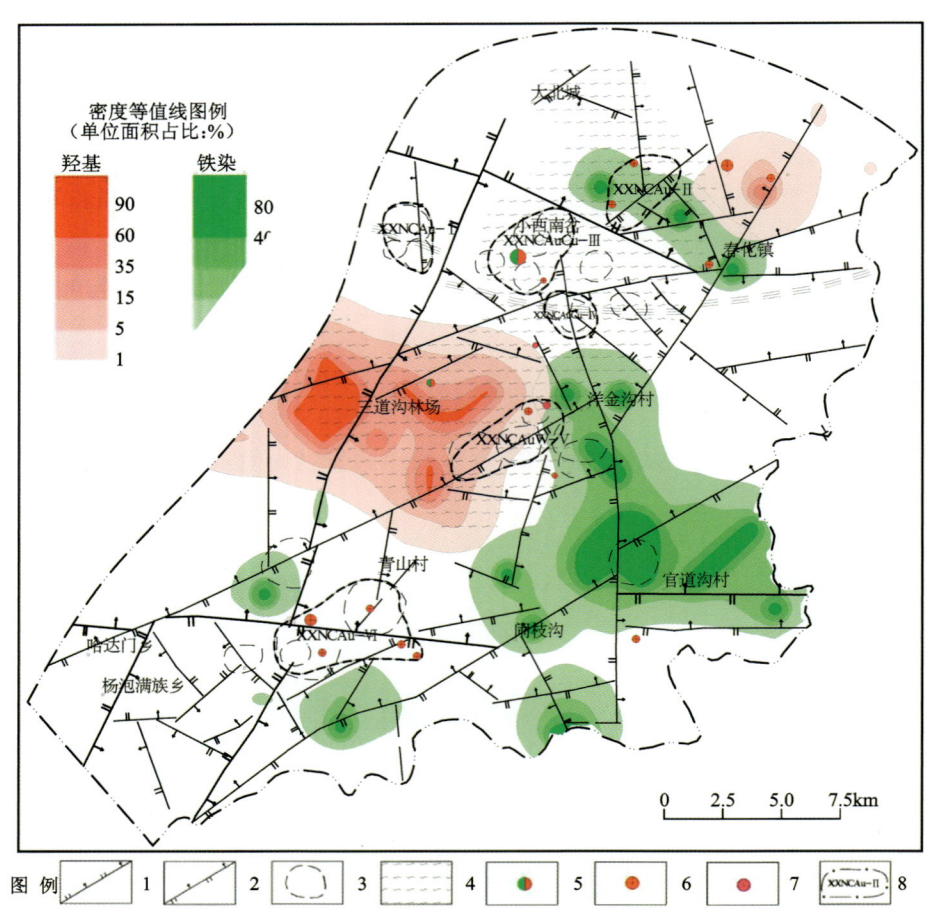

图 7-3-6　小西南岔-农坪金、铜、钨、铂、钯找矿远景区遥感找矿预测图

1.正断层；2.逆断层；3.环形构造；4.色要素；5.铜金矿；6.金矿；7.钨矿；8.最小预测区及编号

表 7-3-3　小西南岔-农坪金、铜、钨、铂、钯找矿远景区成矿预测表

预测区编号	预测矿种	预测范围		预测面积 /km²	预测依据
		东经	北纬		
XXNCAu-Ⅰ	金	130°45′35″—130°48′24″	43°11′21″—43°14′20″	15.92	珲春-杜荒子断裂带与鸡冠-复兴断裂带交会部位，有次级南北向断裂通过，3个环形构造在此区集中分布，一区域性脆韧性变形构造通过此区
JXXNCAu-Ⅱ	金	130°57′54″—131°02′02″	43°13′01″—43°16′02″	21.18	鸡冠-复兴断裂带附近，北东向与北西向次级断裂密集分布区，遥感浅色色调异常区，有2个砂金矿点分布于此区
XXNCAuCu-Ⅲ	金、铜	130°51′20″—130°56′09″	43°10′28″—43°13′57″	28.73	珲春-杜荒子断裂带与鸡冠-复兴断裂带交会部位，4个环形构造在此区集中分布，遥感浅色色调异常区，珲春市小西南岔铜金矿分布在此区中部
XXNCAuCu-Ⅳ	金、铜	130°54′22″—130°57′19″	43°08′34″—43°10′31″	11.06	和龙-春化断裂带与次级北西向断裂交会部位，2个环形构造在此区集中分布，一区域性脆韧性变形构造通过此区，遥感浅色色调异常区

续表 7-3-3

预测区编号	预测矿种	预测范围		预测面积 /km²	预测依据
		东经	北纬		
XXNCAuW-V	金、铜、钨	130°49′06″—130°55′20″	43°02′43″—43°06′01″	39.38	和龙-春化断裂带内,4个环形构造在此区集中分布,遥感浅色色调异常区,珲春杨金沟屯金矿、珲春市五道沟钨矿分布在此区
XXNCAu-Ⅵ	金	130°39′11″—130°47′22″	42°54′55″—42°58′40″	50.87	和龙-春化断裂带与敦化-杜荒子断裂带交会部位,发育北东向、北东东向次级断裂,3个环形构造在此区集中分布,珲春市柳树河子砂金矿、珲春市瓦岗寨金矿分布于此区

第四节　辽东铁、铜、铅锌、金、铀、硼、菱镁矿、滑石、石墨、金刚石成矿带

该成矿带分布于吉林省南部,华北地台北缘断裂带以南的吉林省部分,行政区包括辽源市南部、东丰县南部、梅河口市、辉南县南部、靖宇县、抚松县、安图县南部、和龙市南部、长白朝鲜族自治县、临江市、白山市、柳河县、通化市、集安市等地区。

遥感影像特征主要表现为:华北地台北缘断裂带控制成矿带北侧边缘,沿华北地台北缘断裂发育与其伴生的区域性脆韧性变形构造;敦化-密山岩石圈断裂呈北东向通过成矿带西部,并伴有区域性脆韧性变形构造形成,该带具明显的平移特点,断裂带东侧向北东平移达120km以上;三源浦-样子哨断裂带、富江-景山断裂带、大川-江源断裂带、大路-仙人桥断裂带、集安-松江岩石圈断裂、望天鹅-春阳断裂带、长白-图们断裂带均呈北东向通过成矿带。那尔轰-松江断裂带、柳河-靖宇断裂带、兴华-白头山断裂带、头道-长白山断裂带呈近东西走向通过成矿带;双阳-长白断裂带、四棚-青石断裂呈北西向分布在成矿带内。

一、铁岭-靖宇(次级隆起)铁、金、银、铜、铅锌、镍成矿带

该成矿带位于龙岗复合陆块的北缘。西起柳河安口向东经板庙子至金城洞一带,呈带状展布。出露地层为新太古界,其由表壳岩(也称花岗—绿岩地体)和TTG(英云闪长岩、奥长花岗岩、花岗闪长岩)组成。表壳岩岩性主要有斜长角闪岩、黑云变粒岩、角闪磁铁石英岩及少量超镁铁质变质岩。其原岩为镁铁质火山岩、长英质火山岩及硅铁质和碎屑沉积,并有少量超镁铁质侵入岩。

岩浆岩发育,除太古宙英云闪长岩、奥长花岗岩、花岗闪长岩(已变质成花岗质片麻岩)外,在夹皮沟西南部发育有新太古代末期板庙岭钾质花岗岩体;在夹皮沟地区北东部出露有黄泥岭黑云二长花岗岩和花岗闪长岩;在夹皮沟地区南部出露有五道溜河钾长花岗岩。海西晚期和燕山期的中基性、中酸性脉岩十分发育,往往伴随金矿脉出现。

已知金矿床、矿点有30多个,其中大型2个,中小型11个;大型铁矿床有1个。

区域遥感影像特征:本成矿带为一由华北地台北缘断裂带、敦化-密山岩石圈断裂、双阳-长白断裂带和大川-江源断裂带围限的多边形块体,三源浦-样子哨断裂带、富江-景山断裂带及大川-江源断裂带构成成矿带西部构造主体,东部有集安-松江岩石圈断裂、望天鹅-春阳断裂带、长白-图们断裂带呈北东

向分布在成矿带东部,那尔轰-松江断裂带呈近东西向分布在成矿带北部,兴华-白头山断裂带呈近东西向分布在成矿带南部。

在成矿带北部边缘,次级断裂密集分布,构成一规模巨大的区域性断裂构造密集带,并且在断裂构造密集分布区及不同方向断裂交会部位,环形构造密集分布,形成一系列环形构造群。此构造密集带内,区域性变形构造发育,为华北地台北缘断裂带和敦化-密山岩石圈断裂的伴生构造,属区域性韧性变形构造带。由此看出,铁岭-靖宇(次级隆起)铁、金、银、铜、铅锌成矿带北部边缘为一条由区域性深大断裂、次级断裂、环形构造及区域性韧性变形构造组成的宽15~30km的构造组合带,沿该带,金、铁、铜矿床(点)密集分布,梅河口市香炉碗子金矿、桦甸市三道沟金矿、梨树团山子矿段银金矿、桦甸市夹皮沟金矿床、桦甸市六批叶金矿、桦甸市老牛沟铁矿、和龙官地铁矿等均形成于该构造带内。

成矿带南部,富江-景山断裂带与大川-江源断裂带组成另一条北东走向宽约20km的构造组合带,带内次级断裂发育,并在次级断裂密集分布区,环形构造集中分布,形成复杂的线-环构造结,同时发育与大川-江源断裂带相伴生的北东向大型韧性变形构造带。该带为一条重要的铁、金、铜镍、铅锌成矿带,浑江板石沟铁矿、通化四方山铁矿、通化县赤柏松铜镍矿、通化县新安铜镍矿床、吉林省通化南金矿、通化县马当沟金矿、通化县河口金矿、通化县西北天金矿等均形成于该构造带内。

(一)山城镇-安口镇金、铁、铜找矿远景区

1.地质概况

火山岩:香炉碗子次火山岩为酸性晶屑岩屑凝灰熔岩、流纹岩建造,分布于柳河县水道乡爱林村香炉碗子,属于超浅成侵入的次火山岩体。岩体呈北东70°方向展布,东西长约2000m,南北宽约600m,北缘界线规整,南缘界线变化较大。次火山岩体侵入于新太古代变云英花岗闪长岩中,接触带有硅化和钾长石化蚀变;军舰山组玄武岩,分布于柳河断陷盆地安口镇以南,长安、鱼亮子、大北岔村一带。其由紫色、灰黑色斑状玄武岩、墨绿色气孔状橄榄玄武岩组成。

侵入岩:太古代侵入岩均经区域变质,呈变云英闪长岩、变二长花岗岩类,只有早白垩世碱长花岗岩类未经变质;早白垩世碱长花岗岩,分布于柳河断陷盆地西北缘亨通山一带,分布面积约$5km^2$。

沉积岩:亮甲山组粒屑灰岩夹含燧石结核灰岩,分布于图区的东北部古生代样子哨坳陷盆地的一部分;小东沟组粉砂岩、砾岩,分布于柳河断陷盆地的西缘,大北岔村、侯家屯、复兴堡一带,长条状分布;大沙滩组分两段,下段由砾岩、砂岩、粉砂岩夹层凝灰岩组成,厚度782m,与小东沟组平行展布。上段由凝灰质、钙质粉砂岩夹泥质页岩、含砾砂岩组成;亨通山组划分为上、下两段,下段为砾岩、含砾砂岩与砂岩互层夹页岩、粉砂岩组成。上段由粉砂岩、砂岩夹页岩及薄层煤层组成;小南沟组,由紫色复成分砾岩、紫色杂砂岩夹粉砂岩组成;梅河组划分为下部砾岩夹砂岩,中部砂岩、泥岩夹煤,上部砂岩夹粉砂岩、泥岩。

变质岩:在柳河晚中生代断陷盆地两侧广泛分布着以太古代花岗质岩为原岩的片麻岩组合,其中零星分布不同岩性的表壳岩,前者占绝对优势。变质花岗质岩石有变质二长花岗岩、变英云闪长岩。

2.遥感矿产地质特征

山城镇-安口镇金、铁、铜找矿远景区属铁岭-靖宇(次级隆起)铁、金、银、铜、铅锌成矿带西北部边缘构造组合带的西南端。敦化-密山岩石圈断裂呈北东向通过找矿远景区西部,沿该断裂带边部发育与之平行的区域性脆韧性变形构造,柳河-靖宇断裂带呈近东西向横穿找矿远景区,向阳-柳河断裂带沿向阳镇—柳河县一带通过找矿远景区,三源浦—样子哨断裂带分布在找矿远景区东南侧边缘。各断裂带附近,次级断裂发育,部分地段,次级断裂相对集中,并多为环形构造集中分布区及遥感浅色色调异常区,水道镇南环形构造群、大郑家村环形构造群、板庙子村环形构造群、侯家村环形构造群、向阳镇东环形构

造群、向阳镇南环形构造群、五凤楼村西环形构造等均分布在次级断裂集中分布区及不同方向断裂交会部位。区内已知的金、铁矿 7 床（点）多分布于不同方向断裂交会部位的环形构造集中区及遥感浅色色调异常区（图 7-4-1、图 7-4-2）。

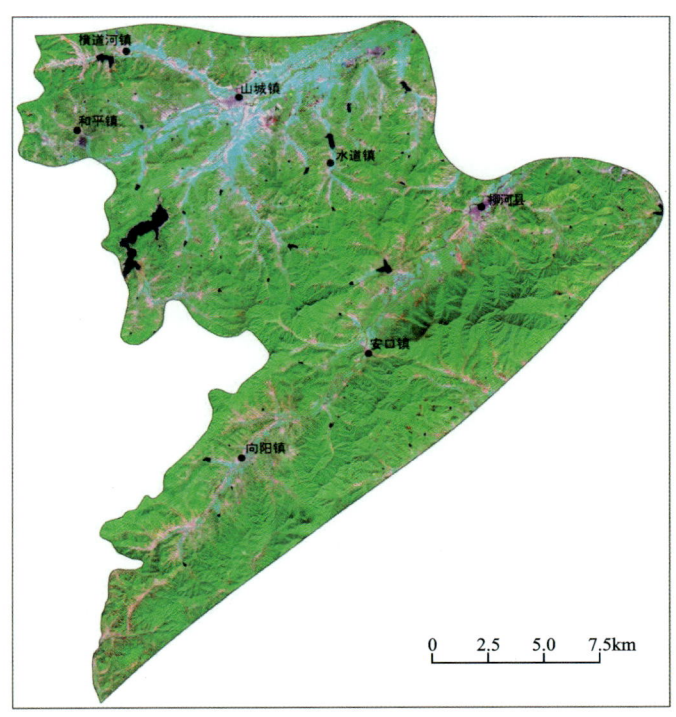

图 7-4-1　山城镇-安口镇金、铁、铜找矿远景区遥感影像图

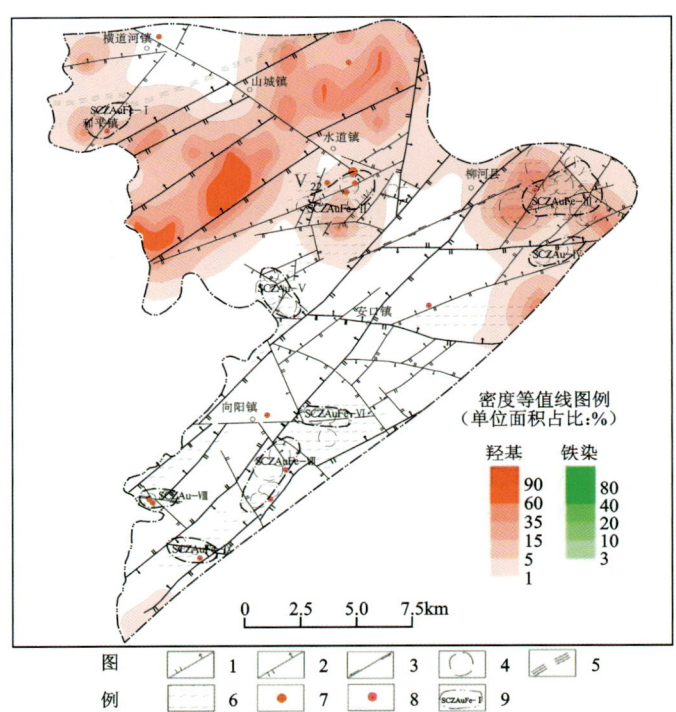

图 7-4-2　山城镇-安口镇金、铁、铜找矿远景区遥感找矿预测图
1.正断层;2.逆断层;3.平移断层;4.环形构造;5.韧性剪切带;6.色要素;7.金矿床;
8.铁矿床;9.最小预测区及编号

3.遥感矿产预测分析

根据区内已知地质矿产以及遥感地质特征,在本远景区内圈出9处找矿预测区,预测矿种为金、铜、铁(表7-4-1)。

表 7-4-1　山城镇-安口镇金、铁、铜找矿远景区成矿预测表

预测区编号	预测矿种	预测范围 东经	预测范围 北纬	预测面积 /km²	预测依据
SCZAuFe-Ⅰ	金、铁	125°12′58″—125°16′26″	42°18′44″—42°21′04″	13.21	位于敦化-密山岩石圈断裂西北侧边部,有北东向次级断裂通过,边部为北东走向的区域性脆韧性变形构造,2个环形构造呈北东向串珠状分布,东丰和平铁矿分布于此区内
SCZAuFe-Ⅱ	金、铁	125°30′40″—125°35′58″	42°15′08″—42°17′24″	19.6	位于向阳-柳河断裂带北西侧,区内发育北东向、北西向断裂,区内有4个与隐伏岩体有关的环形构造呈相离状分布,区内西侧有遥感浅色色调异常,区内有羟基异常集中分布,区内有2个中型金矿床、1个小型金矿床和1个金矿点
SCZAuFe-Ⅲ	金、铁	125°47′46″—125°53′52″	42°14′59″—42°18′27″	37.31	位于向阳-柳河断裂带与柳河-靖宇断裂带交会锐角区,北东向与北西向次级断裂密集分布区,8个环形构造在此区集中分布,遥感浅色色调异常区,柳河县柳河铁矿分布于此区
SCZAu-Ⅳ	金	125°48′21″—125°52′50″	42°12′00″—42°13′49″	12.41	位于向阳-柳河断裂带东南侧,有东西向断裂通过,2个隐伏岩体形成的环形构造沿断裂呈东西向分布,遥感浅色色调异常区
SCZAu-Ⅴ	金	125°27′00″—125°30′31″	42°08′27″—42°11′16″	16.03	位于向阳-柳河断裂带北西侧,区内发育北西向、北东向断裂,区内有3个与隐伏岩体有关的环形构造呈串珠状分布,此区为遥感浅色色调异常区
SCZCuAu-Ⅵ	铜、金	125°31′05″—125°35′27″	42°01′36″—42°02′32″	12.48	位于北北东向断裂、北西向断裂与北东向断裂围成的块状区域内,区内有4个与隐伏岩体有关的环形构造呈串珠状分布,区内为遥感浅色色调异常区,区内有铁染异常零星分布
SCZAuFe-Ⅶ	金、铁	125°26′59″—125°31′53″	41°55′59″—42°00′32″	20.16	位于向阳-柳河断裂带、三源浦-样子哨断裂带与四棚-青石断裂围成的块状区域内,区内有4个与隐伏岩体有关的环形构造,呈北北东向串珠状分布,区内为遥感浅色色调异常区
SCZAuFe-Ⅷ	金、铁	125°18′28″—125°21′19″	41°56′27″—41°57′42″	7.27	位于向阳-柳河断裂带内,北西向与近东西向断裂交会部位,两个环形构造呈近东西向串珠状分布,柳河县向阳金厂沟金矿分布于此区
SCZAuFe-Ⅸ	金、铁	125°20′47″—125°24′40″	41°53′10″—41°54′48″	12.06	位于向阳-柳河断裂带与三源浦-样子哨断裂带之间的次级北西向断裂分布区,4个环形构造呈北东向串珠状分布,遥感浅色色调异常区,柳河县大兴铁矿、通化县小东岔铁矿分布于此区

(二)辉南-抚民金、铁找矿远景区

1.地质概况

沉积岩:南华系钓鱼台组:灰白色石英砂岩、含海绿石石英砂岩、含赤铁矿石英砂岩;长安组:紫色、黄色砾岩,杂色砂岩,页岩,粉砂岩夹煤;下白垩统石人组:灰色砾岩、砂岩、凝灰质砂岩、碳质页岩夹煤。

火山岩:预测区内火山岩主要发育为白垩系安民组灰色安山岩、新近纪船底山组深灰色玄武岩、气孔状玄武岩等。

侵入岩:预测区内侵入岩不发育。分别为中侏罗世灰白色石英闪长岩、早白垩世肉红色碱长花岗岩;构成大致近北东向展布的敦化-密山构造岩浆岩带。

变质岩:区内变质岩较为发育,为中太古界杨家店岩组:灰色-深灰色斜长角闪岩、黑云斜长片麻岩、黑云二长变粒岩夹磁铁石英岩,石榴二辉麻粒岩,紫苏麻粒岩。英云闪长质片麻岩、新太古代变质二长花岗岩。古元古代变质辉长岩-辉绿岩。

2.遥感矿产地质特征

敦化-密山岩石圈断裂呈北东向通过远景区西北部近边缘,沿该断裂带发育区域性脆韧性变形构造,三源浦-样子哨断裂带呈北东向分布在远景区东南部近边缘。两断裂带之间,发育北东向及北西向次级断裂,并形成多处次级断裂密集区,在断裂密集分布区及不同方向断裂交会部位,环形构造集中分布,庆阳镇南、石道河镇西、抚民镇东、楼街、陈家趟子、冷家沟等环形构造群均分布在不同方向断裂交会部位或断裂构造集中分布区,构成多处线-环构造结。区内的金、铁矿床(点)多分布在这些线-环构造结内。双阳-长白断裂带呈北西走向通过远景区东北部(图7-4-3、图7-4-4)。

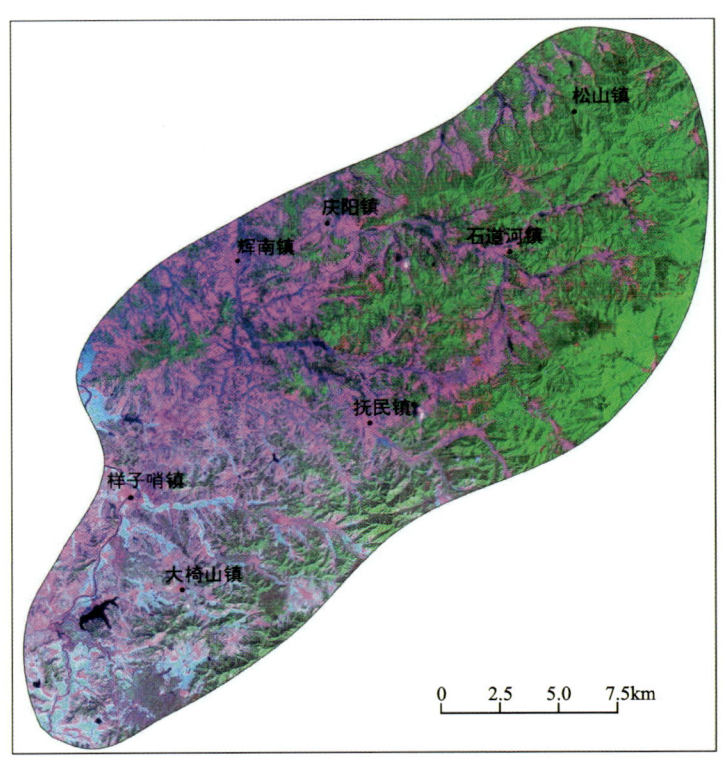

图7-4-3 辉南-抚民金、铁找矿远景区遥感影像图

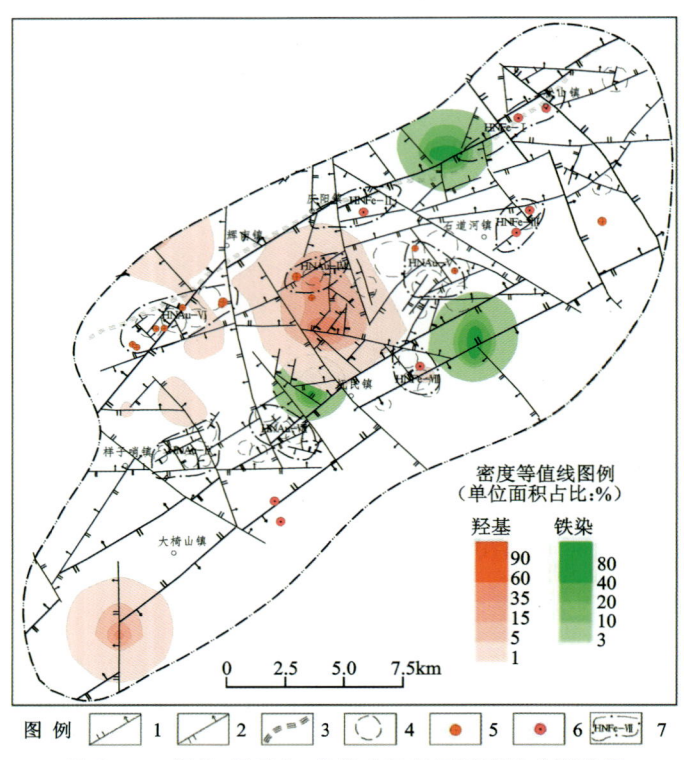

图 7-4-4 辉南-抚民金、铁找矿远景区遥感找矿预测图

1.正断层;2.逆断层;3.脆韧性变形构造;4.环形构造;5.金矿床;6.铁矿床;7.最小预测区及编号

3.遥感矿产预测分析

根据区内已知地质矿产以及遥感地质特征,在本找矿远景区内圈出 9 处找矿预测区,预测矿种为金、铁(表 7-4-2)。

表 7-4-2 辉南-抚民金、铁找矿远景区成矿预测表

预测区编号	预测矿种	预测范围		预测面积 /km²	预测依据
		东经	北纬		
HNFe-Ⅰ	铁	126°30′03″—126°36′39″	42°41′52″—42°45′24″	19.50	位于敦化-密山岩石圈断裂双阳-长白断裂带交会部位,区内有北东走向的区域性脆韧性变形构造,磐石市石门子铁矿分布在此区
HNFe-Ⅱ	铁	126°20′43″—126°26′25″	42°38′27″—42°40′38″	19.41	位于敦化-密山岩石圈断裂与北西向、北北西向次级断裂交会部位,区内有北东走向的区域性脆韧性变形构造,辉南县庆阳铁矿分布在此区
HNFe-Ⅲ	铁	126°32′35″—126°35′31″	42°37′29″—42°40′06″	13.92	敦化-密山岩石圈断裂与三源浦-样子哨断裂带之间的北东向与北西向次级断裂交会部位,区内有 1 个环形构造,辉南太平沟铁矿、辉南五分所铁矿均分布在此区
HNAu-Ⅳ	金	126°19′16″—126°23′12″	42°35′12″—42°37′15″	13.66	敦化-密山岩石圈断裂附近,北东向与北北西向次级断裂交会部位,3 个环形构造呈北东向串珠状展布,辉南县西顺堡金矿分布在此区

续表 7-4-2

预测区编号	预测矿种	预测范围		预测面积/km²	预测依据
		东经	北纬		
HNAu-Ⅴ	金	126°26′49″—126°30′32″	42°35′09″—42°37′56″	20.56	三源浦-样子哨断裂带北西侧,北东向与北西向次级断裂密集分布区,多个环形构造在此区集中分布,辉南县芹菜沟金矿点分布在此区
HNAu-Ⅵ	金	126°09′01″—126°16′16″	42°32′02″—42°35′31″	35.92	位于敦化-密山岩石圈断裂与北西向次级断裂交会部位,区内有北东走向的区域性脆韧性变形构造,辉南县石棚沟金矿及多个金矿点分布在此区
HNFe-Ⅶ	铁	126°26′20″—126°29′09″	42°30′24″—42°33′04″	14.76	三源浦-样子哨断裂带内,区内发育北西向、北西西向次级断裂,多个环形构造集中分布区,辉南县前四平铁矿分布在此区
HNAu-Ⅷ	金	126°17′24″—126°21′27″	42°27′02″—42°29′46″	18.96	三源浦-样子哨断裂带与北西向次级断裂交会部位,多个环形构造在此区集中分布
HNAu-Ⅸ	金	126°11′15″—126°15′26″	42°26′00″—42°28′55″	22.69	三源浦-样子哨断裂带北西侧,北东向与北西向次级断裂密集分布区,多个环形构造在此区集中分布

(三)王家店-那尔隆金、铜、铁、镍找矿远景区

1.地质概况

地层:在龙岗岩群四道砬子河岩组,岩性为灰色—深灰色斜长角闪岩、黑云变粒岩、石榴二云片岩磁铁石英岩,局部可见二辉粒岩或浅色麻粒岩;龙岗岩群杨家店岩组,岩性组合为斜长角闪岩、黑云斜长片麻岩、黑云二长变粒岩夹磁铁石英岩;上侏罗统—下白垩统石人组,岩性为砾岩、砂岩、凝灰质砂岩、碳质页岩夹煤,厚度101m;下白垩统那尔轰组,岩性为灰白色流纹岩夹流纹质凝灰角砾岩,厚度大于356.3m;新近系上新统军舰山组,岩性为橄榄玄武岩、致密块状玄武岩。

侵入岩:晚侏罗世花岗闪长岩,仅在预测区北部有小面积出露,以岩株产出,在中细粒花岗闪长岩中,局部可见斜长石斑晶;早白垩世花岗斑岩,以岩株产出,总体走向近南北延伸,长16km,平均宽100~800m。天合兴铜矿产于其中。

2.遥感矿产地质特征

敦化-密山岩石圈断裂呈北东向通过找矿远景区西北角,三源浦-样子哨断裂带呈北东向分布在找矿远景区中部,两断裂带之间发育的北东向及北西向次级断裂多集中分布,形成1个北西走向的断裂构造密集带。此带内环形构造发育,且集中成群,构成振兴屯环形构造群、太和屯环形构造群、张家屯环形构造群。此带在遥感图像上显示为浅色色调异常。富江-景山断裂带及其两侧发育北东向及北西向次级断裂,在不同方向断裂(带)交会部位及次级断裂相对集中区,多有环形构造分布,那尔轰镇南环形构造形成于那尔轰-松江断裂带与北东向次级断裂交会部位,赤松乡西环形构造均形成于富江-景山断裂带东南侧次级断裂相对集中区。景山镇北环形构造群形成于富江-景山断裂带与近南北向次级断裂交会部位。那尔轰-松江断裂带呈近东西向通过找矿远景区中部,双阳-长白断裂带呈北西向通过找矿远景

区中偏南部。区内的断裂构造集中区及环形构造分布区，遥感图像上多显示为浅色色调异常（图7-4-5、图7-4-6）。

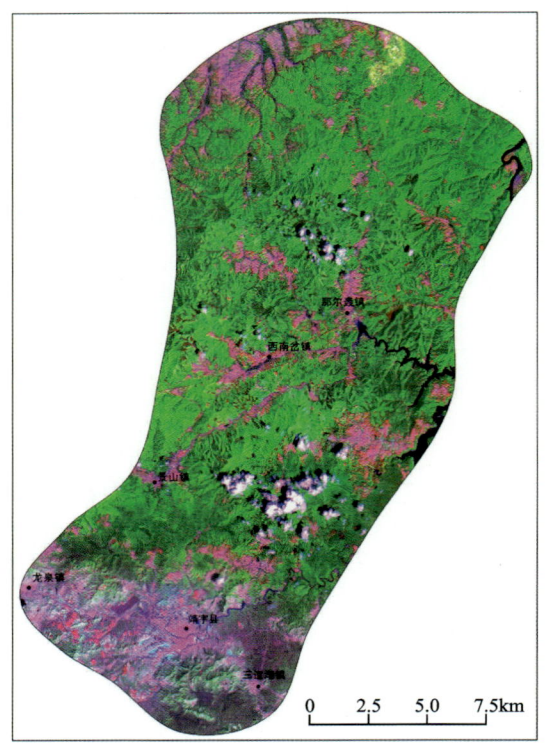

图 7-4-5　王家店-那尔隆金、铜、铁、镍找矿远景区遥感影像图

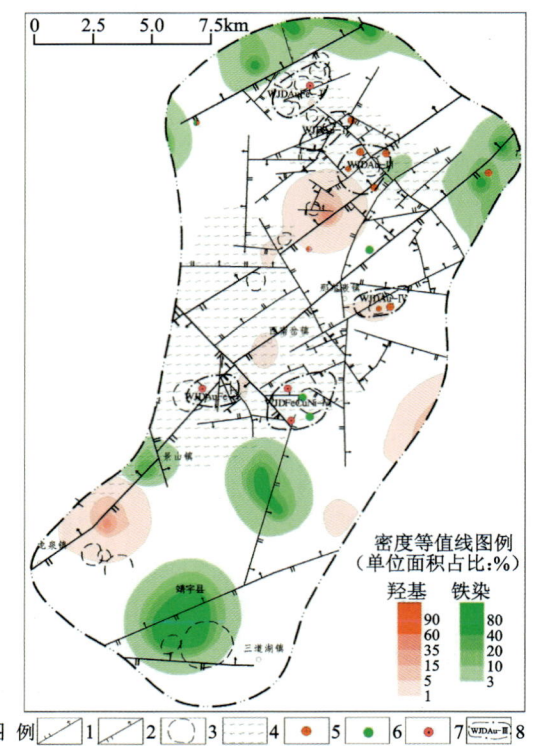

图 7-4-6　王家店-那尔隆金、铜、铁、镍找矿远景区遥感找矿预测图
1.正断层；2.逆断层；3.环形构造；4.色要素；5.金矿床；6.铜矿床；7.铁矿床；8.最小预测区及编号

3.遥感矿产预测分析

根据区内已知地质矿产以及遥感地质特征,在本远景区内圈出6处找矿预测区,预测矿种为金、铁(表7-4-3)。

表 7-4-3 王家店-那尔隆金、铜、铁、镍找矿远景区成矿预测表

预测区编号	预测矿种	预测范围 东经	预测范围 北纬	预测面积 /km²	预测依据
WJDAuFe-Ⅰ	金、铁	126°53′22″—126°57′42″	42°52′06″—42°55′22″	23.66	敦化-密山岩石圈断裂,发育次级北东向断裂,5个环形构造在此区集中分布,遥感浅色色调异常区,桦甸市松树川铁矿分布在此区
WJDAu-Ⅱ	金	126°55′34″—126°59′36″	42°50′13″—42°52′32″	13.10	敦化-密山岩石圈断裂与三源浦-样子哨断裂带之间的北东向与北西向次级断裂集中分布区,2个环形构造在此区呈北东向串珠状分布,遥感浅色色调异常区,桦甸市万良河砂金矿分布在此区
WJDAu-Ⅲ	金	126°58′27″—127°02′34″	42°47′39″—42°50′35″	22.84	三源浦-样子哨断裂带与北西向断裂交会部位,2个环形构造在此区呈北东向串珠状分布,遥感浅色色调异常区,桦甸市五响地金矿、桦甸王家店金矿、张家屯十七区金矿分布于此区
WJDAu-Ⅳ	金	127°00′02″—127°04′11″	42°40′30″—42°42′26″	13.80	富江-景山断裂带边部,那尔轰-松江断裂带与北东向次级断裂交会部位,1个环形构造内部,靖宇县东大沟金矿、靖宇县大院金矿分布于此区
WJDAuFe-Ⅴ	金、铁	126°47′24″—126°51′22″	42°35′02″—42°37′03″	15.57	富江-景山断裂带与次级近南北向断裂交会处,2个环形构造分布于此区,遥感浅色色调异常区,靖宇县阳岔河铁矿分布于此区
WJDFeCuNi-Ⅵ	铁、铜、镍	126°53′37″—126°58′44″	42°33′50″—42°37′16″	33.12	双阳-长白断裂带边部的次级北东向、北西向及近东西向断裂相对集中区,区内发育1个环形构造,遥感浅色色调异常区,靖宇县小营子铁矿、靖宇县青山铁矿床、靖宇县天合兴铜矿分布在此区

(四)夹皮沟金、铁、镍找矿远景区

1.地质概况

该找矿远景区位于吉林省中东部夹皮沟—溜河地区槽台接触带附近,台区一侧主要为太古宙变质表壳岩、英云闪长片麻岩,槽区主要出露古生代花岗岩、花岗闪长岩。

沉积岩地层:远景区内沉积岩地层不甚发育,均零星出露。由老至新分别有:上三叠统小河口组,为灰色-灰黄色砾岩、砂岩、粉砂岩。下白垩统长财组,为灰色砂岩、含砾砂岩、砾岩、粉砂岩夹煤;大拉子组,为灰黄色砾岩、砂岩;上白垩统龙井组,为紫色、土黄色粗砂岩,细砂岩夹泥岩,泥灰岩。

火山岩：下白垩统安民组为灰色安山岩夹黄绿色砂岩、粉砂岩夹煤；第三系上新统船底山组为灰黑色斑状玄武岩、橄榄玄武岩；军舰山组为紫色、灰黑色斑状玄武岩，橄榄玄武岩，构成玄武岩火山台地。

侵入岩：早侏罗世石英闪长岩、花岗闪长岩、二长花岗岩；中侏罗世花岗闪长岩、二长花岗岩；早白垩世二长花岗岩；区域上构成大致呈近北东向展布的构造岩浆岩带。

变质岩：区内变质岩极为发育，是区内主要的地质单元，由区域变质深成侵入体和变质表壳岩组成，即TTG组合，在区域上总体为北东向展布，局部呈北西向展布。其由老到新分别如下。

（1）中太古界龙岗岩群四道砬子河岩组：灰色—深灰色斜长角闪岩、黑云变粒岩、石榴二云片岩夹磁铁石英岩。杨家店岩组：灰色—深灰色斜长角闪岩、黑云斜长片麻岩、黑云二长变粒岩夹磁铁石英岩、石榴二辉麻粒岩、紫苏麻粒岩，以及英云闪长质片麻岩。

（2）新太古界夹皮沟岩群老牛沟岩组：灰黑色斜长片麻岩、黑云变粒岩、绢云石英片岩、绢云绿泥片岩夹磁铁石英岩。三道沟岩组：灰色—深灰色斜长角闪岩、角闪片岩、绢云绿泥片岩夹角闪磁铁石英岩、石榴二辉麻粒岩，以及英云闪长质片麻岩、变二长花岗岩、变钾长花岗岩、紫苏花岗岩等。

（3）古元古代变质辉长辉绿岩。古元古界张三沟岩组：深灰色、灰绿色黑云变粒岩，黑云角闪片岩，角闪变粒岩夹变质砂岩。

（4）新元古界色洛河（岩）群红旗沟岩组：灰白色大理岩、白云质大理岩夹灰色—灰黑色变质粉砂岩、粉砂岩泥（板）岩、绢云石英片岩。达连沟岩组：灰色—深灰色变质砂岩、粉砂岩、绢云石英片岩。金银别岩组：绿黑色角闪石岩、灰绿色绢云绿泥片岩、暗灰绿色角闪片岩。团结岩组：变质粉砂岩、长石石英砂岩、含角砾大理岩、硅质大理岩、绢云石英片岩。

2.遥感矿产地质特征

华北地台北缘断裂带呈北西西向通过找矿远景区北部，断裂带两侧发育与断裂带平行的区域性脆韧性变形构造带，老牛沟铁矿明显受该变形构造带控制。富江-景山断裂带呈北东向通过找矿远景区中西部，在板庙子林场附近与华北地台北缘断裂带交会，并错断华北地台北缘断裂带，使其东盘向北东移动约1km，该带与其他方向断裂（带）交会部位，多有环形构造分布，苇沙河村环形构造群、锦山村环形构造、板庙子林厂环形构造群均分布在该带与其他方向断裂交会部位，在这些环形构造群内多有金、铁矿床（点）分布，桦甸市苇沙河砂金矿分布在苇沙河村环形构造群内，桦甸市夹皮沟镇板庙子金矿、桦甸市三道沟金矿等分布在锦山村环形构造内，桦甸市老牛沟铁矿等分布在板庙子林厂环形构造群。抚松-蛟河断裂带呈北北东向分布于老岭村—老牛沟村一带，北端被华北地台北缘断裂带所截，该带与北西向次级断裂交会部位，多为环形构造集中分布区，老岭村环形构造群、云峰村环形构造均分布在此断裂带与北西向断裂交会部位，桦甸市老岭金矿形成于老岭村环形构造群内。在华北地台北缘断裂带南侧发育一走向北西、向北东凸起的弧形断裂构造密集带，此带由北西走向的弧形断裂和北东向、北北东向次级断裂组成，同时伴随有北西走向的弧形区域性脆韧性变形构造。该弧形断裂带内，环形构造发育，并在不同方向断裂带交会部位，环形构造集中分布，锦山村、老金厂镇、老牛沟村南、夹皮沟镇西、夹皮沟镇南、东北岔、东北岔东等环形构造群，区内的金、铜金、铅锌等矿床（点）主要分布于该弧形构造带内的环形构造集中区。找矿远景区西北部，遥感图像上显示为大面积浅色色调异常，板庙子林场—夹皮沟镇一带的金、铜、铁、铅锌等矿床（点）均分布在遥感浅色色调异常区（图7-4-7，图7-4-8）。

3.遥感矿产预测分析

根据区内已知地质矿产以及遥感地质特征，在本远景区内圈出8处找矿预测区，预测矿种为金、铁、铜、铅锌（表7-4-4）。

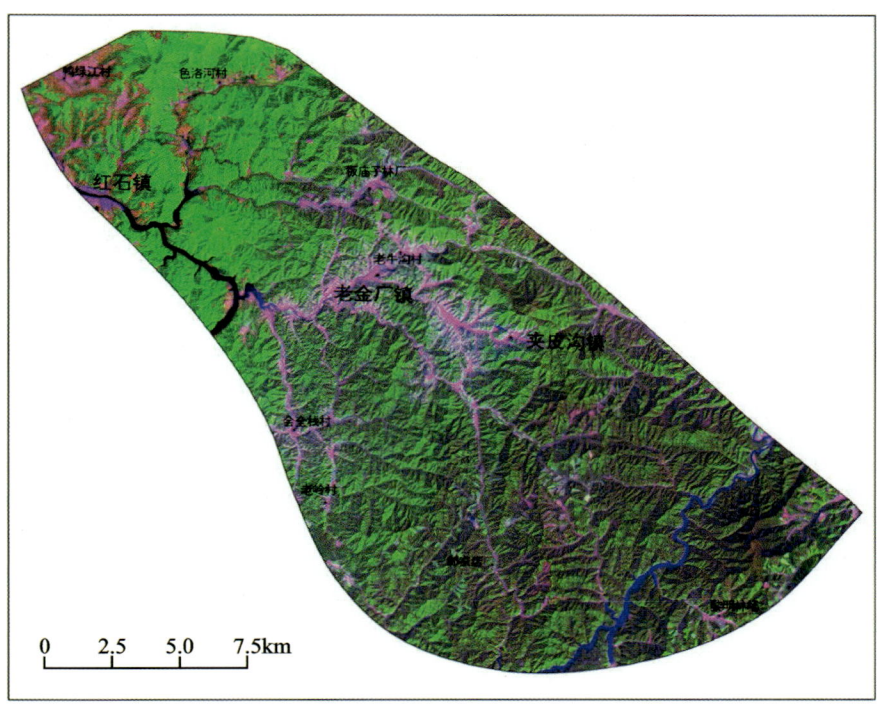

图 7-4-7 夹皮沟金、铁、镍找矿远景区遥感影像图

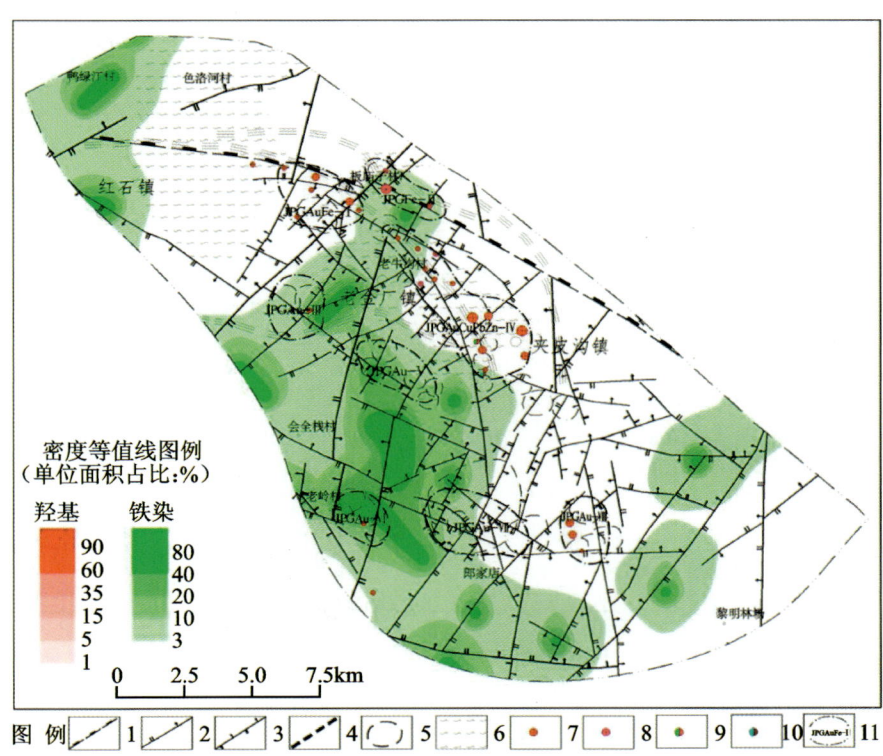

图 7-4-8 夹皮沟金、铁、镍找矿远景区遥感找矿预测图

1.板块结合带；2.正断层；3.逆断层；4.韧性剪切带；5.环形构造；6.色要素；7.金矿；8.铁矿；9.金铜矿；10.铅锌矿；11.最小预测区及编号

表 7-4-4　夹皮沟金、铁、镍找矿远景区成矿预测表

预测区编号	预测矿种	预测范围		预测面积/km²	预测依据
		东经	北纬		
JPGAuFe-Ⅰ	金、铁	127°16′12″—127°20′30″	42°56′28″—42°59′16″	23.91	华北地台北缘断裂带与富江-景山断裂带交会部位西南侧锐角区,发育北东向、北北东向及北西向次级断裂,环形构造集中分布区,北西走向的脆韧性变形构造通过此区,桦甸市夹皮沟镇板庙子金矿、桦甸市三道沟金矿及一些金矿点分布在此区
JPGFe-Ⅱ	铁	127°20′41″—127°24′59″	42°56′54″—42°59′35″	13.65	华北地台北缘断裂带与富江-景山断裂带交会部位东北侧锐角区,发育北东向次级断裂,环形构造集中分布区,北西走向的脆韧性变形构造通过此区,遥感浅色色调异常区,桦甸市老牛沟铁矿及2个铁矿点分布在此区
JPGAu-Ⅲ	金	127°15′33″—127°18′31″	42°51′53″—42°54′36″	16.79	富江-景山断裂带与抚松-蛟河断裂带之间的北东向与北西向次级断裂交会处,环形构造集中分布区,近东西向弧形脆韧性变形构造通过此区,桦甸市苇沙河砂金矿分布于此区
JPGAuCuPbZn-Ⅳ	金、铜、铅锌	127°21′47″—127°29′44″	42°50′21″—42°56′53″	48.38	华北地台北缘断裂带台区一侧,北西向弧形断裂构造密集带内,环形构造高度集中区,北西向大型脆韧性变形构造通过此区,遥感浅色色调异常区。区内金矿床(点)密集分布,并有铁、金铜、铅锌矿点分布,桦甸市夹皮沟金矿床、桦甸市夹皮沟镇三道岔金矿床分布在此预测区
JPGAu-Ⅴ	金	127°20′24″—127°24′41″	42°49′23″—42°52′01″	17.27	抚松-蛟河断裂带与北西向断裂交会部位,并发育北北东向次级断裂,多个环形构造在此区集中分布
JPGAu-Ⅵ	金	127°19′13″—127°22′17″	42°43′30″—42°45′49″	12.51	抚松-蛟河断裂带与北西向断裂交会部位,多个环形构造在此区集中分布。桦甸市老岭金矿分布于此区
JPGAu-Ⅶ	金	127°24′14″—127°29′48″	42°43′08″—42°46′04″	30.14	华北地台北缘断裂带台区一侧,北西向弧形断裂构造密集带内,环形构造高度集中区
JPGAu-Ⅷ	金	127°31′35″—127°34′14″	42°42′56″—42°45′47″	15.26	华北地台北缘断裂带台区一侧,北西向弧形断裂构造密集带内,环形构造高度集中区,桦甸市六批叶金矿、桦甸六批叶大架金矿分布在此区

(五)两江-金城洞金、铁、银、铜、铅锌、镍、锑找矿远景区

1.地质概况

区内出露的地层主要有鸡南岩组,以斜长角闪岩夹磁铁石英岩为主,还有磁铁角闪岩、黑云变粒岩等;官地岩组,以浅粒岩、黑云变粒岩为主,黑云变粒岩夹磁铁石英岩和少量斜长角闪岩;屯田营组灰黑色蚀变安山岩,灰绿色气孔状安山岩,杏仁状安山岩;长财组黄灰色砾岩,砂岩,粉砂岩夹煤;大拉子组灰

黄色砾岩,砂岩,水平层理,斜层理发育;船底山组灰黑色斑状玄武岩,橄榄玄武岩。

火山岩主要有晚侏罗世屯田营组灰黑色蚀变安山岩,灰绿色气孔状安山岩,杏仁状安山岩;中更新世船底山组灰黑色斑状玄武岩,橄榄玄武岩。

侵入岩主要有新太古代变质辉长岩,以小岩株产出,侵入新太古界鸡南岩组;新太古代变质英云闪长岩;早二叠世英云闪长岩;早侏罗世花岗闪长岩。

区内的脉岩比较发育,其中有闪长岩脉、闪长玢岩、花岗斑岩、煌斑岩、石英脉等,上述脉岩多形成于燕山期,与金的成矿有比较密切的关系,燕山期岩浆活动,带来含 Au 的岩浆,同时萃取围岩中的 Au 而成矿。

2.遥感矿产地质特征

华北地台北缘断裂带分布于找矿远景区东北部边缘,沿断裂带边部发育区域性脆韧性变形构造;那尔轰-松江断裂带呈近东西向分布于找矿远景区西部;集安-松江岩石圈断裂呈北东走向分布于找矿远景区中西部,该断裂具明显的左行走滑特点,造成找矿远景区东段向北东移动约 20km;和龙-春化断裂带呈北北东向分布于找矿远景区东部,并伴有区域性脆韧性变形构造形成。区内的次级断裂集中分布在东升林场—和龙市之间,并以北东向和北西向为主,在次级断裂密集分布区以及不同方向断裂交会部位,环形构造集中分布,构成两江镇南、金城村、金场洞村、和龙镇、和龙市等环形构造群,这些环形构造群多分布在遥感浅色色调异常区。区内的金、铁矿床(点)多分布于环形构造群的内部或边部(图 7-4-9、图 7-4-10)。

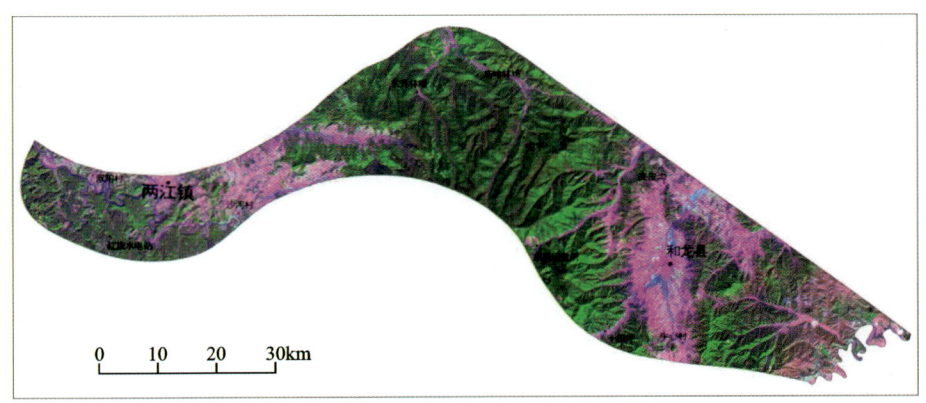

图 7-4-9 两江-金城洞金、铁、银、铜、铅锌、镍、锑找矿远景区遥感影像图

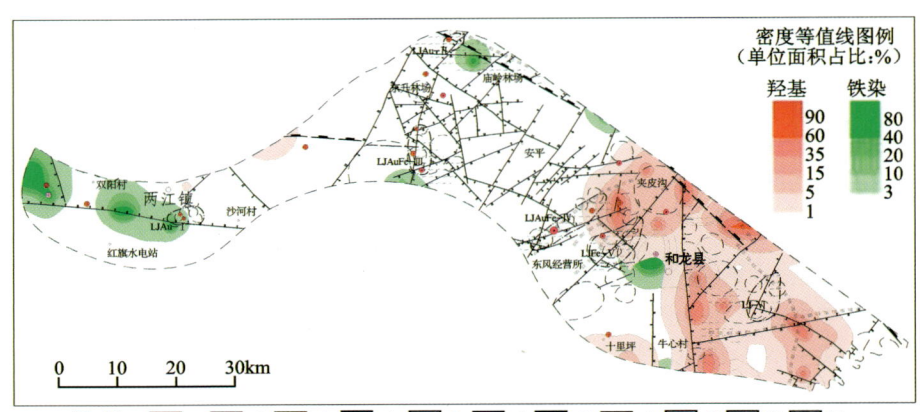

图 7-4-10 两江-金城洞金、铁、银、铜、铅锌、镍、锑找矿远景区遥感找矿预测图

1.板块结合带;2.正断层;3.逆断层;4.韧性剪切带;5.环形构造;6.色要素;7.锑矿;8.银矿;9.金矿;
10.铁矿;11.最小预测区及编号

3.遥感矿产预测分析

根据区内已知地质矿产以及遥感地质特征,在本找矿远景区内圈出 6 处找矿预测区,预测矿种为金、铁(表 7-4-5)。

表 7-4-5　两江-金城洞金、铁、银、铜、铅锌、镍、锑找矿远景区成矿预测表

预测区编号	预测矿种	预测范围 东经	预测范围 北纬	预测面积 /km²	预测依据
LJAu-Ⅰ	金	128°06′06″—128°10′04″	42°36′09″—42°37′43″	11.79	那尔轰-松江断裂带边部,多个环形构造在此区集中分布,安图县湾沟金矿点分布在此区
LJAu-Ⅱ	金	128°35′50″—128°38′08″	42°50′20″—42°51′42″	6.44	华北地台北缘断裂带与北东向次级断裂交会部位,北西向区域性脆韧性变形构造通过此区,区内发育 1 个环形构造,遥感浅色色调异常区,安图县古洞河砂金矿分布在此区
LJAuFe-Ⅲ	金、铁	128°32′02″—128°34′33″	42°40′16″—42°44′24″	21.37	集安-松江岩石圈断裂东南侧,北东向、北西向及近南北向次级断裂密集分布区,多个环形构造在此区集中分布,遥感浅色色调异常区,安图县永庆乡穷棒子沟金矿、和龙市砂金沟西沟金矿、安图腰团铁矿分布于此区
LJAuFe-Ⅳ	金、铁	128°45′21″—128°53′32″	42°34′08″—42°38′46″	31.10	华北地台北缘断裂带台缘一侧,北东向与北西向次级断裂相对集中区,多个环形构造呈北东向串珠状分布,北东向区域性脆韧性变形构造通过此区,遥感浅色色调异常区,和龙官地铁矿、和龙金城洞金矿分布在此区
LJAuFe-Ⅴ	金、铁	128°51′40″—128°57′31″	42°33′49″—42°36′37″	35.77	华北地台北缘断裂带台缘一侧,北东向与北西向次级断裂交会部位,多个环形构造呈北东向串珠状分布,北东向区域性脆韧性变形构造通过此区,遥感浅色色调异常区,和龙市百日坪铁矿分布在此区
LJAuFe-Ⅵ	金、铁	129°08′34″—129°12′18″	42°28′15″—42°32′17″	26.71	华北地台北缘断裂带台缘一侧,北东向与北西向次级断裂交会部位,环形构造相对集中区,北西走向的脆韧性变形构造通过此区

(六)百里坪银、铁、铜、钼找矿远景区

1.地质概况

该找矿远景区位于太平岭-英额岭火山盆地区—罗子沟-延吉火山-盆地群,经历了多期的构造岩浆活动,区内主要出露中太古代英云闪长质片麻岩及变质表壳岩,有晚二叠世二长花岗岩,似斑状二长花岗岩及海西期、燕山期中酸性花岗岩侵入;断裂构造主要有近东西向和北东向、北西向,近东西向构造为主要的导岩导矿构造。区内有安图县小黄泥屯铁矿、和龙百里坪银矿床及和龙市上大洞金矿点。

2.遥感矿产地质特征

丰满-崇善断裂带呈北西向分布于找矿远景区西南部,该带在长森岭东与北北东向次级断裂交会部

位,有 2 个环形构造相互切割,和龙市石人沟钼矿形成于两个环形构造相交部位。那尔轰-松江断裂带呈北西西向分布在找矿远景区西北部,并在金山村北西与丰满-崇善断裂带相交,在两断裂带相交部位,有 1 个较大的环形构造,安图县小黄泥屯铁矿分布在此环形构造边部;长白-图们断裂带呈北东走向分布在找矿远景区东部,并有与其伴生的区域性脆韧性变形构造形成,该断裂带与丰满-崇善断裂带相交,两断裂带交会部位分布 1 个中型环形构造,和龙市上大洞金矿点分布在此环形构造边部(图 7-4-11、图 7-4-12)。

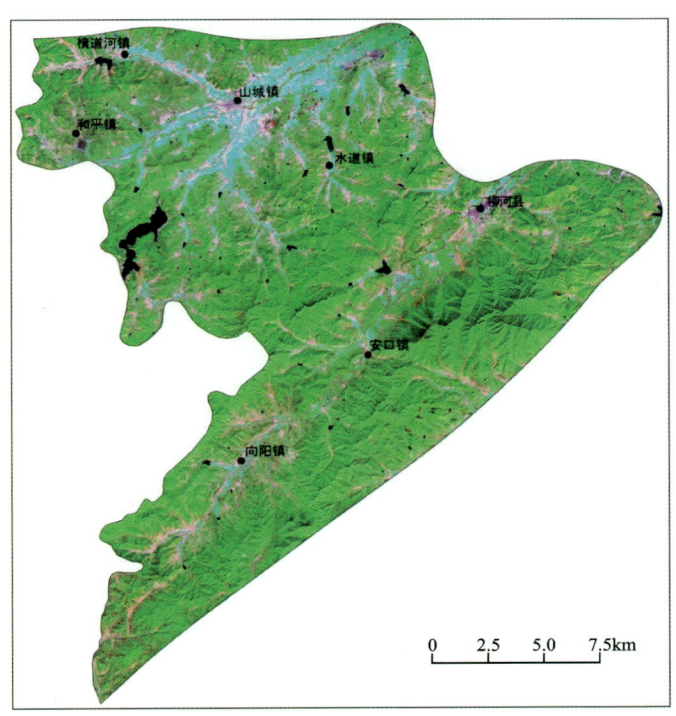

图 7-4-11 百里坪银、铁、铜、钼找矿远景区遥感影像图

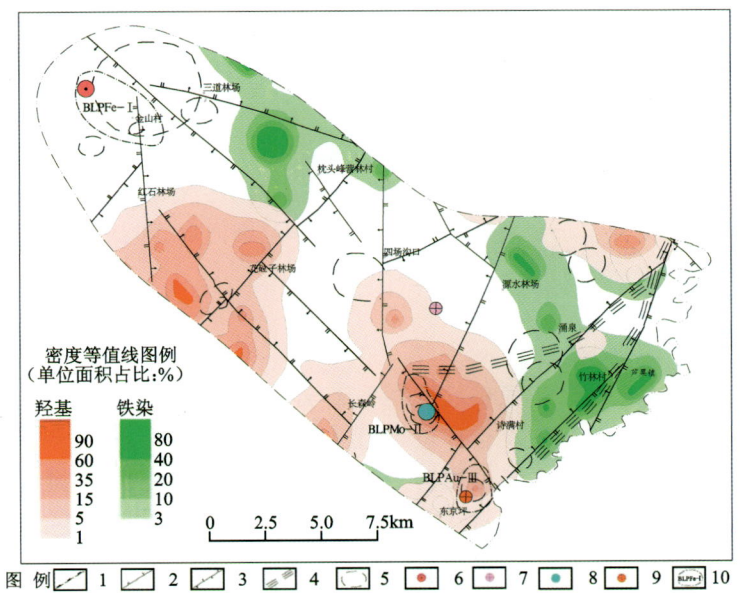

图 7-4-12 百里坪银、铁、铜、钼找矿远景区遥感找矿预测图

1.板块结合带;2.正断层;3.逆断层;4.韧性剪切带;5.环形构造;6.铁矿;7.银矿;8.钼矿;
9.金矿;10.最小预测区及编号

3.遥感矿产预测分析

根据区内已知地质矿产以及遥感地质特征,在本远景区内圈出 3 处找矿预测区,预测矿种为金、铁、钼(表 7-4-6)。

表 7-4-6　百里坪银、铁、铜、钼找矿远景区成矿预测表

预测区编号	预测矿种	预测范围 东经	预测范围 北纬	预测面积 /km²	预测依据
BLPFe-Ⅰ	铁	128°20′41″—128°28′17″	42°27′16″—42°32′08″	61.60	丰满-崇善断裂带与那尔轰-松江断裂带交会部位,1 个直径约 13km 的环形构造西南侧边缘,区内有近东西向及近南北向次级断裂分布,安图县小黄泥屯铁矿分布在此区
BLPMo-Ⅱ	钼	128°48′43″—128°51′54″	42°08′28″—42°12′21″	22.10	丰满-崇善断裂带与 1 个北北东向断裂交会部位,2 个环形构造互相切割,北侧有北东走向的脆韧性变形构造通过,和龙市石人沟钼矿分布在此区
BLPAu-Ⅲ	金	128°53′20″—128°56′23″	42°03′23″—42°06′30″	18.74	丰满-崇善断裂带与长白-图们断裂带交会部位,2 个环形构造分布于此区,和龙市上大洞金矿点分布在此区

(七)二密-赤柏松铜、镍、铁、金、银、铅锌找矿远景区

1.地质概况

侵入岩:在预测区北东向三源堡-三棵榆树拉分-张裂盆地和北西向通化-二密构造岩浆带(拉分-走滑)的交会部位有强烈的晚燕山期(166~95Ma)岩浆侵出活动(火山岩后述)。侵入岩在空间上可划分为南、北、中 3 个带,北部的柳南-曙光北西向花岗斑岩小侵入体群,南部的快大茂-干沟北西向花岗斑岩小侵入体群和中部的松顶山复合岩体。岩石类型有石英闪长岩、石英二长闪长岩和花岗斑岩体,均呈小岩株或小岩滴状产出的浅成或超浅成(次火山岩)岩体。沿赤柏松-金斗穹隆核部剪切带或三棵榆树穹隆核部出露近 30 个镁铁质-超镁铁质岩体。

火山岩:区内主要有 3 期火山活动,早期晚三叠世长白组流纹岩-英安岩建造,中期中晚侏罗世果松组安山岩及其碎屑岩建造,晚期早白垩世三棵榆树组安粗岩-碱性流纹岩建造。

沉积岩:沉积岩建造主要分布于预测区南部,包括南华纪细河群、浑江群万隆组、中晚中生代沉积建造和第四纪阶地及河床堆积。

2.遥感矿产地质特征

富江-景山断裂带呈北东向分布于找矿远景区北部,断裂带及其附近发育北东向、北西向、近南北向及近东西向次级断裂,在不同方向断裂交会部位,多有环形构造(群)分布,光华镇西环形构造群形成于富江-景山断裂带与近东西向及北西向断裂交会部位,通化县杨木桥子铁矿、通化县新华铁矿均分布在此环形构造群内;曙光村环形构造分布于富江-景山断裂带与近南北向断裂交会处。断裂带内多表现为遥感浅色色调异常区。大川-江源断裂带呈北东向分布于找矿远景区中南部,断裂带内发育北东向及北西向次级断裂,在不同方向断裂交会部位,环形构造集中分布,构成金厂镇环形构造群、通化县环形构造群、通化县西环形构造群、通化县南环形构造群、金厂镇南环形构造群。姜家院套西环形构造亦分布于断裂带内的近东西向与北西向次级断裂交会部位。断裂带内多表现为遥感浅色色调异常。通化县河口

金矿、通化县西北天金矿、通化县马当沟金矿、吉林省通化南金矿、通化市石家铺子金矿、通化县龙胜金矿及多处金矿点集中分布于通过县东南位各环形构造群内。四棚-青石断裂呈北西向分布于远景区西南部,该断裂带与大川-江源断裂带交会部位,2个环形构造呈北东向串珠状分布,通化县赤柏松铜镍矿形成于其中1个环形构造边部(图7-4-13、图7-4-14)。

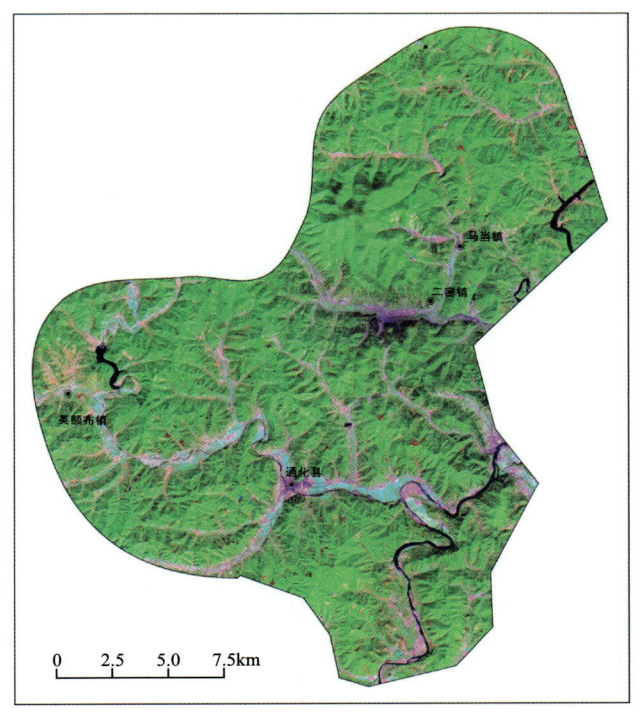

图 7-4-13　二密-赤柏松铜、镍、铁、金、银、铅锌找矿远景区遥感影像图

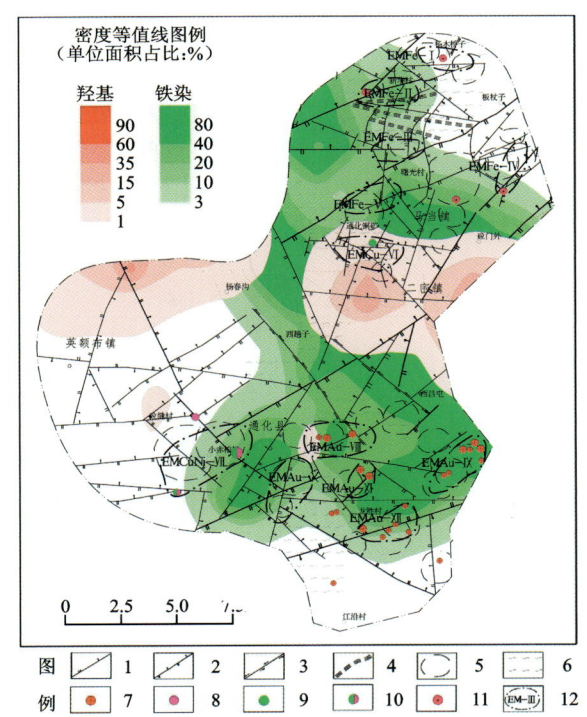

图 7-4-14　二密-赤柏松铜、镍、铁、金、银、铅锌找矿远景区遥感找矿预测图
1.正断层;2.逆断层;3.平移断层;4.韧性剪切带;5.环形构造;6.色要素;7.金矿;8.金铜矿;9.铜矿;
10.铜镍矿;11.铁矿;12.最小预测区及编号

3.遥感矿产预测分析

根据区内已知地质矿产以及遥感地质特征,在本远景区内圈出 12 处找矿预测区,预测矿种为金、铁、铜、镍(表 7-4-7)。

表 7-4-7   二密-赤柏松铜、镍、铁、金、银、铅锌找矿远景区成矿预测表

预测区编号	预测矿种	预测范围 东经	预测范围 北纬	预测面积 /km²	预测依据
EMFe-Ⅰ	铁	125°51′49″—125°54′56″	41°56′42″—41°57′45″	6.10	富江-景山断裂带内,北东向、北西向及近东西向断裂交会部位,2 个环形构造在此区集中分布,遥感浅色色调异常区,通化县杨木桥子铁矿分布在此区
EMFe-Ⅱ	铁	125°48′36″—125°51′57″	41°55′07″—41°56′21″	8.60	北东向与北东东向断裂交会锐角区,发育北西西向及近南北向次级断裂,同时发育北东东向脆韧性变形构造,1 个环形构造分布于此区,遥感浅色色调异常区,通化县新华铁矿分布在此区
EMFe-Ⅲ	铁	125°49′27″—125°52′24″	41°52′45″—41°53′42″	5.80	富江-景山断裂带内,北东向、近南北向、近东西向及北西西向断裂发育区,1 个环形构造分布于此区
EMFe-Ⅳ	铁	125°56′32″—125°57′46″	41°51′34″—41°53′53″	6.37	大川-江源断裂带边部,北东向与北西向断裂发育区,多个环形构造在此区集中分布,遥感浅色色调异常区,通化长春沟铁矿分布于此区
EMFe-Ⅴ	铁	125°47′51″—125°51′12″	41°50′31″—41°51′53″	8.18	大川-江源断裂带边部,北东向与北西向断裂交会部位,1 个环形构造分布区,遥感浅色色调异常区
EMCu-Ⅵ	铜	125°47′32″—125°51′26″	41°48′09″—41°49′34″	10.31	大川-江源断裂带内部,近东西向、北东向、北西向及近南北向断裂密集区,遥感浅色色调异常区,通化县二密铜矿分布于此区
EMCuNi-Ⅶ	铜镍	125°38′31″—125°43′28″	41°38′21″—41°41′31″	24.37	大川-江源断裂带与四棚-青石断裂交会部位,区内发育北东向与北西向断裂,2 个环形构造在此区集中分布,通化县赤柏松铜镍矿、通化县新安铜镍矿床均分布在此区
EMAu-Ⅷ	金	125°46′19″—125°50′15″	41°40′11″—41°41′45″	12.60	大川-江源断裂带内部,北东向与北西向断裂交会部位,多个环形构造呈北东向串珠状分布,通化县河口金矿、通化县西北天金矿均分布于此区
EMAu-Ⅸ	金	125°53′15″—125°56′19″	41°38′51″—41°41′20″	10.59	大川-江源断裂带内部,北东向与北西向断裂交会锐角区,2 个环形构造呈北东向串珠状展布,吉林省通化南金矿、通化市石家铺子金矿及多个金矿点分布于此区
EMAu-Ⅹ	金	125°44′48″—125°46′02″	41°37′24″—41°40′09″	12.38	大川-江源断裂带与四棚-青石断裂交会部位,发育北北东向与北西西向断裂构造,2 个环形构造呈北北东向串珠状展布

续表 7-4-7

预测区编号	预测矿种	预测范围		预测面积 /km²	预测依据
		东经	北纬		
EMAu-Ⅺ	金	125°48′55″—125°50′04″	41°38′34″—41°40′04″	4.48	大川-江源断裂带内部,北西向与近东西向断裂围成的块体内,1个环形构造分布区,通化县马当沟金矿分布于此区
EMAu-Ⅻ	金	125°49′24″—125°52′38″	41°36′44″—41°38′23″	9.09	大川-江源断裂带边部,北东向与北西向断裂交会部位,3个环形构造呈北东向串珠状展布,通化县龙胜金矿及多个金矿点分布于此区

(八)四方山-板石铁找矿远景区

1.地质概况

该找矿远景区位于吉林省南部白山市西北侧,区内主要出露太古宙变质表壳岩、英云闪长片麻岩,珍珠门岩组白云质大理岩、透闪石化、硅化、白云质大理岩,钓鱼台组、南芬组并层的石英砂岩、页岩。

2.遥感矿产地质特征

大川-江源断裂带呈北西向分布于找矿远景区东南侧,并发育与之相伴生的区域性脆韧性变形构造,断裂带内发育北东向及北西向断裂构造,在不同方向断裂交会部位,环形构造集中分布,板石环形构造群、板石镇西环形构造群、湖上环形构造群均分布在大川-江源断裂带内不同方向断裂带交会部位,通化四方山铁矿形成在湖上环形构造群内,浑江板石沟铁矿分布在板石环形构造群内。富江-景山断裂带呈北东走向分布在找矿远景区中西部,亦发育与之相伴生的区域性脆韧性变形构造,带内的环形构造集中分布在吕家沟西南,构成湖上环形构造群,通化县许可地铁矿分布在此环形构造群边部。柳河-靖宇断裂带呈近东西向分布于找矿远景区北部,该断裂带与富江-景山断裂带交会部位锐角区,发育北东向及北西向断裂构造,并在不同方向断裂交会部位,环形构造集中分布,构成上大榆树环形构造群,柳河县大榆树铁矿分布在此环形构造群边部。区内的各环形构造集中分布区,遥感图像上多表现为浅色色调异常(图 7-4-15、图 7-4-16)。

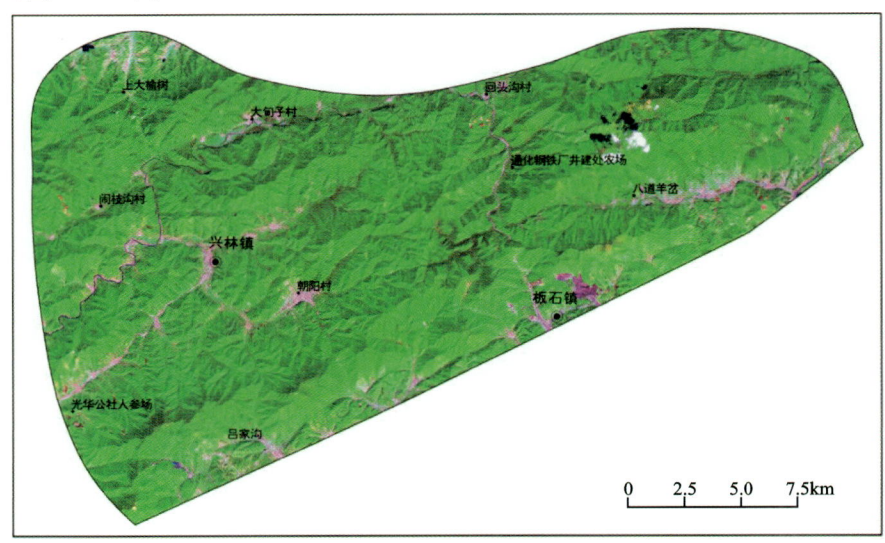

图 7-4-15 四方山-板石铁找矿远景区遥感影像图

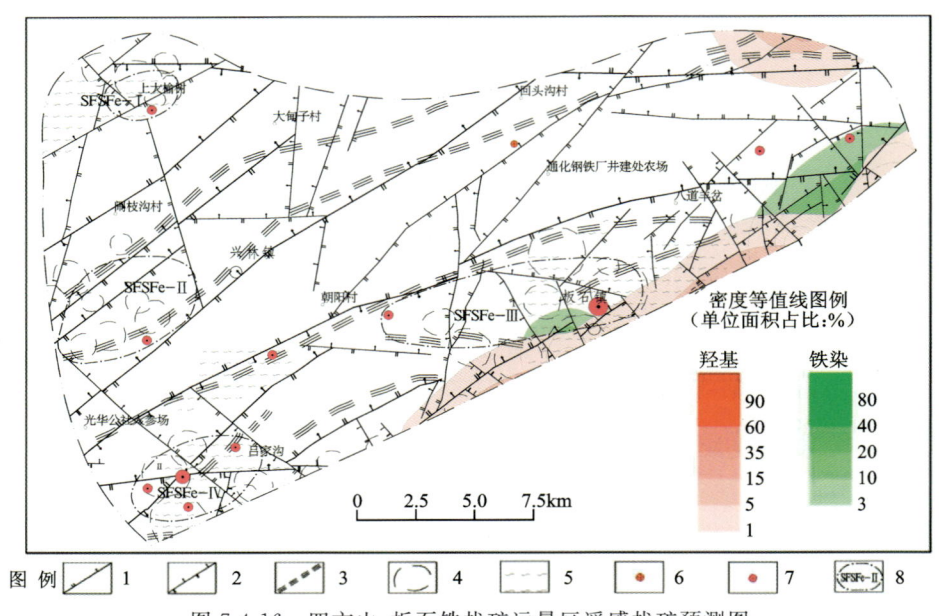

图 7-4-16　四方山-板石铁找矿远景区遥感找矿预测图

1.正断层；2.逆断层；3.韧性剪切带；4.环形构造；5.色要素；6.金矿；7.铁矿；8.最小预测区及编号

3.遥感矿产预测分析

根据区内已知地质矿产以及遥感地质特征，在本远景区内圈出 4 处找矿预测区，预测矿种为铁（表 7-4-8）。

表 7-4-8　四方山-板石铁找矿远景区成矿预测表

预测区编号	预测矿种	预测范围		预测面积/km²	预测依据
		东经	北纬		
SFSFe-Ⅰ	铁	126°01′36″—126°04′53″	42°07′05″—42°09′41″	10.05	柳河-靖宇断裂带与富江-景山断裂带交会部位锐角区，北东向与北西向断裂交会部位，多个环形构造集中分布区，遥感浅色色调异常区，柳河县大榆树铁矿分布在此区
SFSFe-Ⅱ	铁	125°59′54″—126°05′57″	41°59′29″—42°03′17″	41.45	富江-景山断裂带内，北东向区域性脆韧性变形构造发育区，多个环形构造在此区集中分布，通化县许可地铁矿分布在此区
SFSFe-Ⅲ	铁	126°14′17″—126°25′56″	42°00′27″—42°03′40″	64.14	大川-江源断裂带内，北东向区域性变形构造发育区，北东向与北西向及近东西向断裂交会部位，多个环形构造集中分布区，遥感浅色色调异常区，浑江板石沟铁矿、通化县庆升铁矿分布在此区
SFSFe-Ⅳ	铁	126°03′26″—126°09′10″	41°54′06″—41°57′08″	30.66	大川-江源断裂带内，北东向区域性变形构造发育区，北东向与北西向及近东西向断裂交会部位，多个环形构造集中分布区，遥感浅色色调异常区，通化四方山铁矿、通化县苗圃西部铁矿、通化县高丽沟铁矿分布在此区

二、营口-长白铅锌、铁、金、银、铀、硼、菱镁矿、滑石成矿带

北东段出露的地层主要由古元古界集安(岩)群和老岭(岩)群组成。集安(岩)群分布于南西侧集安一带,为一套含墨、含硼、高铝为特征的火山-沉积建造,属裂古早期建造。老岭(岩)群分布于老岭背斜两翼,出露于南岔、大横路、荒沟山、临江、大栗子一带,大栗子以东被新第三纪玄武岩所覆盖。这套中浅变质岩系是由碳酸盐岩-碎屑岩建造组成,其原岩是镁质碳酸盐、浊积岩及富铁铝沉积岩类。南西段主要为中生代岩浆活动区,出露的地层主要为中生代火山岩沉积建造,古元古界、下古生界地层零星分布于其中。岩浆岩主要为燕山期的斑状花岗岩和正长花岗岩体。在北部通化—抚松一带出露青白口系、寒武系、奥陶系及少量石炭系和二叠系。构造极为发育而复杂,主要为重力滑脱构造。其早期表现为逆冲推覆构造,后期转化为滑脱面。滑脱体主要由青白口系—古生界组成。滑脱体内受次级断层切割,形成相互分割的块体,但每个块体层序较完整,地层倒置关系不发育。滑脱体对下伏地层的挤压,使它产生褶皱或造成地层缺失而与下伏岩层构造极不协调。这个由数个滑脱体构成的复杂构造带,与珍珠门岩组均呈断层接触,加之受中生代岩浆和火山作用,成为有利于成矿的接触带。

该带构造复杂,中生代岩浆活动强烈。变质岩系经历3期变质变形,第Ⅰ期褶皱变形控制"检德"式铅锌矿,第Ⅱ期变形控制大横路钴矿的矿体形态。著名的控矿断裂是南岔-荒沟山-小四平"S"形构造带,总体上沿珍珠门岩组与大栗子(岩)组接触带发生、发展和演化。长度大于80km,宽0.1~0.5km。沿该带发生显著的岩溶作用,形成较大规模的岩溶角砾岩带。

在该带中分布有中生代花岗岩类岩石组成的龙头岩体、幸福山岩体、梨树沟岩体、草山岩体和老秃顶子岩体。

该带向北东折向南东与朝鲜惠山-利原金-多金属成矿带相接,在朝鲜境内有云兴铜矿、检德铅锌矿等大型、超大型矿床,南西则与辽南青城子-盖县金及多金属成矿带毗连。

区域遥感地质特征:该成矿带的西北侧边缘为大川-江源断裂带,东北侧边缘为双阳-长白断裂带,果松-花山断裂带沿七道沟镇—花山一线呈北东向展布,吉林省通化县南岔金矿、临江市荒沟山金矿、临江市荒沟山铅锌矿、临江市青沟子锑矿等均分布在该断裂带上;大路-仙人桥断裂带沿大路镇—仙人桥一线呈北东向展布,中段构成荒沟山"S"形构造主体,通化七道沟铁矿、吉林省通化县南岔金矿、白山市大横路铜钴矿床、临江市荒沟山金矿床、临江市青沟子锑矿、白山市小四平砂金矿点等均分布在此断裂带内;集安-松江岩石圈断裂带呈北东向分布于榆木镇—仙人桥一带,集安市下活龙金矿、集安市矿洞子铅锌矿、集安市郭家岭铅锌矿、浑江大栗子铁矿等均分布于该断裂带内;柳河-靖宇断裂带呈近东西向分布于成矿带北部,兴华-白头山断裂带呈近东西向沿六道江镇—桦树镇一线分布,白山市金英金矿、江源县小四平金矿及众多金矿点分布在该断裂带内,该断裂带东段伴生有较宽的区域性脆韧性变形构造,同时构成荒沟山"S"形构造的一部分;头道-长白山断裂带沿六道沟—长白一线呈近东西向展布(中东段进行朝鲜境内),通化县爱国铅锌矿床、通化七道沟铁矿、白山市乱泥塘铁矿、临江市六道沟铜钼矿等均分布在该断裂带内。

(一)金厂-复兴金、硼、铁、铅锌、铜、银、硫找矿远景区

1.地质概况

该找矿远景区内主要为侏罗系小东沟组紫灰色粉砂岩,局部夹劣质煤、杂色砂岩、粉砂岩、砾岩砂岩互层;第四系全新统,Ⅰ级阶地及河漫滩堆积。

该找矿远景区内侵入岩较发育,具有多期多阶段性。分别为:古元古代辉长岩、二辉橄榄岩、正长花

岗岩、石英正长岩、花岗闪长岩、角闪正长岩、巨斑花岗岩；晚三叠世闪长岩、二长花岗岩；早白垩世花岗斑岩、钠长斑岩、闪长斑岩、闪长玢岩等脉岩。

该找矿远景区内火山岩主要有中侏罗统果松组安山质火山角砾岩、安山质岩屑晶屑凝灰岩、玄武安山岩、安山岩等。

变质岩主要有蚂蚁河（岩）组：由黑云变粒岩、钠长浅粒岩、斜长角闪岩夹白云质大理岩、含硼蛇纹石大理岩电气石变粒岩等组成；荒岔沟（岩）组：岩石组合为石墨变粒岩、含石墨透辉变粒岩、含墨大理岩夹斜长角闪岩；大东岔岩组：岩石组合含夕线石石榴石变粒岩夹含榴黑云斜长片麻岩；新农村岩段：岩石组合为钠长变粒岩、黑云变粒岩夹白云质大理岩；板房沟岩段：岩石组合为透闪石变粒岩、黑云变粒岩夹大理岩、硅质条带大理岩；珍珠门岩组：岩石组合为灰白色厚层大理岩、条带状大理岩、角砾状大理岩；花山岩组：岩石组合为二云母片岩、大理岩。

2.遥感矿产地质特征

大川-江源断裂带呈北东向分布于找矿远景区西北侧，大路-仙人桥断裂带呈北东走向分布于找矿远景区东南角，四棚-青石断裂呈北西走向分布于找矿远景区东北部，头道-长白山断裂带呈近东西向通过找矿远景区中部。区内的次级断裂以北西向和北北东向为主，北西向断裂分布比较均匀，北北东向次级断裂集中分布于横路村—头道镇一带，构成一北北东走向的断裂构造密集带。在不同方向断裂及断裂带交会部位，环形构造集中分布，构成金厂镇、苇沙河村、头道沟门、包家沟、大泉、台上镇、二道阳岔、龙岗等环形构造群，在环形构造集中分布区，遥感图像上多显示为浅色色调异常。区内的金、铜、铅锌、铁、硼等矿床（点）多分布于不同方向断裂交会部位，环形构造集中分布区，遥感浅色色调异常区（图7-4-17、图7-4-18）。

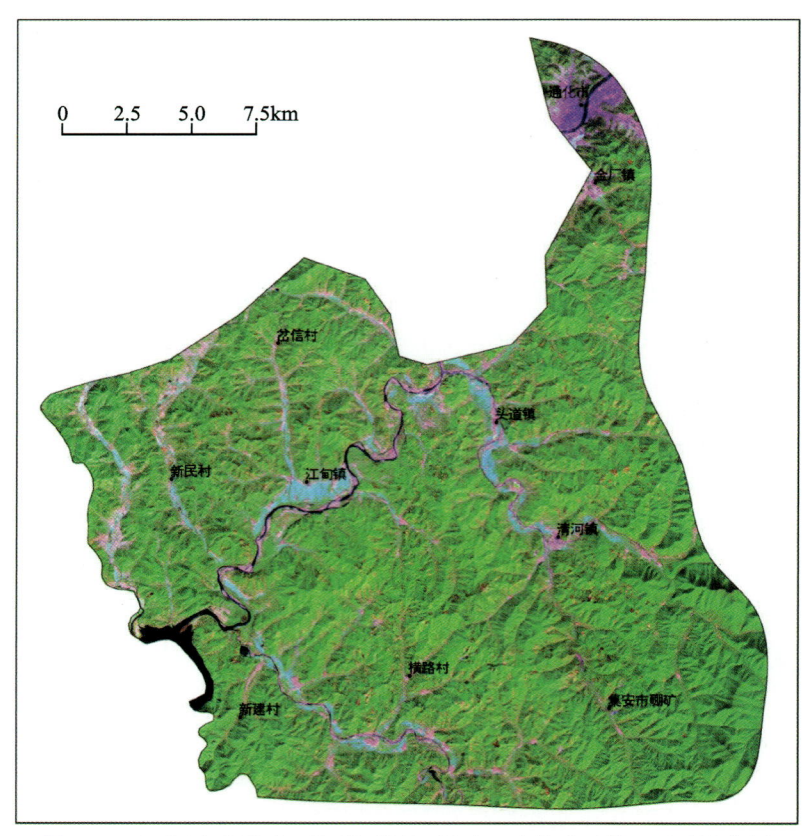

图7-4-17　金厂-复兴金、硼、铁、铅锌、铜、银、硫找矿远景区遥感影像图

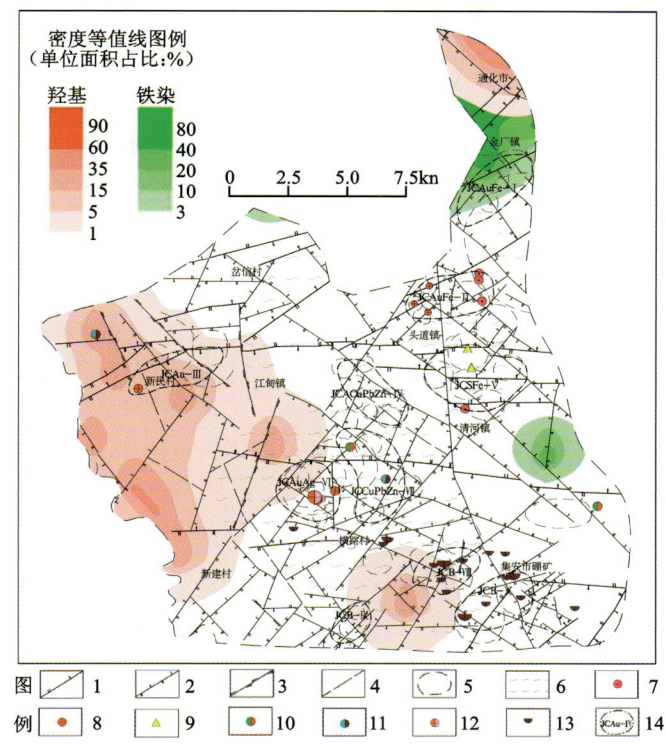

图 7-4-18 金厂-复兴金、硼、铁、铅锌、铜、银、硫找矿远景区遥感找矿预测图
1.正断层;2.逆断层;3.平移断层;4.性质不明断层;5.环形构造;6.色要素;7.铁矿;8.金矿;
9.硫铁矿;10.铜金矿;11.铅锌矿;12.金银矿;13.硼矿;14.最小预测区及编号

3.遥感矿产预测分析

根据区内已知地质矿产以及遥感地质特征,在本远景区内圈出 10 处找矿预测区,预测矿种为金、铁、铜、铅锌、硼(表 7-4-9)。

表 7-4-9　金厂-复兴金、硼、铁、铅锌、铜、银、硫找矿远景区成矿预测表

预测区编号	预测矿种	预测范围		预测面积/km²	预测依据
		东经	北纬		
JCAuFe-Ⅰ	金、铁	125°54′57″—125°59′42″	41°36′29″—41°40′08″	25.73	大川-江源断裂带与北西向断裂构造交会部位,多个环形构造在此区集中分布
JCAuFe-Ⅱ	金、铁	125°51′58″—125°57′28″	41°31′52″—41°34′18″	25.42	大川-江源断裂带边部,北东向与北西向断裂交会部位,环形构造集中分布区,遥感浅色色调异常区,集安市板房金矿点、集安市马家东沟金矿点、集安市委子沟金矿点、集安碇子沟铁矿、集安市南碇子铁矿分布在此区
JCAu-Ⅲ	金	125°34′49″—125°40′37″	41°27′39″—41°30′07″	21.66	头道-长白山断裂带与大川-江源断裂带交会部位,发育北西向次级断裂,环形构造集中分布区,通化县新农砂金矿分布在此区
JCAuCuPbZn-Ⅳ	金、铜、铅锌	125°47′51″—125°52′24″	41°26′38″—41°29′46″	21.78	头道-长白山断裂带内,北北东向断裂密集带与北西向断裂交会部位,环形构造集中分布区,遥感浅色色调异常区

续表 7-4-9

预测区编号	预测矿种	预测范围 东经	预测范围 北纬	预测面积 /km²	预测依据
JCSFe-Ⅴ	硫铁	125°53′17″—125°59′44″	41°27′27″—41°30′41″	38.81	头道-长白山断裂带内,北北东向断裂密集带与北西向断裂交会部位,环形构造集中分布区,遥感浅色色调异常区,集安市红石砬子硫铁矿、集安清河铁矿分布在此区
JCAuAg-Ⅵ	金、银	125°44′19″—125°48′20″	41°21′50″—41°24′44″	23.01	头道-长白山断裂带边部,北北东向断裂密集带与北西向断裂交会部位,环形构造集中分布区,遥感浅色色调异常区,集安市西岔-金厂沟金银矿、集安县西岔金矿床分布在此区
JCCuZnPb-Ⅶ	铜、铅锌	125°47′55″—125°52′19″	41°20′50″—41°26′25″	33.55	头道-长白山断裂带边部,北北东向断裂密集带与北西向断裂交会部位,环形构造集中分布区,遥感浅色色调异常区,集安复兴屯铜金矿、集安县正岔铅锌矿分布在此区
JCB-Ⅷ	硼	125°53′05″—125°57′13″	41°18′26″—41°20′47″	17.50	北东向与北西向断裂交会部位,多个环形构造在此区集中分布,遥感浅色色调异常区,集安二驴子沟硼矿及多个硼矿点分布于此区
JCB-Ⅸ	硼	125°48′05″—125°50′33″	41°15′50″—41°17′55″	9.14	北东向与北西向断裂交会部位,多个环形构造呈北东向串珠状分布,遥感浅色色调异常区
JCB-Ⅹ	硼	125°55′47″—126°00′39″	41°16′45″—41°19′42″	25.25	北东向与北西向断裂交会部位,多个环形构造呈北东向串珠状分布,遥感浅色色调异常区。集安县高台沟硼矿、集安市三道阳岔硼矿及多个硼矿点分布于此区

(二)大安金、铁、铜、磷找矿远景区

1.地质概况

该找矿远景区位于吉林省南部白山市西北侧,区内主要出露太古宙变质表壳岩、英云闪长片麻岩,珍珠门岩组白云质大理岩、透闪石化、硅化、白云质大理岩,钓鱼台组、南芬组并层的石英砂岩、页岩。

2.遥感矿产地质特征

区内的北东向断裂密集分布,构造为一北东走向的断裂构造带,即大川-江源断裂带,并发育与该断裂带相伴生的区域性脆韧性变形构造,本远景区分布于该断裂构造带内。兴华-白头山断裂带呈近东西向分布在找矿远景区中部。区内的北西向断裂也较发育,并多表现为张性断裂特点,多斜截或错断其他方向断裂,显示其形成时间较晚。在不同方向断裂交会部位,多有环形构造分布,部分地区环形构造相对集中,板石环形构造群、驮道村环形构造、南岔环形构造均分布于大川-江源断裂带与北西向断裂交会部位,六道江镇环形构造群分布于大川-江源断裂带与兴华-白头山断裂带交会部位,在脆韧性变形构造发育区及环形构造集中分布区,遥感图像上多表现为浅色色调异常。并且在不同方向断裂交会部位的环形构造分布区,多有矿床(点)分布,白山市金英金矿、白山市板庙子金矿床、通化县大安西岔赤铁矿、靖宇县那尔轰金银矿等均分布于北东向与北西向断裂交会部位的环形构造分布区,并为脆韧性变形构

造发育区及遥感浅色色调异常区;刘家堡子-狼洞沟金银、白山市六道江铜矿、通化县国宝顶子赤铁矿均分布于兴华-白头山断裂带内,并为北东向与近东西向断裂交会部位(图 7-4-19、图 7-4-20)。

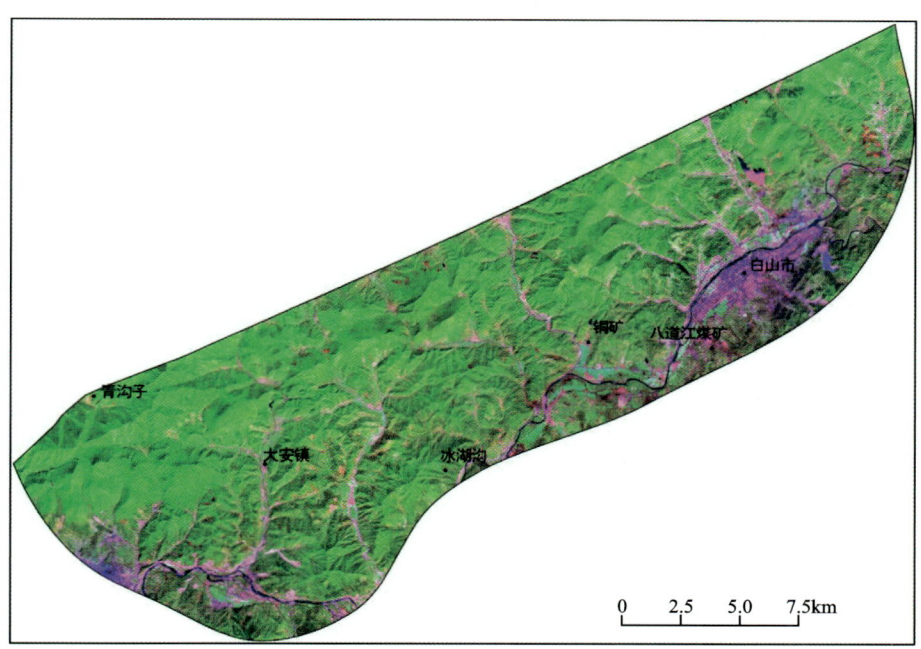

图 7-4-19 大安金、铁、铜、磷找矿远景区遥感影像图

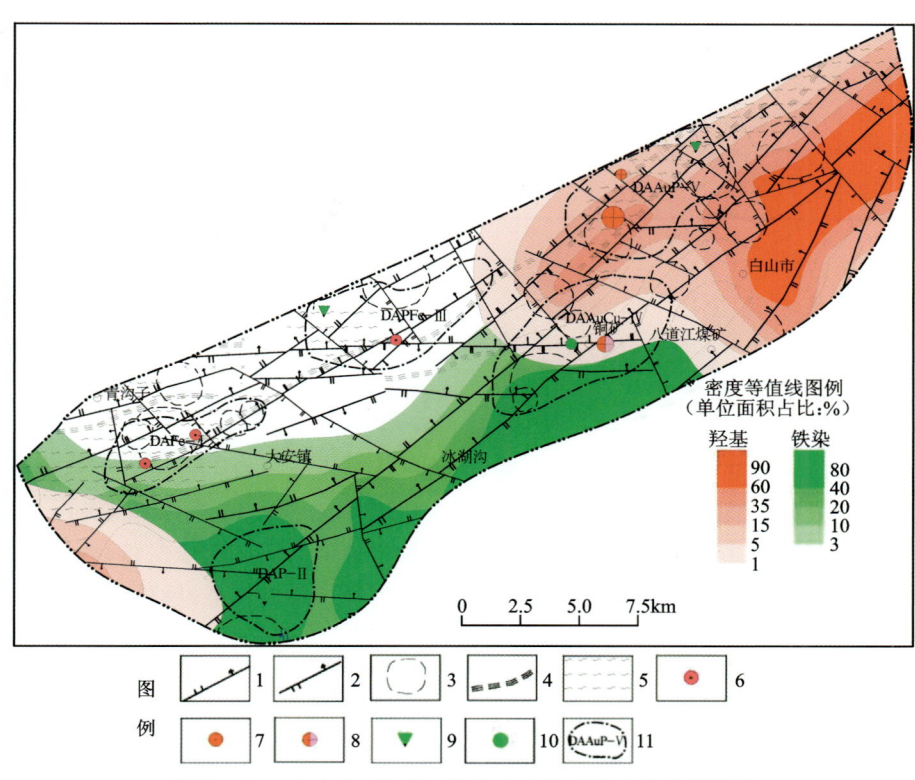

图 7-4-20 大安金、铁、铜、磷找矿远景区遥感找矿预测图
1.正断层;2.逆断层;3.环形构造;4.脆韧性变形构造;5.色要素;6.铁矿;7.金矿;8.金银矿;
9.磷矿;10.铜矿;11.最小预测区及编号

3.遥感矿产预测分析

根据区内已知地质矿产以及遥感地质特征,在本远景区内圈出5处找矿预测区,预测矿种为金、铁、铜、磷(表7-4-10)。

表7-4-10 大安金、铁、铜、磷找矿远景区成矿预测表

预测区编号	预测矿种	预测范围 东经	预测范围 北纬	预测面积/km²	预测依据
DAFe-Ⅰ	铁	126°01′26″—126°07′18″	41°49′18″—41°52′14″	20.98	大川-江源断裂带内,北东向与北西向断裂交会部位,北东向脆韧性变形构造发育区,多个环形构造呈北东向串珠状分布,遥感浅色色调异常区,通化县大安西岔赤铁矿等分布于此区
DAP-Ⅱ	磷	126°05′35″—126°09′35″	41°45′17″—41°48′36″	24.21	大川-江源断裂带边部,近东西向与北东向、北东东向断裂交会部位,通化水洞磷矿分布于此区
DAPFe-Ⅲ	铁、磷	126°08′49″—126°15′45″	41°53′01″—41°56′32″	34.28	大川-江源断裂带与兴华-白头山断裂带交会部位,1个环形构造边部,脆韧性变形构造发育区,遥感浅色色调异常区,珲春市小西南岔铜金矿、通化县国宝顶子赤铁矿分布在此区
DAAuCu-Ⅳ	金、铜	126°15′51″—126°22′26″	41°51′47″—41°56′04″	44.05	大川-江源断裂带与兴华-白头山断裂带交会部位,多个环形构造在此区集中分布,刘家堡子-狼洞沟金银矿、白山市六道江铜矿分布在此区
DAAuP-Ⅴ	金、磷	126°18′27″—126°24′28″	41°56′21″—42°00′33″	37.36	大川-江源断裂带内,北东向与北西向断裂交会部位,北东向脆韧性变形构造发育区,并有环形构造分布,白山市金英金矿、白山市板庙子金矿床、临江市珍珠门磷矿分布在此区

(三)抚松铅锌找矿远景区

1.地质概况

该找矿远景区位于辽吉古陆浑江盆地北东端,区内沉积岩十分发育,有新元古界,古生界和中、新生界沉积层。火山岩建造主要为中生代松江-抚松构造火山带形成产物和新生代白头山火山构造隆起带形成的玄武岩。中生代火山岩包括上三叠统长白组、上侏罗统果松组和林子头组;第四纪火山岩为中新统老爷岭组和上新统军舰山组。预测区内有中、晚侏罗世大青山复合岩体,晚侏罗世抚松东二长花岗岩体和大营林场岩体。

2.遥感矿产地质特征

该找矿远景区西北侧边缘为大川-江源断裂带,集安-松江岩石圈断裂带呈北东向通过找矿远景区东南部,大路-仙人桥断裂带呈北东东向在仙人桥附近与集安-松江岩石圈断裂会合,双阳-长白断裂带呈北西向通过找矿远景区中部,柳河-靖宇断裂带呈近东西向分布于找矿远景区中西部,抚松-蛟河断裂带呈北北东向分布于找矿远景区中南部。在断裂带内或不同方向断裂(带)交会部位,多有环形构造集中分布,兴隆乡北环形构造群呈北东向串珠状分布在抚松-蛟河断裂带内;松江乡环形构造群分布在柳

河-靖宇断裂带与抚松-蛟河断裂带交会部位；富民村北环形构造群形成于抚松-蛟河断裂带与大路-仙人桥断裂带交会处。这些环形构造集中分布区，遥感图像上还显示为浅色色调异常（图7-4-21、图7-4-22）。

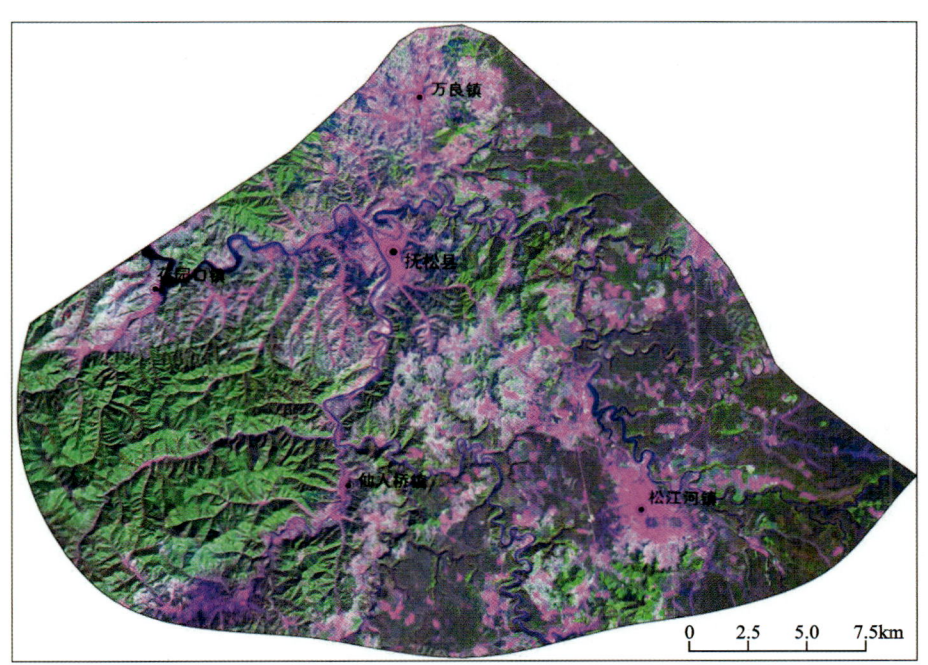

图7-4-21 抚松铅锌找矿远景区遥感影像图

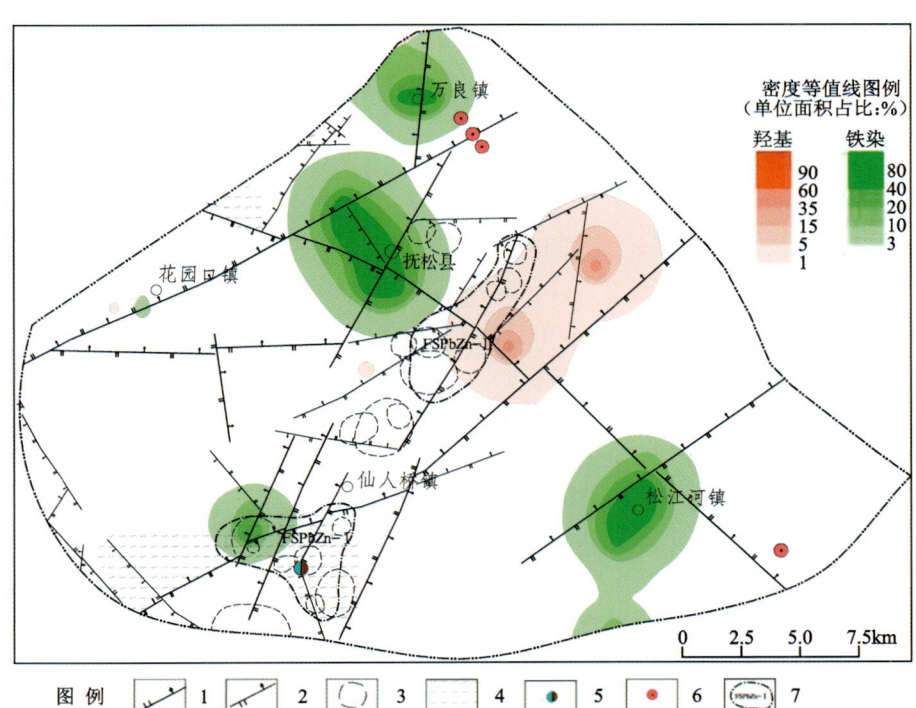

图7-4-22 抚松铅锌找矿远景区遥感找矿预测图
1.正断层；2.逆断层；3.环形构造；4.色要素；5.铅锌矿；6.铁矿；7.最小预测区及编号

3.遥感矿产预测分析

根据区内已知地质矿产及遥感地质特征,在本远景区内圈出 2 处找矿预测区,预测矿种为铅锌(表 7-4-11)。

表 7-4-11 抚松铅锌找矿远景区成矿预测表

预测区编号	预测矿种	预测范围		预测面积/km²	预测依据
		东经	北纬		
FSPbZn-Ⅰ	铅锌	127°07′30″—127°14′37″	42°04′57″—42°09′45″	46.45	抚松-蛟河断裂带与大路-仙人桥断裂带交会部位,多个环形构造在此区集中分布,遥感浅色色调异常区,抚松县大营铅锌矿分布在此区
FSPbZn-Ⅱ	铅锌	127°17′10″—127°23′41″	42°13′42″—42°20′28″	49.57	抚松-蛟河断裂带与双阳-长白断裂带交会部位,南部有柳河-靖宇断裂带通过,多个环形构造集中分布区

(四)古马岭金、铅锌找矿远景区

1.地质概况

该找矿远景区内沉积岩较发育,由老至新为:南华系钓鱼台组灰紫色含砾粗粒石英砂岩、灰白色石英质角砾岩夹赤铁矿、灰白色石英砂岩、含海绿石石英砂岩、含赤铁矿石英砂岩;南芬组紫色、灰绿色页岩、粉砂质页岩夹泥灰岩;寒武系水洞组黄绿色、紫红色含磷粉砂岩,含海绿石和胶磷矿砾石细砂岩;碱厂组灰色质纯灰岩、泥质灰岩、结晶灰岩、石英砂岩、黑灰色厚层状、豹皮状沥青质灰岩;馒头组紫红色含铁泥质白云岩、含石膏泥质白云岩,暗紫色粉砂岩夹石膏;张夏组青灰色厚层鲕状灰岩、中厚层灰岩夹页岩,青灰色、灰色、紫色厚层状生物碎屑灰岩;崮山组紫色、黄绿色页岩、粉砂岩夹薄层灰岩、竹叶状灰岩、砾屑灰岩;炒米店组薄板状泥晶灰岩、泥晶砾屑灰岩、泥晶—亮晶生物碎屑灰岩夹黄绿色页岩;奥陶系冶里组中层、中薄层灰岩夹紫色、黄绿色页岩和竹叶状灰岩;下白垩系小南沟组杂色砂岩、粉砂岩、紫色砾岩。

该找矿远景区内火山岩不甚发育,仅见有上侏罗统果松组砾岩、玄武安山岩、安山岩、安山质火山角砾岩、安山质岩屑晶屑凝灰岩,构成陡峭的高山。

区内侵入岩较为发育,分别为古元古代正长花岗岩、片麻状中细粒黑云母二长花岗岩、巨斑状花岗岩;中生代晚三叠世中粒二长花岗岩;早白垩世二长花岗岩、花岗斑岩,并构成大致呈北西向展布的构造岩浆岩带。

区内变质岩较发育,为古元古界集安(岩)群蚂蚁河(岩)组黑云变粒岩、钠长浅粒岩、斜长角闪岩夹白云质大理岩、含硼蛇纹石化大理岩、电气石变粒岩,以含硼为特征;荒岔沟(岩)组石墨变粒岩、含墨透辉变粒岩、含墨大理岩夹斜长角闪岩,以含墨为特征;大东岔岩组:含夕线石榴黑云斜长片麻岩。该套变质岩区域上呈北西向,局部近东西向展布。

2.遥感矿产地质特征

大路-仙人桥断裂带呈北东走向分布于找矿远景区西北部,集安-松江岩石圈断裂呈北东走向分布于找矿远景区东南部。断裂带附近及两断裂带之间,发育北东向、北西向及近东西向次级断裂,局部地段,次级断裂密集分布,构成断裂构造密集区(带)。在不同方向断裂交会部位,多有环形构造分布,大部分环形构造分布相对集中,构成正义村、大路镇、大阳岔村、西石砬等环形构造群,并且在环形构造集中分布区,遥感图像上多表现为浅色色调异常(图 7-4-23、图 7-4-24)。

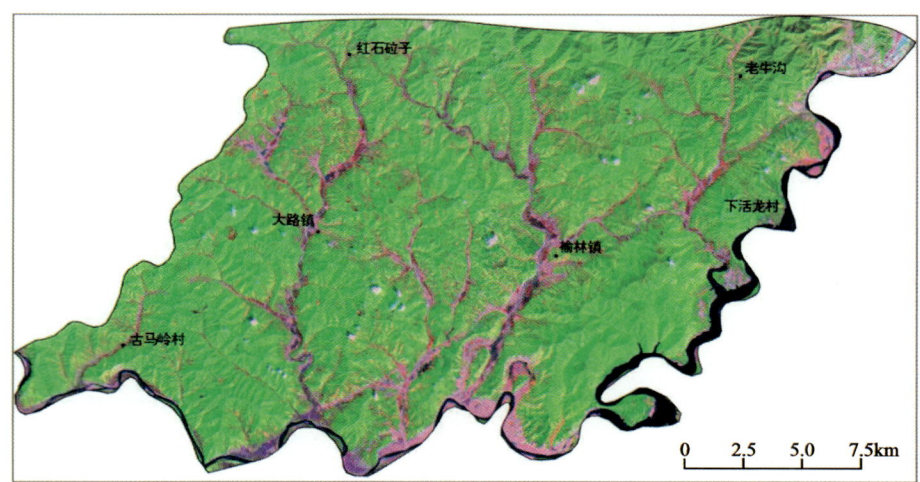

图 7-4-23 古马岭金、铅锌找矿远景区遥感影像图

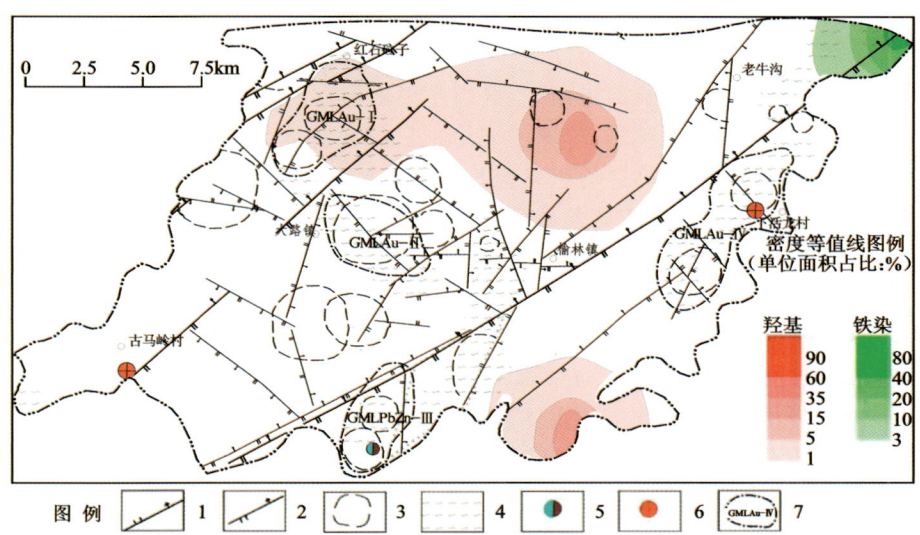

图 7-4-24 古马岭金、铅锌找矿远景区遥感找矿预测图
1.正断层;2.逆断层;3.环形构造;4.色要素;5.铅锌矿;6.铁矿;7.最小预测区及编号

3.遥感矿产预测分析

根据区内已知地质矿产以及遥感地质特征,在本远景区内圈出 2 处找矿预测区,预测矿种为金、铅锌(表 7-4-12)。

表 7-4-12 古马岭金、铅锌找矿远景区成矿预测表

预测区编号	预测矿种	预测范围		预测面积 /km²	预测依据
		东经	北纬		
GMLAu-Ⅰ	金	125°44′18″—125°48′38″	41°01′24″—41°05′19″	25.57	大路-仙人桥断裂带内,北东向与北西向断裂交会部位,2 个环形构造呈北东向串珠状分布,遥感浅色色调异常区

续表 7-4-12

预测区编号	预测矿种	预测范围 东经	预测范围 北纬	预测面积 /km²	预测依据
GMLAu-Ⅱ	金	125°46′39″—125°50′59″	40°58′12″—41°01′04″	21.84	北东向、北西向及近东西向断裂交会部位,多个环形构造集中分布区,遥感浅色色调异常区
GMLPbZn-Ⅲ	铅锌	125°47′39″—125°50′39″	40°51′48″—40°55′33″	18.95	集安-松江岩石圈断裂与近南北向断裂交会锐角区,2个环形构造呈近南北向串珠状分布,遥感浅色色调异常区,集安市石嶡铅锌矿分布于此区
GMLAu-Ⅳ	金	126°00′30″—126°05′56″	40°57′30″—41°02′59″	33.55	集安-松江岩石圈断裂边部,发育北北东向及北西向次级断裂,区内发育2个环形构造,遥感浅色色调异常区,集安市下活龙金矿分布于此区

(五) 南岔-荒沟山金、银、铁、铜、铅锌、硫找矿远景区

1. 地质概况

该找矿远景区位于吉林省南部临江市西北,区内主要出露古元古界大栗子(岩)组千枚岩、绢云千枚岩、二云片岩为主夹大理岩、薄层石英岩,珍珠门岩组白云质大理岩、透闪石化、硅化、白云质大理岩,钓鱼台组石英砂岩、海绿石石英砂岩、马达岭组紫色长石石英砂岩,中太古代英云闪长质片麻岩及变质表壳岩,北西侧有古生界各种灰岩呈北东向条带状分布,有晚三叠世黑云母花岗岩及早白垩世碱长花岗岩侵入。

2. 遥感地质特征

大川-江源断裂带呈北东走向分布于找矿远景区西北部;大路-仙人桥断裂带呈北北东向分布于找矿远景区中部,该断裂带构成"S"形构造的主体,部分地段伴有区域性脆韧性变形构造,临江市花山镇老三队金矿、临江市八里沟金矿点、白山市大横路铜钴矿、吉林省通化县南岔金矿通化七道沟铁矿均分布在该断裂构造带上;果松-花山断裂带呈北东走向分布于找矿远景区中部,并错断大路-仙人桥断裂带,使北西盘向北东移动10km以上,该断裂带部分地段伴有区域性脆韧性变形构造,临江市青沟子锑矿、临江市荒沟山金矿床、白山市大横路铜钴矿、吉林省通化县南岔金矿分布在此断裂带上;集安-松江岩石圈断裂呈北东走向分布于找矿远景区东南侧,浑江大栗子铁矿、集安市矿洞子铅锌矿均分布在该断裂带上;兴华-白头山断裂带呈东西走向分布于找矿远景区北部,并构成"S"形构造北部,同时伴有区域性脆韧性变形构造,江源县小四平金矿、江源县平川金矿均分布在该断裂带内;头道-长白山断裂带呈近东西向分布于找矿远景区中南部,通化七道沟铁矿分布在该断裂带上。

该找矿远景区内的环形构造特别发育,其间分布亦有明显的规律性,多分布于区域性断裂构造带内或不同方向断裂构造交会部位,并多集中分布构成阳岔镇、七道沟镇、冰沟、三道沟镇北、红土崖镇东、大栗子镇北、周家窝林场、老三队村、报马川、青沟村等环形构造群,区内的金及多金属矿床(点)均分布在环形构造群内部或边部(图7-4-25、图7-4-26)。

3. 遥感矿产预测分析

根据区内已知地质矿产以及遥感地质特征,在本远景区内圈出8处找矿预测区,预测矿种为铁、金、铅锌、铜、钴、锑、硫(表7-4-13)。

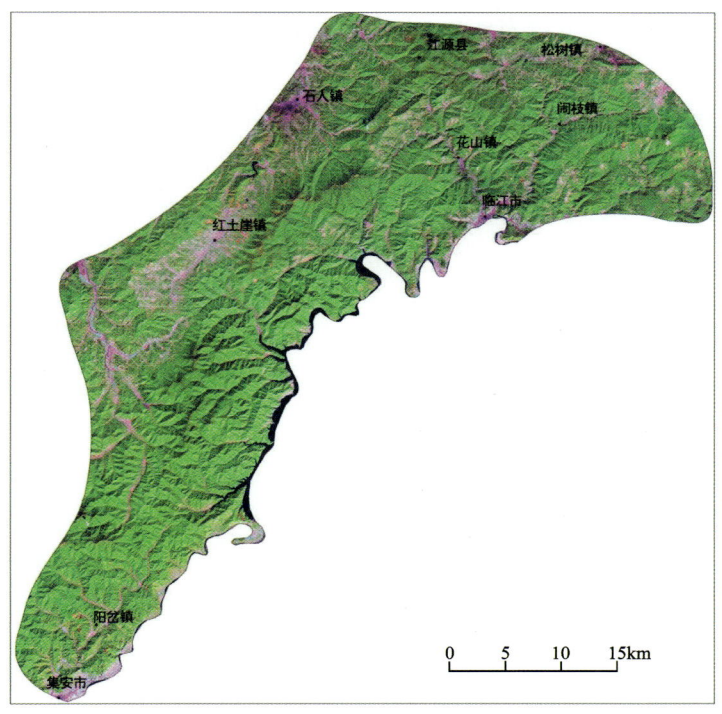

图 7-4-25 南岔-荒沟山金、银、铁、铜、铅锌、硫找矿远景区遥感影像图

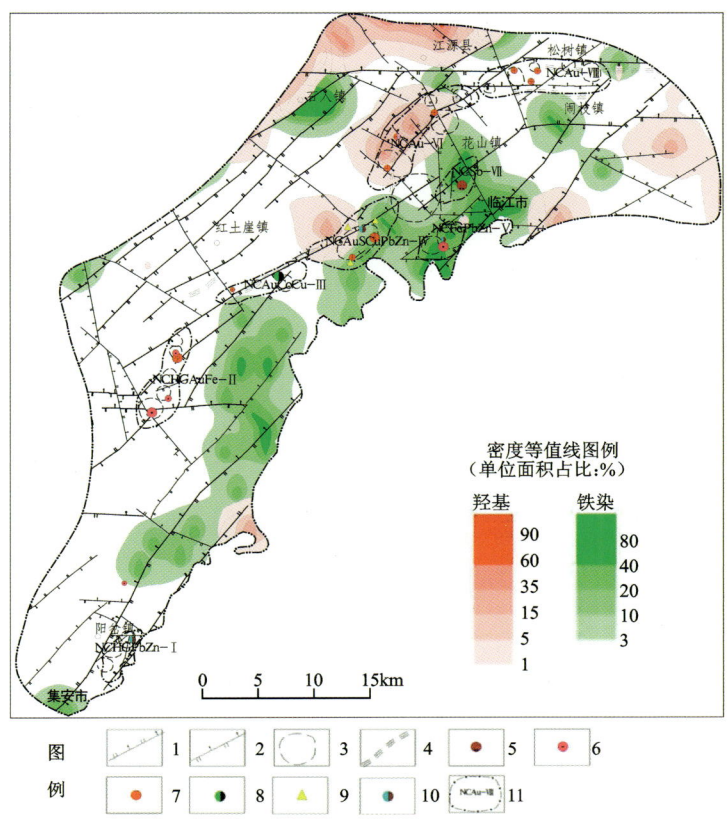

图 7-4-26 南岔-荒沟山金、银、铁、铜、铅锌、硫找矿远景区遥感找矿预测图

1.正断层;2.逆断层;3.环形构造;4.韧性剪切带;5.锑矿;6.铁矿;7.金矿;8.铅锌矿;9.硫铁矿;10.铜钴矿;11.最小预测区及编号

表 7-4-13　南岔-荒沟山金、银、铁、铜、铅锌、硫找矿远景区成矿预测表

预测区编号	预测矿种	预测范围		预测面积/km²	预测依据
		东经	北纬		
NCPbZn-Ⅰ	铅锌	126°14′56″—126°18′58″	41°09′56″—41°14′20″	23.52	集安-松江岩石圈断裂带内部,北东向、北北东向及近东西向断裂相对发育区,多个环形构造成群分布,集安市矿洞子铅锌矿分布在此区内
NCAuFe-Ⅱ	金、铁	126°17′46″—126°23′10″	41°30′32″—41°38′51″	61.69	大路-仙人桥断裂带、果松-花山断裂带与头道-长白山断裂带交会部位,多个环形构造呈北北东向串珠状展布,吉林省通化南岔金矿、通化七道沟铁矿均分布在该预测区内
NCAuCoCu-Ⅲ	金、钴、铜	126°25′40″—126°35′04″	41°40′47″—41°44′32″	38.10	果松-花山断裂带与大路-仙人桥断裂带交会部位,有环形构造分布在此区,北东走向的区域性脆韧性变形构造通过此区,白山市大横路铜钴矿、白山市双顶岭金矿化点分布在此区
NCAuSCuPbZn-Ⅳ	金、硫、铜、铅锌	126°35′22″—126°44′35″	41°43′43″—41°49′56″	77.24	果松-花山断裂带上,1个环形构造分布区,区内发育北东向及北北东向区域性脆韧性变形构造,临江市荒沟山金矿床、临江市天后沟铅锌矿、临江市错草沟金矿、临江银子沟西坡硫铁矿、临江荒沟山硫铁矿、临江迎门沟含铜硫铁矿等均分布在此区
NCFePbZn-Ⅴ	铁、铅锌	126°46′54″—126°51′34″	41°44′47″—41°48′05″	27.90	集安-松江岩石圈断裂上,发育近东西向、北东向及北西向次级断裂,2个环形构造呈北东向串珠状展布,发育北东走向的区域性脆韧性变形构造,浑江大栗子铁矿、临江市当石沟铅锌矿分布在此区
NCAu-Ⅵ	金	126°41′16″—126°52′47″	41°50′27″—41°59′12″	90.08	大路-仙人桥断裂带上,多个环形构造呈北东向条带状集中分布,发育北东向及北西向次级断裂,此区为北东走向的区域性脆韧性变形构造区,花山乡老三队金矿点、临江市花山镇淘金沟金银矿点、临江市八里沟金矿点均分布在此区
NCSb-Ⅶ	锑	126°48′31″—126°52′49″	41°49′31″—41°53′28″	26.17	果松-花山断裂带上,1个环形构造边部,区内发育北西向及近南北向次级断裂,临江市青沟子锑矿分布在此区
NCAu-Ⅷ	金	126°52′47″—127°06′44″	41°58′09″—42°01′39″	88.38	大路-仙人桥断裂带与兴华-白头山断裂带交会部位,多个环形构造呈近东西向带状集中分布;区内发育近东西向区域性脆韧性变形构造,白山市湾沟镇平川砂金矿、江源县小四平金矿、江源县平川金矿等均分布于此区内

（六）六道沟金、铁、铜、铅锌、钨、钼、镍找矿远景区

1.地质概况

沉积岩：南华系钓鱼台组，为灰白色石英砂岩、含海绿石石英砂岩；南芬组，为紫色、灰绿色页岩，粉砂质页岩夹泥灰岩。震旦系万隆组，为碎屑灰岩、藻屑灰岩、泥晶灰岩；八道江组，为灰白色灰岩、生物屑灰岩。寒武纪馒头组，为暗紫色、猪肝色、黄绿色含云母片粉砂岩，粉砂质页岩为主夹有薄层碎屑灰岩和鲕状灰岩；张夏组，为青灰色厚层状鲕状生物碎屑灰岩、薄层灰岩夹少量页岩，青灰色、灰色、紫色厚层状生物碎屑灰岩；崮山组，为紫色、黄绿色页岩、粉砂岩夹薄层灰岩，竹叶状灰岩；炒米店组：为薄板状泥晶灰岩、泥晶粒屑灰岩、泥晶—亮晶生物屑灰岩夹黄绿色页岩。奥陶纪冶里组，为灰岩；亮甲山组，为灰色含燧石结核灰岩、白云岩夹少量粒屑灰岩；马家沟组，为白云质灰岩、灰岩夹豹皮状灰岩、燧石结核灰岩。

火山岩：上三叠统长白组，为安山岩、安山质火山碎屑岩、流纹岩、流纹质火山碎屑岩；上侏罗统果松组，其下部以砾岩、砂岩为主，上部为中性熔岩、安山岩、安山质凝灰熔岩，局部出现少量流纹岩、流纹质凝灰岩；林子头组，其下部为凝灰质砂岩、砾岩，中部为草绿色凝灰质页岩、凝灰岩，上部为凝灰质砂岩、凝灰岩。

侵入岩：新元古代花岗岩，晚侏罗世闪长岩、二长花岗岩，早白垩世花岗斑岩，构成长白山构造岩浆岩带。

变质岩：区内变质岩仅见有古元古界滹沱河系老岭（岩）群大栗子（岩）组，岩石组合为千枚岩、大理岩、千枚岩夹大理岩及石英岩。

2.遥感矿产地质特征

头道-长白山断裂带呈近东西向分布于找矿远景区中部，区内的北东向、北北东向及北西向次级断裂均较发育，北东向断裂主要集中于六道沟镇—八道沟镇一带，构成1个北东走向的断裂构造密集带，区内的环形构造主要集中于该断裂带内，并且在不同方向断裂交会部位，环形构造相对集中（图7-4-27）。

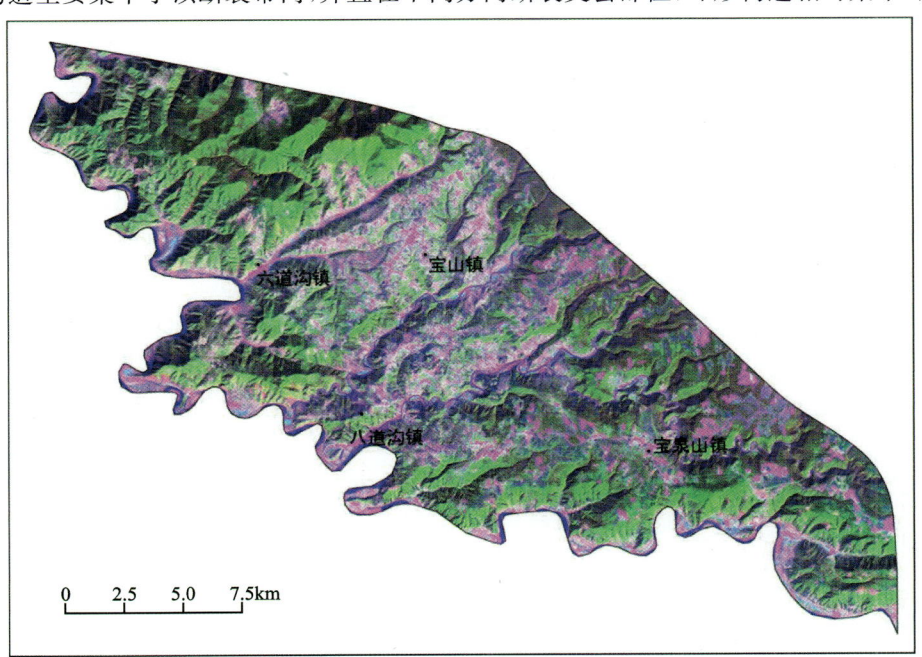

图7-4-27 六道沟金、铁、铜、铅锌、钨、钼、镍找矿远景区遥感影像图

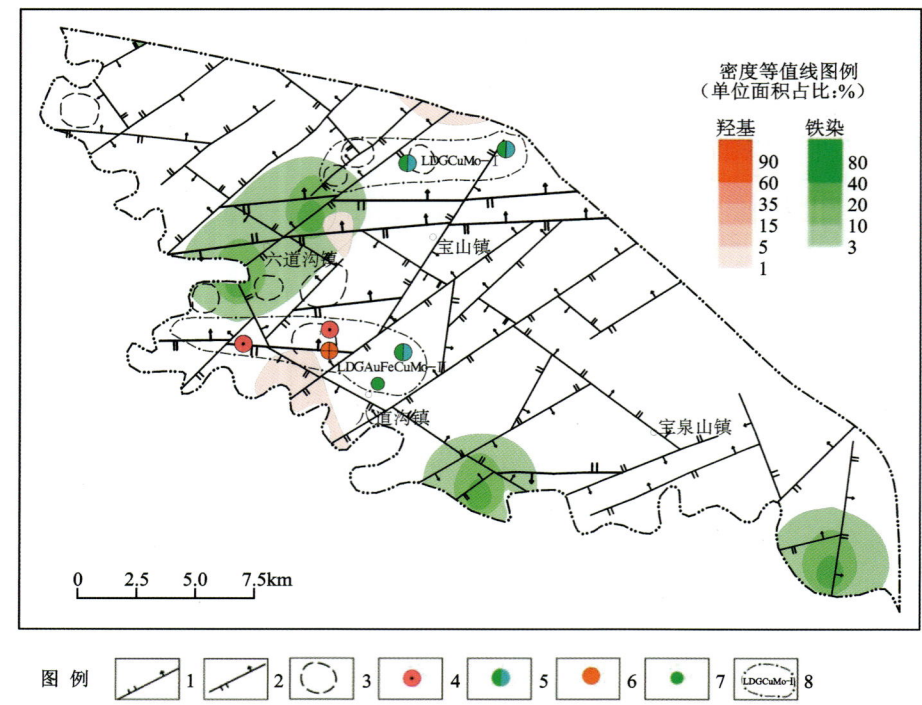

图 7-4-28 六道沟金、铁、铜、铅锌、钨、钼、镍找矿远景区地质特征遥感解译图
1.正断层;2.逆断层;3.环形构造;4.铁矿;5.铜钼矿;6.金矿;7.铜矿;8.最小预测区及编号

3.遥感矿产预测分析

根据区内已知地质矿产以及遥感地质特征,在本找矿远景区内圈出2处找矿预测区,预测矿种为铁、金、铜、钼(表 7-4-14)。

表 7-4-14 六道沟金、铁、铜、铅锌、钨、钼、镍找矿远景区成矿预测表

预测区编号	预测矿种	预测范围		预测面积 /km²	预测依据
		东经	北纬		
LDGCuMo-Ⅰ	铜钼	127°13′24″—127°21′50″	41°38′03″—41°40′02″	29.56	头道-长白山断裂带边部的北东向构造密集带内,3个环形构造在此区相对集中,临江市六道沟铜钼矿、临江市铜山镇铜矿均分布在此区内
LDGAuFeCuMo-Ⅱ	金、铁、铜、钼	127°07′34″—127°17′54″	41°31′28″—41°34′04″	38.62	头道-长白山断裂带内,北东向构造密集带内,发育北西向及近东西向断裂,1个环形构造分布在此区,浑江夹皮沟铁矿、白山市乱泥塘铁矿、白山市乱泥塘金矿、临江县六道沟铜山铜钼、长白朝鲜族自治县八道沟套圈铜矿均分布在此区

(七)长白金、铜、铁、钼、钨找矿远景区

1.地质概况

1)沉积岩

南华系钓鱼台组:灰白色石英砂岩、含海绿石石英砂岩;南芬组:紫色、灰绿色页岩,粉砂质页岩夹泥

灰岩;桥头组:含海绿石石英砂岩、粉砂岩、页岩;震旦系万隆组:碎屑灰岩、藻屑灰岩、泥晶灰岩;寒武系张夏组:青灰色厚层状鲕状生物碎屑灰岩、薄层灰岩夹少量页岩,青灰色、灰色、紫色厚层状生物碎屑灰岩;崮山组:紫色、黄绿色页岩,粉砂岩夹薄层灰岩、竹叶状灰岩;炒米店组:薄板状泥晶灰岩、泥晶粒屑灰岩、泥晶—亮晶生物屑灰岩夹黄绿色页岩;奥陶系冶里组:灰岩,中层、中薄层灰岩夹紫色、黄绿色页岩和竹叶状灰岩;亮甲山组:豹皮状灰岩、白云质灰岩夹燧石结核灰岩;马家沟组:白云质灰岩、灰岩夹豹皮状灰岩、燧石结核灰岩;上石炭统—下二叠统山西组:粗砂岩、粉砂岩、页岩夹煤;新生代古近系马鞍山村组:砾岩、砂岩、细砂岩、黏土质页岩夹硅藻土。

2) 火山岩

预测区内火山岩主要发育有两期,主要为上三叠统长白组安山岩、安山质火山碎屑岩;流纹岩、流纹质火山碎屑岩;其次为第三系军舰山组橄榄玄武岩、气孔状玄武岩等。上述构成了长白山火山洼地。

3) 侵入岩

古元古代花岗岩,晚侏罗世辉长岩、花岗闪长岩,早白垩世辉长岩。

4) 变质岩

区内变质岩不甚发育,仅见有老岭(岩)群大栗子(岩)组千枚岩、大理岩,千枚岩夹大理岩及石英岩类等岩石组合。

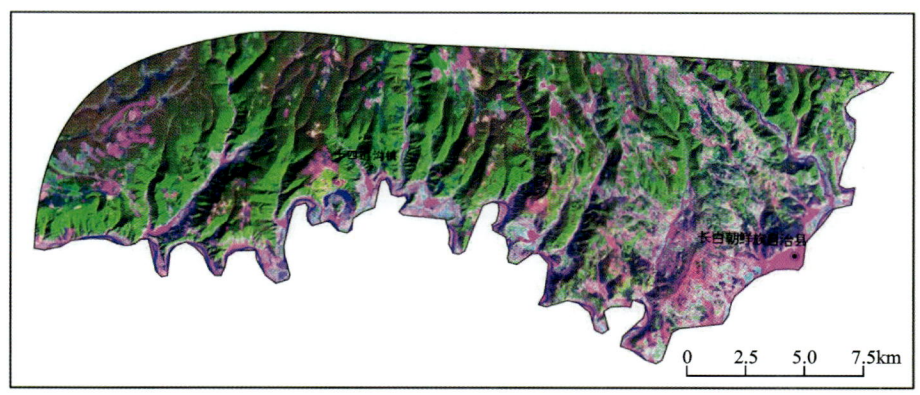

图 7-4-29 长白金、铜、铁、钼、钨找矿远景区遥感影像图

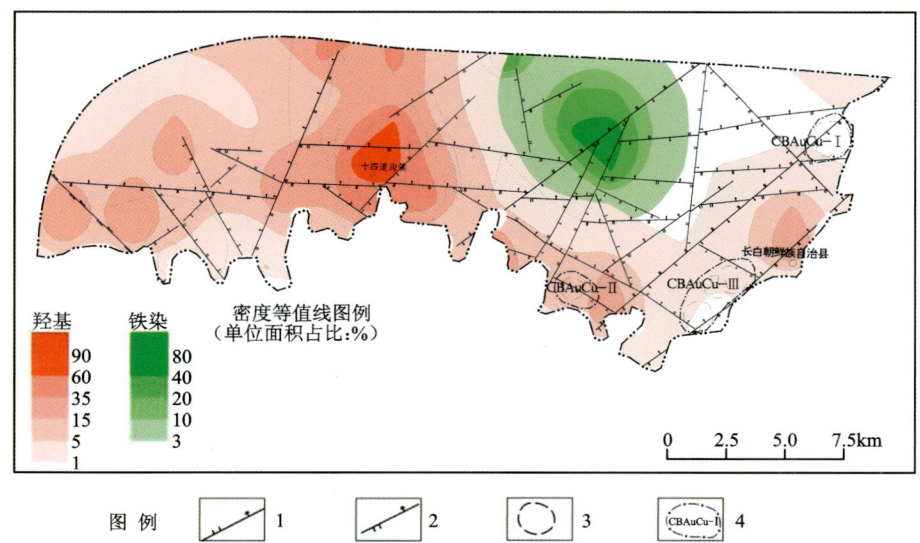

图 7-4-30 长白金、铜、铁、钼、钨找矿远景区遥感找矿预测图
1.正断层;2.逆断层;3.环形构造;4.最小预测区及编号

2. 遥感矿产地质特征

该找矿远景区内的断裂构造以近东西走向的压性断裂为主,由两三条较大规模的断裂构造组成1个近东西走向的断裂构造带,构成头道-长白山断裂带的东端。长白-图们断裂带呈北东走向分布于找矿远景区东南侧,区内的环形构造多形成于该断裂带与其他方向断裂交会部位。望天鹅-春阳断裂带呈北北东走向分布于找矿远景区中西部,双阳-长白断裂带呈北西走向分布在找矿远景区东北角。

3. 遥感矿产预测分析

根据区内已知地质矿产以及遥感地质特征,在本远景区内圈出3处找矿预测区,预测矿种为金、铜(表7-4-15)。

表7-4-15 长白金、铜、铁、钼、钨找矿远景区成矿预测表

预测区编号	预测矿种	预测范围		预测面积/km²	预测依据
		东经	北纬		
CBAuCu-Ⅰ	金铜、铅锌	128°12′20″—128°14′09″	41°28′17″—41°29′34″	4.37	头道-长白山断裂带与双阳-长白断裂带交会部位,1个环形构造分布区
CBAuCu-Ⅱ	金、铁、铜	128°02′41″—128°04′21″	41°23′40″—41°24′58″	3.79	头道-长白山断裂带与北西向断裂交会部位,3个环形构造呈北东向串珠状分布
CBAuCu-Ⅲ	金铜	128°07′32″—128°10′14″	41°23′04″—41°25′10″	9.41	头道-长白山断裂带与北西向断裂交会部位,1个环形构造分布区

主要参考文献

陈华慧,1984.遥感地质学[M].北京:地质出版社.

陈毓川,王登红,2010.重要矿产预测类型划分方案[M].北京:地质出版社.

冯守忠,2001.吉林放牛沟多金属矿床成矿物质来源[J].火山地质与矿产,22(1):55-62.

冯守忠.孙超,黄林日,等,2005.吉林荒沟山铅锌矿床地质特征及矿床成因探讨[J].地质与资源,14(1):37-42.

黄圭成,1997.闹枝金矿与中生代火山岩系的成因关系探讨[J].矿产与地质(1):32-38.

吉林省地质矿产局,1989.吉林省区域地质志[M].北京:地质出版社.

沈保丰,李俊建,毛德宝,等,1988.吉林夹皮沟金矿地质与成矿预测[M].北京:地质出版社.

松权衡,李景波,于城,等,2002.白山市大横路铜钴矿床找矿地球化学模式[J].吉林地质(Z1):56-64.

松权衡,魏发,2000.白山市大横路铜钴矿区稀土元素地球化学特征[J].吉林地质,19(1):47-50.

松权衡,魏发,罗琛,2000.白山市大横路铜钴矿区含矿岩系大栗子(岩)组原岩性质及沉积环境地球化学特征[J].吉林地质,19(3):55-60.

徐志刚,陈毓川,王登红,等,2008.中国成矿区(带)划分方案[M].北京:地质出版社.

于学政,曾朝铭,燕云鹏,等,2010.遥感资料应用技术要求[M].北京:地质出版社.

张文博,1998.吉林省大黑山条垒北东段金、银成矿系列的划分[J].黄金,19(1):3-5.

张玉君,2009.张玉君地质勘查新方法研究论文集[M].北京:中国大地出版社.

张玉君,杨建民,陈薇.ETM+(TM)蚀变异常提取方法研究与应用——地质依据和波谱前提[J].国土资源遥感,2002(4):30-36.

张玉君,曾朝铭,陈薇.ETM+(TM)蚀变异常提取方法研究与应用——方法选择和技术流程[J].国土资源遥感,2003(2):44-49.

张兆昆,1988.吉林省有色金属矿床类型及其典型矿床的地质特征[J].吉林地质(2):102-114.

周伶俐,曾庆栋,刘建明,等,2010.吉林大黑山斑岩型钼矿床成矿阶段及含矿裂隙分布规律[J].地质与勘探,46(3):448-454.

朱亮璞,1994.遥感地质学[M].北京:地质出版社.

内部参考资料

长春科技大学,1998.1:5万大荒沟幅、板石沟铁矿幅区域地质调查报告[R].长春:长春科技大学.

陈玉达,李德文,李造岩,等,1964.吉林省桦甸县夹皮沟金矿区1963年地质总结报告书[R].吉林:吉林省有色金属第四勘探队.

迟吉山,1975.吉林省汪青县刺猬沟矿床脉金矿地质详细普查报告[R].延吉:吉林省地质局延边地区综合地质大队.

崔翼万,1984.吉林省蛟河—桦甸县漂河川基性岩带镍矿普查总结报告(1976—1983年)[R].吉林:吉林省地质矿产局第二地质调查所第一地质调查队.

郭洪生,1972.吉林省永吉县小绥河铬铁矿详查评价报告[R].吉林:吉林省地质局吉林地区综合地质大队.

郭建中,1977.吉林省桦甸县夹皮沟矿区三道岔金矿床地质总结报告(1965—1976)[R].吉林:吉林省冶金地质勘探公司六〇四队.

侯启满,1984.吉林省集安县金厂沟矿区西岔金矿床详细普查地质报告[R].通化:吉林省地质矿产局第四地质调查所.

侯启满,1993.吉林省双阳县兰家金矿床勘探报告(1992—1993年)[R].长春:吉林省地质矿产局第一地质调查所.

吉林省地质调查院,2004.1∶25万汪清县幅区域地质调查报告[R].长春:吉林省地质调查院.

吉林省地质局通化地质大队,1959.吉林通化四方山铁矿最终储量勘探报告[R].通化:吉林省地质局通化地质大队.

吉林省地质局通化地质大队苇沙河地质队,1962.吉林省浑江市荒沟山铅锌黄铁矿床1961年度储量报告说明书[R].通化:吉林省地质局通化地质大队苇沙河地质队.

吉林省地质局第二地质大队,1980.吉林省蛟河县漂河川4号岩体初勘及5号岩体普查报告[R].吉林:吉林省地质局第二地质大队.

吉林省地质局第六地质调查所.1993.1∶5万汪清县幅区域地质调查报告[R].延吉:吉林省地质局第六地质调查所.

吉林省地质矿产局第二地质调查所,1983.吉林省桦甸县老牛沟铁矿区及矿区外围1∶5万区域地质调查报告[R].吉林:吉林省地质矿产局第二地质调查所.

吉林省地质矿产局第三地质调查所,1991.吉林省四平市山门银矿区龙王矿段详查地质报告[R].四平:吉林省地质矿产局第三地质调查所.

吉林省地质矿产局第三地质调查所,1993.吉林省四平市山门银矿外围普查报告[R].四平:吉林省地质矿产局第三地质调查所.

吉林省地质局第四地质大队,1980.吉林省通化四方山—板石沟一带鞍山式铁矿地质调查报告[R].通化:吉林省地质局第四地质大队.

吉林省地质矿产局第四地质调查所,1984.吉林省浑江市板石沟铁矿818矿组详细勘探报告[R].通化:吉林省地质矿产局第四地质调查所.

吉林省地质局通化地区综合地质大队,1976.吉林省通化县赤柏松硫化铜镍矿床Ⅰ号矿体地质勘探报告[R].通化:吉林省地质局通化地区综合地质大队.

吉林省第四地质调查所,1984.吉林省集安县金厂沟西岔金矿床详细普查地质报告[R].通化:吉林省地质矿产局第四地质调查所.

吉林省地质局第三地质大队,1979.吉林省伊通县放牛沟多金属硫铁矿床总结勘探报告[R].四平:吉林省地质局第三地质大队.

吉林省地质局通化地区综合地质大队,1977.吉林省通化县四方山铁矿地质报告[R].通化:吉林省地质局通化地区综合地质大队.

吉林省地质局吉中地区综合地质大队,1977.吉林省永吉县头道沟硫铁矿地质勘探报告[R].吉林:吉林省地质局吉中地区综合地质大队.

吉林省地质科学研究所,2005.吉林省汪清县红太平地区多金属矿普查报告[R].长春:吉林省地质科学研究所.

吉林省吉中队,1964.吉林省永吉县头道沟地区铬铁矿普查评价报告[R].吉林:吉林省吉中队.

吉林省地矿局区域地质矿产调查所,1999.1∶5万红石镇幅、夹皮沟镇幅区域地质调查报告[R].长春:吉林省地矿局区域地质矿产调查所.

吉林省通化地质矿产勘查开发院,2001.吉林省抚松县西林河银矿说在地质报告[R].通化:吉林省通化地质矿产勘查开发院.

吉林省区域地质矿产调查所,1986.1∶20万磐石县幅地质测量报告书[R].长春:吉林省地质局区域地质矿产调查所.

吉林省有色金属地质勘查局六〇二队,2005.吉林省临江市杉松岗钴矿详查报告[R].白山:吉林省有色金属地质勘查局六〇二队.

吉林省有色金属地质勘查局六〇四队,2007.吉林省桦甸市老牛沟矿区小苇厦子矿段铁矿详查报告[R].吉林:吉林省有色金属地质勘查局六〇四队.

吉林省冶金地质勘探公司六〇五队,1971.吉林省和龙市官地铁矿床勘探报告[R].延吉:吉林省冶金地质勘探公司六〇五队.

吉林省冶金地质勘探公司第七勘探队,1961.吉林省红旗岭矿区1961年地质勘探总结报告[R].吉林:吉林省冶金地质勘探公司第七勘探队.

李素能,1979.吉林省伊通县放牛沟多金属硫铁矿床总结勘探报告[R].四平:吉林省地质局第三地质大队/吉林省化工矿山地质大队.

李文贵,洪京柱,李将德,等,1990.吉林省通化县南岔金矿Ⅰ矿段详查地质报告[R].通化:吉林省地质矿产局第四地质调查所.

铝宗凯,侯启满,1971.吉林省集安县正岔铅锌矿区西山储量报告[R].通化:吉林省革命委员会地质局通化地区综合地质大队革命委员会第七连.

苏洪举,1994.吉林省磐石县明城镇南梨树萤石矿床Ⅰ号矿带详查地质报告[R].吉林:吉林省第二地质调查所.

通化地质大队板石沟地质队,1963.吉林省浑江市板石沟铁矿地质勘探最终报告[R].通化:通化地质大队板石沟地质队.

王恩德,1983.吉林省永吉县头道川金矿床及外围普查评价报告[R].吉林:吉林省地质矿产局第二地质调查所.

王元德.1986.吉林省永吉县大黑山钼矿床地质研讨报告[R].吉林:吉林省地质矿产局第二地质调查所.

王子鸣,庄伟芳,李家厚,等,1964.吉林永吉县头道沟地区铬铁矿普查评价报告[R].吉林:吉林地质局吉中大队.

许以衡,1978.吉林省永吉县头道沟Ⅰ号超基性岩体铬铁矿普查评价报告[R].吉林:吉林省吉中队.

冶金工业部鞍钢地质勘探公司,1960.大栗子铁矿床地质勘探总结报告书(195—1959)[R].鞍山:冶金工业部鞍钢地质勘探公司.

殷长建,2007.吉林省敦化市大石河钼矿区Ⅰ号矿段勘探报告[R].敦化:吉林省金山投资有限公司.

于宏伟,2007.吉林省永吉县一心屯钼矿(大黑山钼矿床南部)补充勘探报告[R].吉林:吉林省第二地质调查所.

于文卿,1989.吉林省梅河口市水道乡香炉碗子金矿八九年度详细普查地质报告[R].长春:核工业东北地勘局二四四大队一分队.

张克奇,杜希明,1972.吉林省和龙市官地铁矿区初步勘探地质报告书[R].延吉:吉林省冶金地质勘探公司605队.

张天国,郑传久,刘春爱,等,1989.吉林省东南部地区老岭(岩)群铅锌及金矿找矿方向研究[R].通化:吉林省地质矿产局第四地质调查所.

郑贵春,2008.吉林省长春市二道区兰家金矿床资源储量核实报告[R].长春:长春恒利黄金矿业有限责任公司.

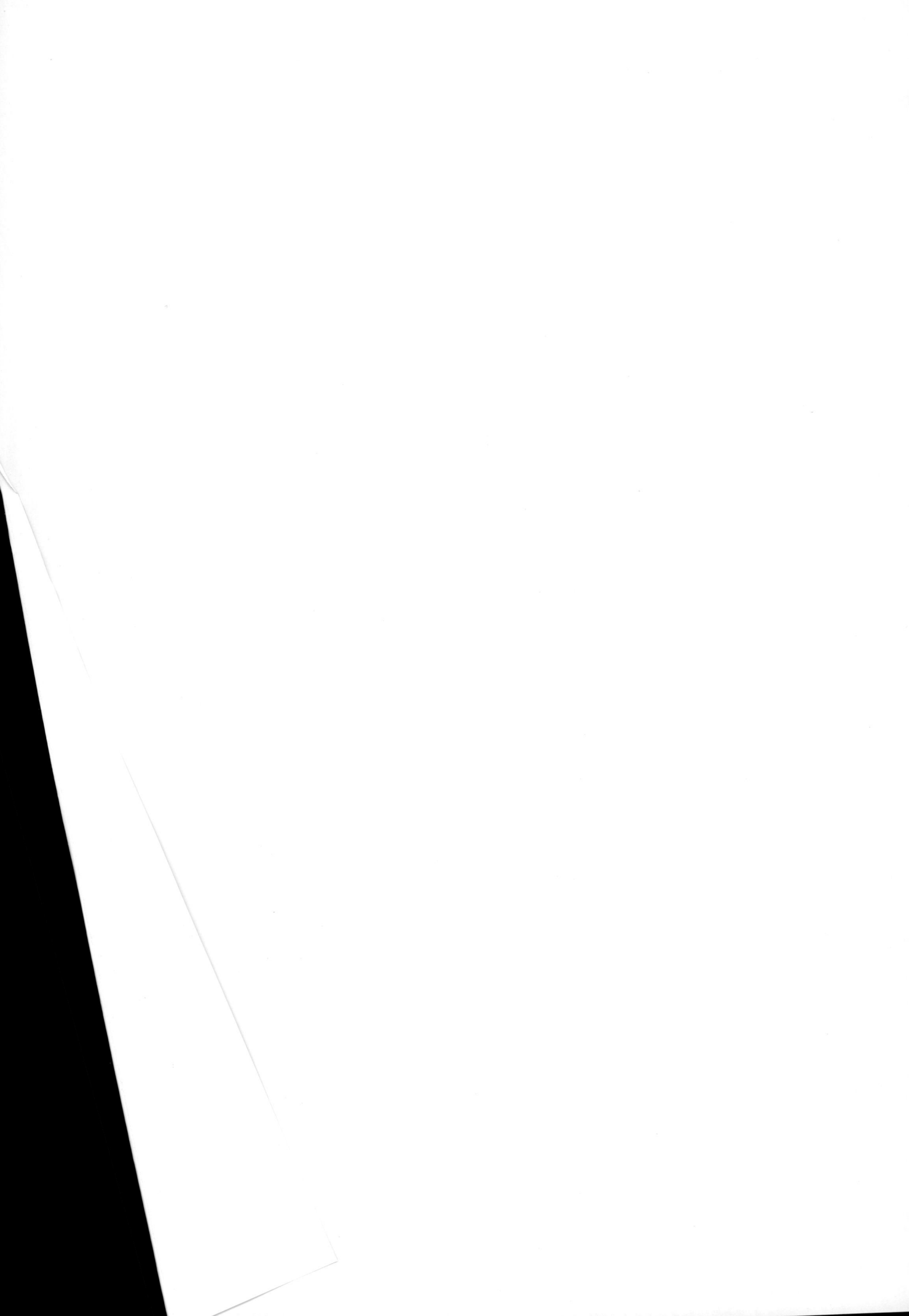